거룩한 생활독서(Lectio Morale), 개인 및 그룹성경공부 ❹

잃은 양의 목자, 예수님의 제자 되기!
마태오복음

곽승룡 지음

마태오복음
잃은 양의 목자, 예수님의 제자 되기!

교회인가 | 2025년 1월 6일(천주교 대전교구)
초판 1쇄 | 2025년 2월 5일

지 은 이 | 곽승룡
펴 낸 이 | 전갑수
펴 낸 곳 | 기쁜소식
등 록 일 | 1989년 12월 8일
등록번호 | 제1-983호
02880 서울 성북구 성북로5길 44(성북동1가)
☎ 02·762·1194-5   FAX 02·741·7673
E-mail : goodnews1989@hanmail.net

가격 23,000원

ⓒ 곽승룡, 2025
   ISBN 978-89-6661-331-1 03230

성경·전례문·교회 문헌 ⓒ 한국천주교중앙협의회, 2025.

이 책은 저작권법에 의해 한국 내에서 독점적인 권리를 갖는
저작물이므로 무단전재와 무단복제를 금합니다.

잃은 양의 목자, 예수님의 제자 되기!
마태오복음

곽승룡 지음

목차

프롤로그 잃은 양의 목자, 예수님의 제자되기! 마태오복음 / 6

1부 왕을 발견하다.(마태 1,1-16,20)

1. 왕을 찾아서...(마태 1-2장) ··· 12
2. 왕을 위해 준비하다.(마태 3장) ···································· 24
3. 하늘 나라의 시작(마태 4장) ······································· 33
4. 왕의 법 1(마태 5,1-6,18) ·· 44
5. 왕의 법 2(마태 6,19-7,29) ·· 75
6. 왕의 권력(마태 8,1-9,34) ·· 96
7. 왕의 메신저들(마태 9,35-11,30) ································· 122
8. 리더들과 왕(마태 12장) ·· 162
9. 왕의 비유들(마태 13장) ·· 174
10. 왕의 계시(마태 14장) ·· 189
11. 왕을 이해하다.(마태 15,1-16,20) ······························· 199

2부 왕의 거절과 부활.(마태 16,21-28,20)

12. 왕의 활동(마태 16,21-17,27) ········· 212
13. 하늘 나라에서 가장 큰 사람(마태 18장) ········· 227
14. 하늘 나라에서의 삶(마태 19-20장) ········· 243
15. 왕이 그의 수도에 입성하시다.(마태 21,1-27) ········· 262
16. 왕이 반대자를 조용하게 만들다.(마태 21,28-22,46) ····· 270
17. 왕은 반역자들을 규탄하다.(마태 23장) ········· 284
18. 왕의 귀환(마태 24장) ········· 300
19. 왕의 귀환을 위한 준비(마태 25장) ········· 310
20. 왕을 배반하다.(마태 26장) ········· 329
21. 왕의 십자가(마태 27장) ········· 338
22. 왕의 승리(마태 28장) ········· 349

에필로그 개인 및 그룹성경공부 가이드 - 4 / 362

프롤로그
잃은 양의 목자, 예수님의 제자되기! 마태오복음

▌ 교황님의 말씀

아래의 말씀은 2021년 6월 7일 로마 산 루이지 데이 프란체시 신학원 공동체의 사제들의 예방을 받은 자리에서 말씀하신 교황님의 담화입니다.

프란치스코 교황은 "개인주의와 무관심이 두드러진 사회"에서 이 공동체의 "형제애"가 하나의 증거가 된다고 말했습니다. 교황은 "스스로 고립되려는 유혹, 다른 이들을 비판하고 험담하려는 유혹"을 조심하라면서, 그렇게 하면 "노총각 꼰대"가 된다고 경고했습니다. 또한 "양 냄새나는 목자들"이 되라고 초대했습니다.

여러분이 기쁨의 복음을 선포하도록 부름 받은 것이 현실입니다. 우리에게 맡겨진 사람들뿐 아니라, 우리가 처해있는 환경에서 "양 냄새"나는 예수님의 제자들로 살도록 초대받았습니다. 우리가 사람들과 함께 살아가고, 울고 웃을 줄 아는 사람들, 한마디로 그들과 소통할 수 있는 사람들이 되기를 바라십니다.

교황은 사제들에게 말씀하십니다. 여러분 자신, 여러분의 고정관념, 영웅이 되려는 꿈, 여러분의 자기주장을 벗어버리십시오. 매일의 걱정의 중심에 하느님과 사람들을 두기 위해서 말입니다. 단순히 '목자가 될' 필요가 있습니다. "아니오, 저는 그냥 똑똑한 사람이 되고 싶습니다. 목자가 아니라요." 그렇다면 사제직에서 면직되기를 청하십시오. 그러면 똑똑한 사람이 될 겁니다. 하지만 만일 여러분이 사제라면, 목자가 되십시오. 여러분은 목자가 될 것이고, 수많은 방식으로 그 일을 행하지만, 항상 하느님 백성 가운데 있어야 합니다.

바오로 사도가 자신의 사랑하는 제자에게 상기시켰던 내용처럼 말입니다. "여러분을 가르쳤던 그대의 할머니와 어머니, 백성을 기억하십시오."(2티모 1,5 참조) 주님께서는 다윗 왕에게 이렇게 말씀하십니다. "나는 양 떼를 따라다니던 너를 목장에서 데려다가, 내 백성 이스라엘의 영도자로 세웠다."(2사무 7,8)

"기쁨과 더불어 유머감각도 함께 갑니다. 유머감각이 없는 신부는 아무도 좋아하지 않습니다. 무엇인가 제대로 안됩니다. 훌륭한 신부들은 타인에 대해 웃고, 자기 자신에 대해 웃고, 자신의 그늘진 어두운 면에 대해서도 웃습니다. 제가 성덕에 관한 회칙에서 강조했던 것처럼, 유머감각은 성덕의 특징 중의 하나입니다."

사제들에게 강론하신 위의 교황님 말씀은 '마태오복음'을 공부하는 우리에게도 해당됩니다. 우리는 예수님의 제자들입니다. 마태오복음을 공부하면서 양 냄새나는 목자, 예수님의 제자 되기를 기도합니다.

필자는 대전가톨릭대학교에서 오랫동안 사제양성에 힘을 썼습니다. 신학교를 떠나 본당 사목의 현장에서 교우들이 원하고 필요한 것이 무엇일까 깊게 생각하였습니다. 바로 교회가 교회다워진다는 것은 믿는 이들이 예수님과의 만남을 통해 변화되는데 달려 있음을 깨달았습니다.

유다계 그리스도인의 관점에서 쓴 마태오복음은 마르코복음과 루카복음 그리고 요한복음과 비록 완전히 다른 관점에서 공통점을 가지고 있다는 점을 항상 염두에 두어야 합니다. 왜냐하면 복음은 말로 표현할 수 없는 성령의 선물이기 때문입니다. 하나의 이야기로 합쳐지지 않는 네 가지(마태오, 마르코, 루카, 요한) 형태의 선물을 갖고 있습니다.

마르코복음에는 주님의 삶에 대한 열렬한 묘사가 있는 반면, 마태오복음에는 더 많은 것을 정리하기 위해 과감한 가지치기가 이루어지는 차분한 성찰들이 담아 있습니다. 마태오복음은 주님의 말씀과 행적 그리고 주님에 대한 묵상을 전합니다. 유대인이자 주님의 제자로서 마태오는 복음서에서 예수 그리스도의 아버지와 모든 것의 중심으로 계시된 살아계신 하느님, 주님을 언급하면서 신적 초월성에 대한 남다른 감각을 갖고 있습니다. 마태오복음은 특별히 한국 그리스도인들과 한국의 그리스도 종교와 사회 그리고 국가의 지도자들에게 필요하고 절실한 성찰들로 가득 채워져 있습니다.

필자는 영 안에서 예수 그리스도를 참으로 만나는 길만이 교회가 교회다워진다고 믿습니다. 그럴 때, 교회는 양 냄새나는 목자와 함께 특별히 길 잃은 양을 찾아 어깨에 메고 가 치료하는 야전병원으로서의 교회가 될 것입니다. 그러므로 마태오복음이 예수님의 제자되기에 대한 지침서가 되기를 기대합니다. 끝으로 이 책 [잃은 양의 목자, 예수님의 제자되기 마태오복음[1]]의 구성 곧 그룹 나눔, 개인 성찰, 질문과 나눔, 기도하기, 실천하기, 말씀 묵상을 통해서 각자가 예수 그리스도를 영적으로 만나는데 도움이 되기를 기도드립니다.

가톨릭 말씀학교 태안성당
곽승룡 비오 신부

---

[1] 직접 참고문헌: 공동번역 성경, 한국 성서공회, 1999. 성경, 한국 천주교 주교회의, 2006년. Tomas Spidlik, Il Vangelo di ogni giorno, Riflessioni sul vangelo, vol I-IV, Centro Aletti, Pontificio Istituto Orientale, 2004. T. Federici, I Commenti del vangelo, vol. I-III, PUU, 1995. 다니엘 J. 해링턴 지음, 마태오복음서, 다니엘 해링턴 편집, 조장윤 옮김, Sacra Pagina, 성경 연구 시리즈 제1권, 대전가톨릭대학교 출판부, 2016년.
간접 참고 문헌: 베네딕토 16세 교황, 나자렛 예수 I, II, 유년기, 바오로 딸 2003. M. 세렌타, 어제도 오늘 항상 계실 예수 그리스도, 곽승룡 역, 대전가톨릭대학교 출판부 1998. W. 카스퍼, 예수 그리스도, 박상래 역, 분도출판사 1984. R. 슈낙켄부르크, 복음서의 예수 그리스도, 분도출판사 1997. 곽승룡, 복을 부르는 마음, 마음나무 2009. 곽승룡, 뒤통수가 멋진 사람, 마음나무 2012.

1부

왕을 발견하다.

마태 1,1-16,20

1. 왕을 찾아서...
(마태 1-2장)

> 25번째 결혼기념일에 우리는 충청남도 태안에 있는 친구들을 방문했습니다. 그곳에 머무는 동안, 우리는 태안 해안국립공원의 해안둘레길을 돌아보며 천리포 수목원을 거쳐 안면도를 지나 고남면의 보령-안면도 해저터널을 통과해서 대천으로 갈 계획이었습니다. 떠나기 전 몇 달 동안, 여행이야기는 우리 대화 속에 계속해서 떠올랐습니다. 저녁 식탁에서, 차를 타는 동안 또는 뒤뜰에 앉아있을 때...

• **그룹 나눔** 가정생활에서 한때 강하게 원했던 것을 설명하십시오.(예: 자동차, TV, 스테레오 또는 특별한 관계) 당신이 그것을 받았을 때, 당신의 기대를 충족시켰나요? 왜 그런지, 혹은 왜 아닌지 이유를 설명합니다.

• **개인 성찰** 나는 현재 무엇을 기다리거나 기대하고 있습니까? 그것이 하루 중 나의 생각에 어떤 영향을 미칩니까?

> 고대하던 메시아의 탄생은 마태오복음 1-2장에 기록되어 있습니다. 이스라엘 민족은 하느님의 기름을 부음 받은 왕이 태어나기를 수 세기 동안 기다렸습니다. 그것은 얼마나 멋진 날이었을까요. 그러나 예수님의 탄생은 국가와 지도자들에 의해 왕실의 기쁨으로 받아들여지지 않았습니다. 대신에 많은 음모와 갈등이 있었습니다. 정치, 종교의 기득권층은 메시아의 도래에 위협을 느꼈고, 새로 태어난 왕을 환영하는 것은 오히려 이방 지도자들에게 맡겨졌습니다. 마태오 1장을 읽습니다.

가 질문과 나눔

1. 예수님을 천상의 왕으로 묘사한 것을 고려하면, 마태오는 왜 그의 책 서두에 족보를 포함했습니까?

2. 꿈속에서 요셉은 천사의 방문을 받습니다.(마태 1,18-25) 천사의 메시지가 요셉에게 어떤 위로가 됐을까요? 한편 그것이 어떤 불안을 일으켰을까요?

루카 1,26-38에서, 가브리엘 천사의 두 번째 탄생예고를 읽습니다.

3. 마태오복음 2장을 읽습니다. 이 장에서 마태오복음은 세상이 예수님을 처음으로 맞이한 모습을 묘사합니다. 하늘의 왕이신 예수님과 땅의 왕인 헤로데를 비교하고 대조해 보십시오.

4. 교회 역사에는 진실일 수도 있고 아닐 수도 있는 동방 박사에 대한 많은 전통과 신화가 있습니다. 이 구절의 내용을 바탕으로만 할 때, 우리는 그들에 대해 무엇을 발견할 수 있을까요?(마태 2,1-12)

5. 예수님을 찾는 동방박사들의 행동과 마음가짐을 자세히 묘사합니다. 동방 박사들은 종교 지도자들과 어떻게 다릅니까?

6. 예수님은 헤로데 왕의 시대(마태 2,1)에 태어납니다. 마태오 2장을 읽은 것을 바탕으로, 헤로데는 어떤 사람이었습니까?

7. 예수님을 찾는 동방 박사에게서 예수님이 태어났다는 소식을 들은 헤로데 역시 갓 태어난 그리스도를 찾기 시작합니다. 그의 수색은 동방 박사가 예수님을 찾는 것과 어떻게 비교 되나요?

8. 동방 박사와 헤로데의 반응은 오늘날 사람들이 예수님에게 반응하는 전형적인 방식입니다. 근본적으로 서로 다른 방식으로 예수님에게 반응하게 만드는 것은, 사람들이 가진 어떤 요소들 때문일까요?

9. 하느님은 마태오 2장 내내 보이지 않는 행위자입니다. 그분의 보이지 않는 행동(마태 2,6.15.23)을 어떻게 탐지할 수 있습니까?

10. 동방 박사는 예수님을 만났을 뿐 아니라 경배하고, 온 예루살렘 성에 그의 탄생을 증언하였습니다.(마태 2,1-12) 내가 주님을 찾는 것이 어떻게 주님을 경배하고, 다른 사람에게 주님에 대해 전하는 것이 됩니까?

기도하기

왕들의 왕을 경배하며 시간을 보냅니다. 그런 다음 예수님을 다른 사람들에게 전할 수 있도록 도와주시기를 주님께 간절히 청원합니다.

🏛 실천하기

마태오가 자신의 복음서를 어떤 방식으로 정리했는지 알아보면, 따로따로 떨어져 있는 것처럼 보이는 사건들과 가르침들이 하나의 큰 그림을 이루고 있음을 발견하게 됩니다.

1. 마태오복음을 공부함으로써 무엇을 얻기를 바랍니까?

2. 마태오복음은 우리가 예수님을 천상의 왕으로 보기를 원합니다. 마태오복음에서 묘사된 왕의 속성은 무엇입니까? 이는 마태오가 글을 쓰는데 어떤 영향을 미쳤을 것이라고 생각하십니까?

3. 마태오 1장부터 4장까지 훑어보세요. 마태오복음은 예수님이 제자들을 가르치신 것들과 제자들에게 다른 사람들을 가르치라고 명령한 것을 기록하고 있습니다. 마태오는 제자들이 예수님 사목에 대해 무엇을 알아야 한다고 느꼈습니까?

4. 마태오 5-7장에는 왕의 율법을 요약한 내용이 있습니다. 이 가르침은 나에게 어떤 의미로 다가옵니까? 그리고 예수님이 제자들에게 바라는 것은 무엇입니까?

5. 마태오 8-9장에서는 예수님의 기적이 지배적인 역할을 합니다. 믿음과 권위는 어떤 면에서 예수님의 기적과 연결되어 있습니까?

6. 갈등과 논쟁이 확대되는 가운데 예수님은 제자들에게 자신의 참모습을 드러내십니다.(마태 10,1-16,20) 예수님이 자신을 어떻게 드러내십니까?(마태 14,1-16,20)

나 말씀묵상

• **따뜻한 성탄을 준비하며,(마태 1,1-17) 예수 그리스도의 족보:**
구약 성경은 인간의 역사를 조상 대대로 이어져 온 삶과 노동의 연속성으로 보았다. 마태오는 이러한 역사의 흐름 속에서 시간이 충만한 때(갈라 4,4 참조)에 하느님께서 세상에 오심으로써 모든 역사의 완성이 이루어졌음을 선포한다. 에녹(Enoch)의 묵시록에 따르면, 메시아는 아브라함의 부르심 이후 7주간에 오신다. 거룩한 주간의 시작 전 6주간 곧 7일이 6번 이듯이, 마태오는 예수님의 14대 선조들을 3번씩 열거하고 계산하면서 같은 생각으로 영감 받았다.

이스라엘의 모든 역사는 일치를 향해 이루어 간다. 곧 그들에게 역사는 꽃이 천천히 피면서 자라는 것과 같다. "이사이의 뿌리에서 줄기가 돋아나리니…"(로마 15,12), 바로 그리스도이시다. 예수님과 오직 한 몸(콜로 1,18 참조)을 이룬다는 그리스도인들에게도 그렇게 기록되곤 했는데, 성 바오로 역시 이런 일치를 살아있는 것으로 생각하였다. 불행히도 우리는 지상의 삶에만 집중하며, 모든 것을 물질적인 시각으로 바라보는 경향이 있다. 하지만 오늘날 우리는 초자연적인 존재이신 그리스도와의 일치를 통해 새로운 차원의 삶을 경험하고 있다.

셈족들은 역사를 더욱 역동적으로 생각하곤 하였다. 곧 우리는 우리 이전에 있었던 자들과 우리 다음에 있을 자들과 함께 일치하고 하나가 된다는 것이다. 우리는 그리스도의 족보를 통해 새로운 삶을 얻었다. 마치 유산을 상속받듯이 우리는 그리스도를 통해 영원한 생명을 얻게 된 것이다. 이는 단순한 자연법을 넘어선 은혜의 선물이라고 할 수 있다. 그리스도께서 우리의 세상에 오셨고, 이제 우리는 그분의 나라에 속하게 되었다.

- **의로운 사람 요셉,(마태 1,18-24) "요셉은 의로운 사람이었고"(마태 1,19):** 의로운 사람은 의로움을 사랑한다. 공동번역은 요셉에 대해 법대로 사는 사람이라고 말한다. 한국식으로는 법 없이도 사는 사람이라고 표현을 할 수 있다. 하지만 요셉이 무법자라는 뜻은 아니다. 그러면 참다운 법이란 무엇인가? 사회는 성문법으로 안정이 된다. 그러나 의로운 자는 약속을 지키는 사람이다. 하느님의 계명을 지키는 자가 의로운 사람이다.

하느님은 그 사람을 보호하고 미래에 메시아를 파견할 것을 약속한다. 의로운 유다인들은 이 약속(계약)을 잘 지키는 백성이다. 요셉은 이 작은 자들 가운데 하나이다. 요셉은 두 번씩이나 하느님의 의로움을 실현하였다고 해석하고 싶다. 첫 번째는 "마리아의 일을 세상에 드러내고 싶지 않았으므로, 남모르게 파혼하기로 작정하였다."(마태 1,19) 또 한 번은 "잠에서 깨어난 요셉은 주님의 천사가 명령한 대로 아내를 맞아들였다."(마태 1,24) 마리아에 대한 일을 율법대로 처리하지 않고, 남모르게 파혼하여 마리아를 살리고자 한 요셉의 자비로운 모습이 하느님의 의로움인 듯하다.

하지만 천사가 나타나 마리아의 일을 요셉에게 알려주었을 때에, 요셉은 남모르게 파혼하고자 하는 마음까지도 내려놓고 마리아를 아내로 맞아들였다. 이 점이 또한 자신의 뜻을 내려놓고 하느님의 뜻에 따른 의로운 자의 태도인 것이다. 우리도 성탄을 맞이하여 요셉처럼 내 뜻, 내 결정을 잠시 미루고 주님의 뜻, 하느님의 뜻을 실천하는 시간을 봉헌하면 어떨까? 성탄을 기다리며 말 냄새나는 밥통인 구유에서 태어난 아기 예수님처럼... 우리도 우리 주변에 냄새나고 더러워진 곳에서 살아가는 자들 기운데 한 분을 만나면 어떨까!

• **하느님의 의로움, 인간의 의로움(마태 1,18-24)**: 이스라엘 백성은 하느님께 불신앙을 가지고 있었지만, 하느님의 대표적인 인물들인 바리사이와 율법 교사들은 스스로 의로운 자들로 여겼다. 반대로 마리아는 처녀이고 하느님께 완전한 신뢰를 드렸지만 의

심을 받았다. 이것도 역시 반대 받는 표적이 되는 시대의 징표이다. 새 계약은 인간의 마음속에 숨겨져 있다. 법적으로나 겉으로 나타나지 않는다. 신앙인들이 경험하는 신비는 세상의 시각으로는 쉽게 이해되지 않고 거짓으로 판단될 수 있지만, 하느님께서는 합당한 자들에게 숨겨진 당신 진리를 계시하실 것이다.

- **죄 없는 아기 순교자들 축일(마태 2,13-18):** 마태오복음 2장이 문학적으로 탈출기 1-2장의 배경에 따라서 읽힐 때, 예수는 모세의 모습을 보이고 그들 사이의 연속성을 떠오르게 한다. 탈출기와 마태오복음 양쪽 모두에서 악한 임금인 파라오와 헤로데가 아기들을 없애 버리려고 시도했고, 그들의 피난은 무죄한 어린이들의 살해를 동반했으며, 그들의 귀환은 아기의 목숨을 노리던 사람들이 죽은 후에야 비로소 가능하게 되었다.

"천사가 요셉에게 나타나서 말하였다. 일어나 아기와 그 어머니를 데리고 이집트로 피신하여, 내가 너에게 일러 줄 때까지 거기에 있어라. 헤로데가 아기를 찾아 없애 버리려고 한다."(마태 2,13) 구약을 통틀어 볼 때 이집트는 대대로 유다인들의 피난처였다. 예수께서는 아기 때부터 고난 및 죽음과 관련되어 있었다. 많은 사람들은 마태오복음에서 예수님의 유년 시절이 그분의 고난과 죽음을 예견하는 중요한 부분이라고 생각한다.

모세의 예시가 마태오 2장 전체를 통하여 흐른다. 박사들의 방문과 이집트로의 피난(마태 2,1-23) 이집트로의 탈출,(마태 2,13-15) 어린이들의 살해,(마태 2,16-18) 나자렛으로 돌아옴(마태 2,19-23)은 근거가 있는 것으로 말한다. 이는 성경에 계시된 하느님의 뜻과 일치하는 것임을 나타내는 것이다.

돈보스코 성인의 예방교육 체크하기

✓ 자녀들을 알아주기:

✓ 자녀들을 믿어주기:

✓ 자녀들을 사랑하기:

2. 왕을 위해 준비하다.
(마태 3장)

> 고대 시대에는 왕이 오실 때 특별한 준비가 필요했습니다. 전령들은 미리 파견되어서 왕이 오실 길을 준비했습니다. 패인 곳은 메워지고, 거친 곳은 다듬어지고, 굽어진 곳은 펴지게 합니다. 최근에 엘리자베스 여왕이 바하마를 방문했을 때도 이와 같은 일이 일어났습니다. 그녀가 지나갈 길은 완전히 새롭게 단장되었습니다.

• **그룹 나눔** 역사적으로 왕은 권위의 화신이었습니다. 왕실인사들은 오늘날 자주 호기심을 불러일으키고, 정치인들도 우리에게 친숙합니다. 정치적 권위자들이 내가 사는 곳을 방문한다고 들었을 때 나의 반응은 어떠합니까? 왜 그렇습니까?

• **개인 성찰** 왕 앞에 나타나는 것은 개인적인 요청을 할 수 있는 기회를 제공하기 때문에 아주 기대되는 일이지만, 개인적인 행동에 대한 조사를 할 수도 있어 불안감을 조성합니다. 나의 내면을 들여다보세요. 하느님께 무엇을 간절히 요청할 수 있을까요? 그리고 무엇 때문에 불안해할까요?

> 마태오복음 3장에서 세례자 요한은 주님이 오시는 길을 준비하기 위해 보내졌습니다. 하지만 그분의 오심은 매우 다른 종류의 준비를 필요로 합니다. 마태오복음 3장을 읽습니다.

가 질문과 나눔

1. 요한에 대한 첫인상은 어떻습니까?

2. 이스라엘의 사막은 벌(시험, 시련)과 새로남(광야의 방랑을 떠올립니다)의 장소였습니다. 요한의 활동은 두 개념(마태 3,1-12)을 어떻게 전달합니까?

3. 종교 지도자들은 스스로를 아브라함의 자녀로 여겼습니다.(마태 3,9 참조) 마태 3,7-10에 따르면 그들은 어떻게 이 특권을 남용하고 있었습니까?

4. 오늘날 그리스도인들이 하느님의 자녀로서 그들의 권리를 남용하는 방법에는 어떤 것들이 있습니까?

5. 요한은 우리에게 "회개에 합당한 열매를 맺어라."(마태 3,8)고 말합니다. 그가 염두에 두고 생각하는 열매의 종류를 예를 들어봅니다.

6. 요한과 예수님은 세례성사를 주셨습니다.(마태 3,11-12) 그들의 세례는 어떻게 비슷하고 또 어떻게 다릅니까?

7. 요한이 예수님께 세례를 주는 것을 왜 주저했다고 생각하나요?(마태 3,13-14)

8. 세례를 받으려는 예수님의 의지는 무엇을 암시합니까?(마태 3,15)

예수님의 세례는 다른 세례와 어떤 점에서 달랐습니까?

9. 예수님께서 세례를 받으실 때,(마태 3,16-17) 비둘기와 하늘의 음성에서 어떤 의미를 보십니까?

10. 예수님의 재림은 회개를 요구하거나 심판을 불러옵니다. 그분의 다시 오심을 더 잘 준비하기 위해서는 어떤 방법이 필요한가요?

11. 험한 곳이나 계곡을 마주하여 어려움을 겪고 있는 주변 사람들을 생각해 봅니다. 예수님이 오실 때를 대비하여, 그들이 거친 곳을 다듬거나 골짜기를 메우도록 어떻게 도울 수 있습니까?

🕮 기도하기

친구와 친척들에게 예수 그리스도의 사목에 대해 대범하게 말할 수 있는 용기와, 통찰력 있게 말할 수 있는 지혜를 주실 것을 하느님께 부탁드립니다.

⛪ 실천하기

세례자 요한은 하느님이 경건한 삶에서 열매가 맺히기를 기대한다는 것을 분명히 전달합니다. 만약 내가 작은 그룹으로 성서 모임을 하고 있다면, 서로에게서 어떤 열매를 보는지 이야기해 봅니다. 모임이 긍정과 배려의 시간이 되도록 합니다. 만약 내가 혼자 공부 하고 있다면, 내 자신에게 부드럽게 질문합니다, "내가 내 인생에서 어떤 열매를 볼 수 있을까?" 내가 발견한 것의 목록을 만듭니다.

🔵 말씀묵상

- **주님세례축일(마태 3,13-17) 세례란 무엇인가?:** 예수께서 물속으로 내려 들어갔다가 새롭게 올라오신다. 이스라엘 백성이 물

속에서 구원된 사건은 이미 모세가 홍해바다를 지나와 해방된 탈출기의 핵심이다. 요르단 강물이란 구약에서 시리아 장군 나아만이 요르단 강에서 나병이 치유됐고, 엘리야가 승천하기 전에 엘리사와 함께 강이 기적적으로 갈라진 일화가 일어난 곳이며, 여호수아도 이스라엘 백성과 함께 가나안 땅으로 들어올 때 지나간 강 역시 요르단 강이었다. 요르단이란 말은 "단 지방에서 흘러내린다."라는 뜻이다. 이스라엘 백성이 요르단 강물 속에 들어간다는 것은 정화되고 새로워졌다는 해방과 구원 체험을 의미한다. 그러면 세례란 무엇인가? 묵은 죄를 씻고 새롭게 거듭나는 해방과 구원을 의미한다.

나에게 물속에 들어갔던 세례란 무엇이고, 세례를 통해 어떤 삶을 살아가야 할까? 산불피해를 겪고 있는 호주에 비가 내리기를 간절히 기다리듯이, 우리는 영적인 갈증을 해소하고 회개하며 하느님께서 주시는 비, 즉 성령의 단비를 기다려야 한다. 우리는 세례의 삶을 통해 불어 닥친 불을 이겨낼 수 있다. 또한 세례의 생활화로 각자가 물을 낭비해 쓰는 방식을 크게 바꾸는 용기가 필요하다. 주방과 샤워장에서 필요한 물만 사용하는 지혜가 우리의 불을 끄는 삶의 세례가 될 것이다.

주님은 세례 받으시러 오신다.(마태 3,13 참조) 요한은 죄인들이나 받는 세례를 주님께서 받으시는 것을 거절하는 겸손과 공경을 보인다. 하지만 겸손을 진정으로 사시는 분은 오시는 주님이다.(마태 3,14 참조) 예수님의 대답은 간결하다. 반복 없이 "지금은 이대로 하십시오."(마태 3,15) 예수께서 베드로의 발을 씻으려 하실 때 베드로가 거절하는 장면이 연상된다. "내가 하는 일을 네가 지금은 알지 못하지만 나중에는 깨닫게 될 것이다."(요한 13,7) 하느님의 일이 제지되어서는 안 된다. 하지만 베드로에게 그 설명이 주어지지 않는다. 요한에게도 그렇다. 신중하고 신비로울 뿐이다.

예수님은 겸손한 모습으로 세례를 받으시며 당신 백성에게 마음의 회개와 죄의 용서를 보여 주셨다. 아버지께서도 영으로 아들을 통해 모든 의로움을 이루게 하실 것이다. 하느님의 의로우심은 우리를 향한 무한한 사랑과 은혜를 베푸시는 행위이다. 요한 세례자는 이러한 하느님의 사랑을 세상에 드러내는 선구자였으며, 세리와 창녀를 통해 하느님의 포용적인 사랑을 보여 주셨다.(마태 21,32 참조)

창세기 22장에서 아브라함이 이사악을 제물로 바치려 했던 이야기는, 하느님께 대한 믿음과 순종을 보여주는 가장 큰 희생의 예가 되었듯이, 예수님의 십자가는 사랑스런 독생자의 희생적 제물이다. 아버지의 사랑에 대한 가장 완벽한 응답이었으며, 우리의 죄를 대신하여 희생하신 사랑의 표현이다. 우리도 하느님께 사랑받고 마음에 드는 아들이 되기를 진심으로 기도하고 축원 드린다.

돈보스코 성인의 예방교육 체크하기

✓ 자녀들을 알아주기:

✓ 자녀들을 믿어주기:

✓ 자녀들을 사랑하기:

3. 하늘 나라의 시작
(마태 4장)

"아직도 멀었어요?" "얼마나 더 남았어요?" 크리스마스가 다가오면서 아이들이 반복적으로 던지는 질문들입니다. 그들(그리고 우리)은 기다리는 것이 힘듭니다. 하지만 크리스마스가 왔을 때는 재미와 놀라움으로 가득 차 있습니다. 몇 주간의 기다림 끝에 마침내 선물 포장을 열고 우리는 모두 새로운 선물을 받게 됩니다.

• **그룹 나눔**   새로운 일을 시작하고, 새로운 학교에 가고, 새로운 공동체로 이사하는 등, 새로운 것을 경험했던 때를 떠올려 봅니다. 새로운 것을 시작하는 것은 항상 시험과 도전을 가져옵니다. 나는 위협적인 장애물이나 예상치 못한 저항에 직면했을 때 어떻게 대응합니까?

• **개인 성찰** 도전과 어려움은 하느님과 하느님의 말씀에 새로운 방식으로 의지할 수 있는 기회를 제공합니다. 내가 직면한 도전들을 생각하고 각각 주님 앞에 놓으십시오. 나의 마음속에서 각각을 그분께 넘기고 어떻게 해야 할지 그분께 물어 봅니다. 그분이 나에게 주시는 지혜와 통찰력을 조용히 들으며 시간을 보내십시오. 예수님의 사목의 시작은 크리스마스가 다가오는 것과 같습니다. 오랜 기다림 끝에 포장이 벗겨지고 세상은 하느님의 가장 위대한 선물을 보게 되었습니다. 놀랍도록 짧은 시간 안에 예수님은 사막에서 오셔서 제자들을 불러 모으시고 곧 주위의 군중에게 둘러싸이십니다. 이 모든 것이 어떻게 그렇게 빨리 일어났습니까? 마태오복음 4장을 읽습니다.

가 질문과 나눔

1. 마태오 4장은 예수님의 공생애 시작을 알리는 중요한 장으로, 그분의 활동 초기 모습을 생생하게 보여줍니다. 이 장은 예수님의 사목에 대해 우리에게 무엇을 알려주나요?

2. 예수님은 사목을 시작하기 전에 시험과 유혹에 직면해야 합니다.(마태 4,1-11) 각각의 유혹을 구체적으로 살펴보십시오.(마태 4,1.3-4.5-7.8-10) 사탄이 무엇을 성취하려고 했다고 생각합니까?

3. 예수님의 사목의 전제 조건은 유혹에 저항하는 능력이었습니다. 이 사탄과의 만남을 통해 예수님의 인격에 대한 어떤 통찰력을 얻을 수 있습니까?

4. 예수님의 예로부터 유혹에 대해 무엇을 배울 수 있으며 그것에 저항하는 어떤 방법을 배울 수 있습니까?

5. 마태 4.12-17은 예수님께서 광야에서 시험을 받으신 후에 사목으로 전환하심을 설명합니다. 이 구절은 예수님께서 이 땅에 오신 목적에 대해 무엇을 알려줍니까?

6. 예수님은 하늘 나라에 대한 메시지를 가지고 갈릴래아로 이동합니다.(마태 4,17 참조) 예수님의 왕으로서의 첫 번째 직무 중 하나는 제자들을 부르는 것입니다. 그분의 왕국에서 백성이 되는 '시민권'을 갖기 위하여 필요한 것을 설명해 봅니다.(마태 4,18-22)

7. 예수님의 제자가 되는 길은 직업과 가족을 떠나 예수님이 가는 곳마다 그분을 따르는 것을 의미합니다. 제자의 길이 나의 삶에 어떤 영향을 미쳤습니까?

8. 마태 4,23-25에서는 예수님의 초기 사목에 대해 요약합니다. 예수님을 찾으러 온 사람들을 묘사해 봅니다.

9. 무리들 사이에서 예수님이 치유하고 가르치시는 모습을 보면서 첫 제자들의 흥분을 상상해 봅니다. 그들의 입장이 되었을 때 나는 어떤 기분이 들었는지 묘사해 봅니다.

10. 나는 어떤 방식으로 예수님을 만나거나 경험하고 싶습니까?

기도하기

그분의 메시지와 사목을 나누고 다른 사람들과 공유할 수 있도록 허락해 달라고 주님께 요청합니다.

🏛 실천하기

예수님은 복음을 전하셨습니다. 그분의 메시지와 그분의 존재는 모두 좋은 소식이었습니다. 매일 주님 앞에 앉아서 시간을 보냅니다. 아마도 빈 의자 앞에 앉아서 마음의 눈으로 그분을 볼 수 있을 것입니다. 마음이 안정되고 고요해질 때까지 앉아 있습니다.

나 말씀묵상

- **마태 4,1-11:** 이 복음말씀은 주님께서 유혹받는 장면으로 우리 모두를 초대하고 있다. 인생은 유혹이다. 그래서 초기 그리스도교 수도자들도 "유혹이 없는 자, 구원도 없을 것이다."라고 고백하였다. 하지만 유혹 그 자체는 우리의 신앙생활을 노골적으로 무너뜨리지 못한다. 곧 유혹자체가 문제라기보다는 그것에 동의하고 넘어가는데 큰 어려움이 있다는 것을 말하고 있다. 이런 점에서 유혹은 오히려 영적 성장을 위해 필요한 요소이다. 우리 모두 유혹을 이겨낼 수 있는 힘과 용기를 주님께 청하면서 열심히 기도하며 이 거룩한 시간을 주님께 봉헌한다.

• **유혹이란 무엇일까요?** 영적성장을 위한 영성생활은 싸움이다. 그래서 시리아 수도자들은 우리의 정신(마음)은 하느님과 악마가 싸우는 장소라고 고백하였다.

그렇다면 악에 대항해서 싸우는 우리의 무기란 무엇인가? 맑은 마음과 하느님의 말씀이다. 하느님의 말씀과 맑은 마음으로 싸우지 않고 자기 힘과 자기 능력으로 싸운다면 나도 모르게 그 악마를 닮아가게 된다.

그렇다면 자기욕심을 넘어서는 욕망이라는 유혹은 어디서 오는 것일까? 물론 죄에서 오기도 하지만, 죄가 없다면 그 유혹에 기울어지고 동의하면서 오히려 우리를 죄로 향하여 가도록 밀기도 한다.

그러면 욕망과 유혹을 이기고 거기에 동의하지 않는 기술은 무엇일까? 바로 주님 말씀이다. 더 정확히 말해서 말씀을 이용한 악마가 아니라 예수님처럼 그 말씀에서 나오는 주님의 사랑, 곧 맑은 마음과 사랑이다. 마태 4,1-11에서는 사랑을 감춘 세 가지 유혹, 욕망이 나타난다.

• **광야에서 유혹을 받으시다.:** 그때에 예수님께서는 성령의 인도로 광야에 나가시어, 악마에게 유혹을 받으셨다. 그분께서는 사십 일을 밤낮으로 단식하신 뒤라 시장하셨다.

그런데 유혹자가 그분께 다가와, "당신이 하느님의 아들이라면 이 돌들에게 빵이 되라고 해 보시오."[1] 하고 말하였다. "성경에 기록되어 있다. '사람은 빵만으로 살지 않고 하느님의 입에서 나오는 모든 말씀으로 산다.'" 그러자 악마는 예수님을 데리고 거룩한 도성으로 가서 성전 꼭대기에 세운 다음, 그분께 말하였다. "당신이 하느님의 아들이라면 밑으로 몸을 던져 보시오.[2] 성경에 이렇게 기록되어 있지 않소? '그분께서는 너를 위해 당신 천사들에게 명령하시리라.' '행여 네 발이 돌에 차일세라 그들이 손으로 너를 받쳐 주리라.'" 예수님께서는 그에게 이르셨다. "성경에 이렇게도 기록되어 있다. '주 너의 하느님을 시험하지 마라.'" 악마는 다시 그분을 매우 높은 산으로 데리고 가서, 세상의 모든 나라와 그 영광을 보여 주며, "당신이 땅에 엎드려 나에게 경배하면 저 모든 것을 당신에게 주겠소."[3] 하고 말하였다. 그때에 예수님께서 그에게 말씀하셨다. "사탄아, 물러가라. 성경에 기록되어 있

---

1) 유능한자, 매직, 팔방미인
2) 업적, 스턴트맨, 해결사
3) 권력, 힘

다. '주 너의 하느님께 경배하고 그분만을 섬겨라.'" 그러자 악마는 그분을 떠나가고, 천사들이 다가와 그분의 시중을 들었다.

• 첫째 부분: 하느님 말씀 선포.(마태 4,12-17.23-25) 인간의 입으로 선포된 하느님 말씀의 의미: "회개 하여라. 하늘 나라가 가까이 왔다."(마태 4,17)의 의미가 무엇일까? 아름다운 음악을 듣는 사람은 그 곡을 만든 자를 만나고 싶은 원의를 가지고 있다.

하느님께서 한 처음에 세상을 창조하실 때, 당신의 말씀을 소리 나게 하셨다. 이를 요한복음은 "때가 차서 말씀이 사람이 되셨다."(요한 1,14 참조)고 한다. 주님께서는 인간의 소리로 말씀하신다는 의미다. 나의 입은 그리스도께서 세상에 외치고 싶고, 말씀하시기 원하는 것을 표현하는 주님의 입이 되도록 초대받은 것이다. 이것이 내가 하느님께 느끼는 봉헌의 삶이라고 말할 수 있다. 그럴 때 내 입에서 나오는 말씀은 나의 말이라기보다는 주님의 말씀을 담은 혀의 소리로서 이 말씀을 들은 이들, 곧 모든 이, 모든 부모, 교육자, 설교자에게 가치 있는 은혜로 드러날 것이다.

말씀은 하느님의 선물가운데 제일 아름다운 것이다. 나지안조의 그레고리오 성인에 따르면, 말하는 사람은 아버지의 아들 이

3. 하늘 나라의 시작

미지이고, 하느님께서 영원성으로부터 선포하신 영원한 말씀의 이미지이다. 이를 위해 우리는 우리들의 말들에 대해 책임을 가지고 있어야 한다. 그리고 유익하지 않고 무용한 모든 말을 정말 깊이 고려해야 한다.(마태 12,36 참조) 즉, 성찰이다. 깊은 성찰에서 주님의 말씀이 내 입을 통해 선포될 것이다. 아니면 행동하는 대로 말이 나오고, 내 습관대로 나올 것이다. 바실리오 성인에 따르면, 자비가 없는 모든 말과 담화는 무용한 것이다. 그러므로 말씀은 선을 위해 유익하도록 이끄는 위대한 능력이고 힘이다.'상대방의 말을 잘 경청하고, 주님 말씀으로 대화 할래요!' 실천에 모든 분을 초대한다.

- **둘째 부분: 제자를 부르시다:** 마태오복음사가는 예수께서 갈릴래아 호숫가를 지나가시다가 제자를 부르신다고 적고 있다. 한편 마르코 복음사가는 "예수님께서 산에 올라가시어, 당신께서 원하시는 이들을 가까이 부르시니 그들이 그분께 나아왔다."(마르 3,13)라고 적었다.

마르코 복음은 당신이 원하시는 이들을 가까이 부르신다. 여기 마태오복음의 주님께서는 제자를 둘씩 부르신다. 두 형제, 곧 베드로라는 시몬과 그의 동생 안드레아가 호수에 어망을 던지는 것을 보셨다. 또 다른 두 형제, 곧 제베대오의 아들 야고보와 그의 동생 요한이 배에서 아버지 제베대오와 함께 그물을 손질하는 것을 보시고 그들을 부르셨다. 그들은 곧바로 배와 아버지를 버려두고 그분을 따랐다.

주님은 제자들을 다음과 같이 부르신다. "나를 따라오너라. 내가 너희를 사람 낚는 어부로 만들겠다. 그러자 그들은 곧바로 그물을 버리고 예수님을 따랐다."(마태 4,19-20) 주님의 부르심이 오늘의 제자들인 나에게 어떤 의미가 있을까? 삶의 현장에서 제자들을 부르셨고, 당신을 만난 후에 다시 삶의 자리로 파견해 보내신다. 내가 살고 있는 현장이 바로 제자를 부르시는 장소요, 또 다시 주님께서 나를 파견하시는 공간이다.

돈보스코 성인의 예방교육 체크하기

✓ 자녀들을 알아주기:

✓ 자녀들을 믿어주기:

✓ 자녀들을 사랑하기:

4. 왕의 법 1
(마태 5,1-6,18)

C. S Lewis는 산상 설교에 주의를 기울이지 않는다고 비판을 받았습니다. 그는 대답했습니다. "만약에 '주의를 기울이는 것'이 좋아한다거나 즐겨 하는 것을 의미한다면 아무도 그것에 '주의를 기울이지 않을 것'이라고 생각합니다. 누가 큰 쇠망치로 얼굴을 납작하게 두드리는 걸 좋아하겠습니까? 고요한 즐거움으로 그 구절을 읽을 수 있는 사람의 영적 상태보다 더 치명적인 영적 상태는 거의 상상할 수 없습니다."

루이스 말이 맞았습니다. 산상설교를 공부하는 것은 파괴적인 경험이 될 수 있습니다. 그것은 우리의 죄를 드러내고, 얼마나 부족한 헌신을 하고 있는지를 폭로합니다. 하지만 그것이 가하는 고통은 우리를 파괴하는 것이 아니라 치유하기 위한 것입니다. 사실 산상 설교는 그리스도인의 업무 설명서와 같습니다. 예수님의 추종자들에 대한 윤리적 기대에

> 대해 우리가 가진 가장 완전한 요약입니다. 교회 역사를 통해서 이는 도움이 되는 안내서이자 우리의 부족함을 드러내며 더 높은 도덕적 기준을 제시하는 도전이었습니다.

• **그룹 나눔** 그룹의 모든 사람들이 그룹의 회의를 위한 몇 가지 지침을 작성하도록 합니다. 지침은 내용, 시간, 회의 구조, 구성 요소 등을 포괄할 수 있습니다. 이러한 내용을 공유한 후에 각 지침이 그것을 쓴 사람의 성격을 어떻게 표현 하는지 논의합니다. 제안된 지침이 그룹의 성격을 어떻게 형성할지도 생각해 봅니다.

• **개인 성찰** 구약에 나오는 경건한 사람들은 하느님의 율법을 놀라운 선물(짐이나 억압적인 의무가 아닌)로 여겼습니다. 나의 마음의 눈에 알록달록한 종이에 싸인 하느님 율법의 선물을 받으십시오.

┃ 그분이 내게 가장 좋은 것이 무엇인지 말씀해 주실 만큼 나를 사랑하신다는 것에 감사하며 잠시 시간을 보냅니다. 예수님의 나라 백성들에게 요구되는 행동에 대한 가르침은 포괄적이면서도 집중적입니다. 그분은 개인적인 관계부터 종교적인 책임, 의식주의, 일상적인 필요에 이르기까지 모든 것을 다루십니다. 그 가르침은 집약적입니다. 그것은 우리의 외부적인 행동뿐만 아니라 내부적인 동기에 대해서도 다뤄집니다. 이 공부에서 산상설교의 전반부와 예수님의 동기부여와 종교적 책임에 대한 가르침을 살펴봅니다. 마태오 5장을 읽어 봅니다.

🔵 가 질문과 나눔

1. 참 행복에는 예수님 나라의 백성으로 사는 사람들에게 요구되는 자질들이 묘사되어 있습니다.(마태 5,3-12) 이런 자질들을 공유하는 사람들이 모여 있는 공동체의 일원이 된다는 것은 어떤 기분이겠습니까?

2. 각각의 행복은 특별한 축복과 함께 옵니다. 영적인 부자로 설명되는 그런 축복을 어떤 방법으로 소유하겠습니까?

3. 예수님은 그분의 추종자들을 소금과 빛에 비유하십니다.(마태 5,13-16) 이 은유들은 우리의 역할에 대해 무엇을 제시합니까?

4. 예수님께서는 우리가 율법(구약)에 대해 지닐 수 있는 다양한 오해들에 대해 말씀하십니다. 예수님께서 율법을 폐지하러 온 것이 아니라고 상소하시는 이유가 무엇이리고 생각합니까?(마태 5,17-20)

5. 살인과 강간에 대한 예수님의 가르침(마태 5,21-30)은 전통적인 이해와 다릅니다. 더욱 깊은 차원의 죄를 들여다보며, 그분 나라의 백성들은 사는 방식을 어떻게 명확하고 깨끗하게 하겠습니까?

6. 마태 5,31-37에서 예수님은 유대인 전통에 맞서는 이혼과 거짓맹세(법적관계)에 대해서 지침을 제공하십니다. 그분의 지침은 율법을 핑계 삼아 자신의 죄를 정당화하는 이중적인 태도에 대해 어떻게 직면하게 합니까?

7. 마태 5,38-47에서 예수님은 원수와 악인에 대해 가르치십니다. 예수님의 가르침은 어떻게 그분 나라의 백성들이 새로운 기준으로 반대자들을 대하도록 요구합니까?

8. 마태 5,48은 예수님께서 말씀하시는 것의 본질을 요약한 것입니다. 예수님의 높은 수준에 대해 나는 어떻게 반응합니까?

9. 마태 6,1-18을 읽습니다. 예수님은 '관계'에서 '종교적 의무'로 초점을 옮기십니다. 우리는 예수님의 예에서 베풀고 기도하고 금식하는 것에 대해 무엇을 배웁니까?

10. 산상설교에서 읽은 내용을 되돌아보면, 예수님께서는 단순히 행위만을 요구하는 것이 아니라 그 이면에 있는 마음까지도 살피도록 하십니다. 이러한 '동기'는 이떻게 '관계'와 '종교적 행위'에 대한 예수님의 가르침에 중심이 됩니까?

11. '동기'에 대한 예수님의 가르침은, 그리스도인들이 삶 속에서 겪는 다양한 경험들을 바라보고 해석하는 데에 어떤 중요한 단서를 제공합니까?

기도하기

주님께서 그분의 인격을 나의 마음에 새기도록 하여 그분의 빛이 나의 삶에서 빛날 수 있도록 청합니다.

실천하기

십계명은 구약의 참 행복이라고 설명될 수 있습니다. 그 계명들은 하느님께서 이스라엘에게 계약된 백성으로 요구하신 것을 소개하고 요약한 것입니다. 탈출기 20장 1-12절로 돌아가서 처음 다섯 계명을 읽습니다. 각각은 하느님의 성격을 어떻게 표현합니까?

각각의 하느님의 성격은 어떻게 나의 성격을 형성합니까?

나 말씀묵상

• **행복선언, 하느님 나라의 기초:** 8가지 행복선언으로 마태오는 예수님의 가르침을 시작하며 하느님 나라의 이상을 제시한다. 시편과 잠언도 행복과 지혜에 관해 유사한 선언으로 시작한다.(시편 1,1; 잠언 1,7) 하느님은 영원한 축복이며 행복이다. 그의 계명을 지키고 그의 이름으로 청하는 사람들이 그래서 행복할 것이다. 모든 계명들의 주역은 우리가 결국 십계명에서 처음 사계명의 목적을 읽어내는 결론일 수 있다. 왜냐하면 "너는 주 너의 하느님이 너에게 주신 땅에서 오래 살 것이기 때문이다."(탈출 20,12 참조)

이러한 구약의 약속은 메시아 시대에 더욱 분명하게 드러난다. 히브리인들이 하느님과의 계약을 자주 깨뜨렸음에도 불구하고, 예언자들은 새로운 언약을 통해 하나님의 구원 약속을 선포했다.

• **가치들 또는 회심(metanoia)의 전복:** 세례자 요한과 예수님은 하느님 나라의 선포로 회개를 권고하였다. "회개하시오."(마태 3,2 참조) 그리스 'metanoia'는 보속과 다른 의미를 가지고 있다. 히브리 용어에 일치하는 말은 'conversio'이다. 회개 conversio는 한 길을 따르는 것이며, 그 길을 잘못 들어섰을 때 방향을 바꾸는 것이다. metanoia는 생각 안에서 회개를 뜻하는데, 처음과 다른 방

법으로 생각을 시작하는 것이다. 이 같은 의미로 행복선언 8가지를 읽을 수 있다. 러시아 대문호 톨스토이는 부자보다 가난한 자가 더 행복하다는 글을 많이 썼다.

우리가 생각하기에 행복한 사람들은 돈을 많이 가지고 있고, 조용하고 편안하게 살며, 즐거워하고 웃는 사람들이다. 그런데 산상설교에서 모두 반대이다. 잃어버린 사람, 가난하게 된 사람, 불의하게 박해받는 사람, 우는 사람들이 행복하다고 말한다. 예수님은 세상의 가치관과는 정반대되는 새로운 가치를 제시하며, 이러한 전복을 지혜롭고 의롭게 하도록 우리에게 추구하신다. 이러한 가치관의 전환은 인간의 이성으로는 쉽게 이해하기 어려운 것이지만, 복음의 핵심을 이루는 참된 행복으로 이르는 길이다.

하느님의 나라는 원칙적으로 내적인 정복과 승리이다. 따라서 하느님 나라는 내적으로 승리하는 나라이다. 죄로 그늘진 눈이 아니라 새 눈, 새 방법으로 세상을 보고 생각하는 참 혁명을 요구하는 나라이다.

하느님의 나라는 축복과 행복과 다복의 나라이다. 그 나라에는 더 이상 울음과 두려움 그리고 빈곤이 없다. 왜냐하면 그리스도의 강생으로 하느님께서 빈곤과 슬픔 그리고 박해가 만연한 세상에 들어 오셨기 때문이다.

그래서 우리는 주님 안에서 영원히 행복한 사람으로 남아 있게 된다. 그 행복을 이제 내가 이 세상에서 그렇지 못한 이웃들과 함께 느껴야 할 것이다. 그럴 때 우리는 진정 복을 부르는 행복한 사람이 될 것이다.

• **신적 행복(마태 5,1-12ㄴ)**: 생각은 기초적인 원칙들로부터 출발하여야 한다. 우리가 만일 세상을 평가하면서 우리들의 판단이 분명하기를 원한다면, 우리는 명백하게 하느님으로부터 출발하여야 한다. 하느님의 나라는 행복과 축복의 나라이다. 그러나 그리스도의 강생으로 하느님께서는 빈곤과 슬픔 그리고 박해가 만연한 세상에 들어오신다. 하느님은 인간으로서 세상의 모든 빈곤을 고통스러워 하셨지만, 신성으로 인해 영원한 행복을 유지하셨다. 성인들은 고난 속에서도 행복을 경험하며, 이는 인간의 이성으로는 완전히 설명할 수 없는 신비로운 현상이다. 예를 들어, 감옥에 갇힌 사제는 어둠 속에서도 큰 기쁨을 느꼈다고 고백한다. 이러한 경험은 복음의 진리를 믿는 모든 사람들이 추구하는 것이다.

• **율법의 완성. "하늘과 땅이 없어지기 전에는, 모든 것이 이루어질 때까지 율법에서 한 자 한 획도 없어지지 않을 것이다."(마태 5,18)**: 하느님 계명의 종합이 율법이고, 율법은 하느님 말씀이다. 모든 계명을 지키는 것이 가능할까? 모든 그리스도인에게 주어

진 질문이다. 신학교의 신학원 규칙을 잘 지키는가? 국가법, 곧 민법, 형사법, 헌법을 수호하고 지키는가? 3세기 동방 그리스도교 수도생활 규칙을 집대성한 대 바실리오성인은 주교로 서품된 후 가파도키아 모든 지역의 사목 책임을 맡아 어려운 시기를 이겨내는데 지혜를 모으셨다. 이단, 아리아니즘 분파, 종교 분쟁 등 혼란이 적지 않게 퍼졌고 교회는 서로 갈라지고 있었다. 모든 이들은 자기들의 방식대로 성경을 해석하여 사용하였다. 한동안 바실리오 성인께서는 이러한 현란한 사상과 정신들이 밀려오는 갈등의 시기에 무엇을 어떻게 대답할지 몰랐다. 이단자들은 오직 자기들이 원하는 몇 가지 계명만을 지키기를 고집하며, 말씀과 율법 그리고 계명의 균형과 조화를 깨면서 그 혼란이 커가고 있었다.

성경은 하느님의 말씀을 담고 있고, 그 말씀의 실천규범이 율법이며, 실행지침이 계명이다. 곧 말씀과 율법과 계명은 하느님 안에서 모두 함께 조화롭게 형성한 몸인 것이다. 말씀들이 교회뿐 아니라 모든 사람의 생활에서 그렇게 조화로 형성된 것이다. "전체는 부분보다 더 크다." "일치가 갈등을 이긴다." "실재가 생각보다 더 중요하다."

- "내가 율법이나 예언서를 폐지하러 온 줄로 생각하지 마라 폐지하러 온 것이 아니라 오히려 완성하러 왔다."(마태 5,17): 율법은

하느님의 말씀이다. 히브리인들은 율법을 지켰느냐에 따라 주님께 대한 믿음을 살폈다. 예수님께서도 "너희가 나를 사랑하면, 내 계명을 지킬 것이다."(요한 14,15)라고 말씀하셨다. 그리스도인은 하느님의 작은 계명 하나라도 어기는 일을 두려워해야 할 것이다. 그런데 초대 교회의 그리스도인들에게 하느님의 율법이 유효하고 타당하다면, 왜 구약의 규정을 지키지 않는가? 어째서 안식일에 쉬지 않고, 왜 금지된 음식을 먹고 있는가? 성경의 계명들은 하느님 말씀의 첫 장소, 곧 그 정신을 알아야 한다. 그것은 축약된 어떤 원리들이 아니다. 수학공식들이 전혀 바뀌지 않고 항상 유효한 것처럼 말이다.

예를 들어 우리가 누구에게 창문을 열어 달라고 요청했는데, 창문이 열리자마자, 우리가 추위를 느낀다면, 그에게 그 창문을 닫아줄 것을 요청한다. 두 번째 요청이 앞선 요구를 유효하지 않게 한 것이다. 하느님께서 구약에서 요청하곤 했던 많은 것들이 필요했던 것은 바로 그리스도의 오심을 준비하기 위해서이다. 예수님의 오심 이후에 계명들은 더 이상 존재할 이유가 없다. 구약의 가치가 믿음이고 신약의 가치가 사랑이라면, 이제 믿음은 필요 없고, 우리에게 계명은 사랑뿐이다. 다만 우리가 완전하지 않기에 믿음으로 사랑의 계명을 실천할 수 있는 것이다. 그래서 계명들의 고유한 의미를 알아차릴 필요가 있다. 우리는 오직 계명의 유효성을 그렇게 이해한다.

• **너희는 땅의 소금, 세상의 빛이다:** 그리스도의 빛, 빛은 성경의 첫 장부터 하느님께서 세상을 창조할 때, 첫째로 등장한다. "빛이 생겨라!"(창세 1,3) 그리스도교는 빛의 종교다. 그 의미는 무엇일까? 빛은 사랑과 동의어다. 그러므로 '빛이 생겨라'를 '사랑이 생겨라!' 하고 말할 수 있다. 그러면 빛으로서 사랑이란 무엇일까? 첫째, '판단중지'다. 빛은 누구든 판단하지 않고 모든 이를 비춘다. 죄인이든, 아니든 모두에게 밝음을 준다. 둘째, 빛은 '알아차림'이다. 환하게 빛을 비추면 알지 못했던 것을 보고 알 수 있다. 그래서 모르면 의심하고, 함부로 가짜뉴스를 말하지 말고 물어 본다. 빛은 이해, 인식이라는 선물을 우리에게 준다.

1세기 사도교부 바르나바 성인은 "왜 하느님께서 빛을 먼저 창조하셨는가?" 하고 물었을 때, "그리스도께서 세상의 참 빛이시기 때문이다."라고 증언했다. 초기 교회 신자들은 예수님께서 두 번째 오시는 재림 때도 "빛으로 오시기 때문에 이제, 해와 달과 별이 필요치 않다."고 믿었다. 빛은 이처럼 판단중지와 알아차림이라는 선물을 준다. 그러므로 우리는 빛이신 그리스도와 성령의 조명으로 모든 것을 인식할 수 있다. 준주성범도 "그리스도를 아는 자는 모든 것을 안다."고 말한다. 그리스도는 우리의 광명, 그리스도는 우리의 빛이시다. 그리스도는 온 세상을 비추시는 빛이시다. 숨어 있는 모든 것은 주님과의 만남으로, 빛에 의해 환해지고 분명해 진다.

교회란 무엇일까? 예수님처럼 세상에 빛을 비추는 교회이다. 그러면 믿는 이들과 믿는 이들의 공동체인 교회가 세상에 비추는 빛의 교회가 된다는 것은 무엇일까? 바로 예수님이 부활하셨다는 신앙을 증언하는 것이다. 무덤에서 부활하신 그리스도를 우리가 어디서 만날 수 있을까? 바오로사도는 증언한다. "이제는 내가 사는 것이 아니라 그리스도께서 내 안에서 사시는 것입니다."(갈라 2,20)

• **땅의 소금:** 마태 5,13-16에서 "너희는 세상의 빛(마태 5,14), 세상의 소금(마태 5,13)"이라고 번역했다. 하지만 그리스말 성경 원문을 직역하면, "너희는 세상의 빛, 땅의 소금"이다. 성경에서 너희가 세상의 빛이라고 하지만, 소금은 왜 땅의 소금이라고 말했을까? 빛은 위에서 세상에 밝게 비추는 데서 앎이 드러난다. 하지만 소금은 땅에 뿌려져 속에 들어가 생명을 보존하고 부패를 막는다.

다시 말해서 빛은 번져야 하지만, 소금은 뿌려져 녹아야 한다. 빛이 세상에 밝게 번져서 환하게 알아차리도록 한다. 그런데 모르니까 판단하고 비교한다. 내가 세상의 빛이 된다는 것은 나 스스로 뿐 아니라 누구라도 판단중지, 비교중지하는 것을 말한다. "모르고 어두우면 물어 보고, 또 환하게 비추면 제대로 알게 된다."

소금이 땅에 녹도록 주님은 우리를 초대하신다. 사랑하는 신자 여러분! 여러분 모두를 거룩한 소금, 녹는 소금되기 운동에 초대한다. 세상에 빛이 되기 운동에 여러분을 초대한다. 판단, 비교 중지를 시작으로 자신과 상대를 자세히 비추고 이해하고 알아차리는 세상에 빛이 되기 운동으로 연대하기를 초대한다. 녹는 소금 운동, 비추는 빛이 되기 운동!!! 모이는 교회, 머무는 교회에서 세상에 빛이 되어 '나가는 교회', 땅에 녹은 소금처럼 '나누는 교회'가 되기를 주님은 초대하신다. 세상에 빛이 되는 교회, 땅에 녹는 소금이 되는 교회가 되는 것이 주님께서 초대하시는 운동이다.

• **율법의 완성**: 설교가들은 윤리법칙을 알아듣는데 물리법칙을 비유로 들어 설명한다. 곧 집을 지을 때 중력의 법칙을 고려하지 않는다면 그 집은 무너지고 만다. 그와 같이 농사를 지을 때도 땅을 쉬게 하는 안식년을 보내지 않고, 부적합한 조건에서 씨를 밭에 심는다면, 수확할 것이 그리 많지 않을 것이다. 위와 같은 일이 우리의 신앙생활에 그대로 적용된다면 결과도 똑같이 일어날 것이다. 하느님께서 주신 율법이 우리를 모순에 빠지게 한다면, 인간의 삶에서 말씀과 율법 그리고 계명의 의미는 무엇일까? 율법은 하느님의 말씀으로서 믿음과 그 측정의 표지이다. 히브리인들은 율법을 지켰느냐에 따라 주님께 대한 믿음을 살폈다. 예수

님께서도 "너희가 나를 사랑하면, 내 계명을 지킬 것이다."(요한 14,15)라고 말씀하셨다.

• **그리스도, 율법의 완성: "내가 율법이나 예언서들을 폐지하러 온 줄로 생각하지 마라. 폐지하러 온 것이 아니라 오히려 완성하러 왔다."(마태 5,17):** 초기 그리스도교 백성들은 그들에게 아직도 구약이 유효하며, 모임에서 구약을 읽는 것이 유용한 것인지를 질문하곤 하였다. 한 가지 분명한 것은 교회가 구약본문을 방어했어야 한 점이다. 신약에서 계시된 사랑의 하느님과 다른 두려운 하느님의 업적으로 구약의 율법을 생각하였던 이단들 때문이었다. 곧 마르치온은 구약의 징벌의 하느님을 거부하면서 신약에서조차 구약의 두려운 하느님은 배제하자고 하였다.

초기 교회는 이러한 이단들을 대항해서 구약을 방어하면서 물려받았다. 그러면 '구약을 어떻게 해석할 것인가?'라는 문제가 남게 된다. 그리스도 탄생으로 나타난 진리를 설득력 있는 이미지로 어떻게 구약과 신약을 만나게 할 것인가?

우리는 아담 안에서 지상의 삶을 위해 무로부터 창조되었으나, 그리스도 안에서 영원한 삶을 위해 죄로부터 빠져 나왔다. 아브라함은 선택된 백성의 아버지라면, 그리스도는 하느님의 새 백성, 교회의 우두머리이시다. 아브라함이 당신 아들을 희생 제물로 바쳤다면, 하느님 아버지께서 세상의 구원을 위해 당신 외아들을 봉헌하였다. 모세가 백성을 이집트 밖 약속의 땅으로 인도하였고, 그리스도께서는 어둠과 죽음의 골짜기에서 영원한 거처로 우리를 인도하셨다. 다윗이 이스라엘 나라의 기초를 세웠다면, 그리스도께서 하느님 나라의 오심을 선포하셨다.

이 모든 것은 환상적인 이야기가 아니다. 하느님의 구원계획의 현실이다. 이 계획은 자연적인 삶으로 시작하여 보편적이고 영적인 가치로 인도한다. 이것이 모든 예술의 의미이며, 이 점에서 우리는 영의 감도로 태어난 성경을 읽어야 한다. 흥미로운 점은 그리스도교가 발전하는 과정에서 발생하는 토론이다. 그리스도교인들의 대부분이 더는 그리스도교로 개종한 히브리인들이 아니고 이방의 환경에서 들어온 자들이었다. 사람들은 그들이 그리스도를 받아들이는데 준비되지 않았다고 생각하였다.

알렉산드리아의 클레멘스는 위대한 인물로서 많은 서적의 작가이며 이방인 출신이었다. 그는 그리스문화의 사람이고 그 안에 매우 아름답고 참인 것이 존재한다는 것을 알고 있었다. 그래서 그는 선언하였다. 그리스인들을 위해서 플라톤이 있다면, 히브리인들을 위해서 모세가 있었다는 것과 비교된다. 그리스도께 인도된 교육자들이다.

오늘날 그들의 논술들은 아직도 일치 사명에 대해 유효하게 사용된다.

• **그리스도적 성장의 이미지:** 창조물의 발전 곧 진화는 모든 인격의 내적 발전에서 이루진다. 영성생활에서 이러한 발전이 다양한 여러 단계를 거쳐 지나간다. 구약의 영으로 시작하여 천천히 신약에서 그 발전해 간다. 그리스도교 철학자 키에르케고르는 인간들의 영적 발전에서 그 정체성이 3기 과정으로 나타난다고 말하였다. 첫째 미학, 둘째 윤리, 셋째 종교이다. 인간이 영적으로 성숙하고 발전하는 데는 먼저 예술, 음악, 문학등 문화적 생활에서 나타난다. 매일의 생활에서 문화적 호기심이 인간의 삶의 질을 조화시키고 성장시켜 간다는 것이다. 이것이 미학이다.

인간들은 영적 발전이 규칙과 계명을 성실히 지킴으로서 이루어진다. 옛 선비들의 삶이야말로 윤리적 삶의 모델들이다. 세상의 질서와 인간들 사이의 도리에 신의를 가지고 살아갈 뿐 아니라, 학문을 위해서 평생 독신으로 살아가면서 정진하였다. 이것이 윤리적 삶이다. 마시막으로 인간은 헌실적인 종교의 삶에서 인간 정체성의 최고의 꽃을 피운다. 하느님과의 내적 관계를 추구하는 종교적 삶은 기도를 통해서 인간 본질이 발견된다. 이런 영적 접촉은 그리스도를 통해서 그리스도 안에서만이 오직 확인될 수 있다. 앞선 미학과 윤리적 삶은 종교적 삶을 준비하는 단계를 위해 필요한 시기이다. "그리스도의 충만한 성숙함으로"(에페 4,13; 마태 5,17-19 참조)

• **화, 분노: "자기 형제에게 성을 내는 자는 누구나 재판에 넘겨질 것이다."(마태 5,22):** 화란 무엇인가? "자유롭게 앞으로 나아가는 것을 현실적으로 방해받는 것에 대항하여 자각하는 것이다."라고 영성가 토마스 슈피드릭 추기경은 말한다. 화, 더 나가서 분노는 그 장애를 제거하는 원의에서 발생한다. 물론 화, 분노는 무조건 나쁘지 만은 않은 듯하다. 물론 대부분 옳지 않은 것이지만, 옳은 분노가 있을 수 있다. 올바른 분노를 살펴보면 복음에서 예수님께서 성전에서 장사를 하고 환전해 주면서 성전을 더럽혔던 상인들을 몰아 내셨는데, 그 때의 주님의 분노가 그런 것이 아닌가 한다.(마르 11,15이하)

그렇다. 우리는 분노해야 한다. 좋은 길을 가고 있는데 그 길을 유일하게 막고 있는 진정한 장애를 극복해야 한다. 그 장애가 바로 악의 실체에서 발생한 것이면 더욱 그렇다. 우리는 악에 대항하여 화를 낼 수 있고 분노해야 한다. 그러나 우리가 참으로 놓치지 말 것은 바른 식별이다. 우리가 악에 대해 분노한다면서 사람에 대해 분노하는 경우가 적지 않다. 그러나 사람을 현혹하는 그런 악이 아니라 진짜 악에 대해 분노해야 한다. 우리는 죄, 나쁜 생각, 악의에 대해서 분노해야 한다. 옳은 분노란 분명히 그 결과가 좋을 때만 그러해야 한다. 사람에게 손해를 주어서는 안 되고 이웃에게 유익을 주어야 한다.

만일 우리가 화가 나거나 분노에 가득한 얼굴을 하고 있다면, 어떻게 이를 극복할 것인가? 그 답은 바로 사랑이다. 화는 사랑으로 풀어 가야 한다. 마음 안에 늘 화를 이기는 진정한 사랑을 담고 있어야 한다. 형제가 화에서 이겨나갈 수 있도록 사랑의 언어로 옳은 말씀과 바른 예를 살아야 한다. 종종 우리는 옳지 않은 화나 분노를 일으킨다. 마음 안에 원한, 울분, 화를 담고 있다. 자기감정을 무너트리고, 말로 이웃에게 상처를 주며, 다른 사람을 비난한다. 행동은 감정과 말에서 나온다. 감정을 폭발하는 것은, 선하게 살아가는 고운 느낌보다 더 큰 영향을 주는 매우 강력한 힘을 가지고 있다. 영성가 성 요한 클리마쿠스는 "화나 분노를 일으키는 사람은 간질환자와 같다."고 비유하였다. 그러면 어떻게 화를 이겨낼 수 있나? 일반적으로 몇 가지 응급처방을 내린다면, 먼저 깊은 숨을 들이 키고 내쉬는 심호흡을 권장한다. 그리고 10까지 수를 세는 것이 도움이 된다.

가끔 공격적으로 화를 낸 다음, 분노에 대한 반성 때문인지, 용서를 청하곤 한다. 충동은 사실 너무 강하기 때문에 그것을 조절하기란 쉽지 않은 듯하다. 적지 않은 성인들도 충동적 성격을 가진 분들이었지만 하느님의 은총과 도움으로 변화가 되었다. 큰 긴장과 압박에서 생겨난 원의는 온순한 사람을 짐승으로 만들 수 있다. 분노의 폭발은 악한 성품으로 사람을 몰아간다. 그리고 분노의 폭발은 어떤 점에서는 약함의 상징이다. 심리적으로 약하고, 능력 부족을 고민하는 사람은 분노를 일으킬 수 있다. 그러나 특히 분노를 안에 품고 있을 때, 매우 위험하다. 더욱이 앙갚음과 냉정함을 품고 있으면 용서와 화해의 모든 가능성은 막힌다.

니싸의 그레고리오 성인은 분노할 때 다른 사람으로부터 배척을 당하게 되는데, 그 이유는 하느님의 도움 없이 혼자 앙갚음할 것을 숙고하기 때문이라고 말씀하셨다. 사도 성 바오로는 화나 분노로 죄를 짓지 말라고 말씀하셨다. "화가 나더라도 죄는 짓지 마십시오. 해질 때까지 노여움을 품고 있지 마십시오."(에페 4,26)

- **사람들 사이의 화해:** 구약에서는 하느님이 당신 백성에게 종종 분노를 표하고 있다. "이제 너는 나를 말리지 마라. 그들에게 내 진노를 터뜨려 그들을 삼켜 버리게 하겠다."(탈출 32,10) 초기 교회의 교부들은 하느님의 진노에 대해 토론을 하였다. 라탄지오 교부는 '하느님의 분노'라는 소책자를 썼는데 그 뜻에 대한 비유적 표현을 발견할 수 있다. "인간들이 죄를 짓고 그 벌을 받아 마땅하다. 그래서 하느님께서 분노하신다." 그러나 하느님께서는 화를 낼 수 없으시다. 분노는 고통이고 하느님 생명과 병립할 수 없는 것이기 때문이다.

스토아학파 철학자들은 화를 내는 자는 이미 죄를 범한 것이라고 생각하였다. 분별없이 화를 내는 사람은 자신과 타인이 가야 하는 여정을 저지하고 왜곡한다. 본디 성급한 사람이 화를 잘 낸다. 이러한 본성을 조절해야하는 것이 인간의 도리인데, 그렇지 않을 경우 화를 지니고 사는 사람은 먼저이든 나중이든 이웃에게 어떤 방식으로든 좋지 않게 반응할 것이다. 비록 지금은 어떤 극단적인 행동들이 나타나지 않는다 하더라도, 잠재되어 있는 공격적인 행동은 다른 사람에게 미치게 된다. 그러면 반감을 일으키는 사람들 앞에서 발생하는 화, 고통을 어떻게 이겨낼 수 있을까? 방법은 바로 기도생활이다.

"네가 제단에 예물을 바치려고 하다가, … 먼저 그 형제와 화해하여라."(마태 5,23-24) 제단에 예물을 바치는 봉헌은 신성을 향한 화해의 행동으로서 모든 종교 안에 존재한다. 구약에서도 그렇고 신약은 그 의미를 심화하고 있다. 진정한 화해는 사랑의 행동이다. 하느님을 위한 사랑은 이웃을 위한 사랑에서 분리될 수 없다. 그래서 형제와 화해 없이 하느님과 화해할 수 없다.

그리스도교 봉헌의 핵심을 나타내는 것은 바로 성체성사이다. 다른 사람들과 화해를 원하지 않는 사람은 제정된 교회의 일치 성사로서 성체성사의 목적을 거부하는 것이 된다.

미사전례 막바지 영성체를 하기 전에 '평화의 인사를 나누는 것'은 특별히 진지한 화해의 순간을 체험하는 것이다.(마태 5,20-26)

- **"너희는 원수를 사랑하여라."(마태 5,44):** 구약에서 '원수사랑'이라는 비슷한 계명이 존재할까? 성경주석가들은 "'네 이웃을 사랑해야 한다. 그리고 네 원수는 미워해야 한다.'고 이르신 말씀을 너희는 들었다."에서 '미워하다.'는 표현은 현대인들 사이에서 통용되는 것같이 그리 강한 뜻이 없다고 말한다. 오히려 "놔두어라, 신경 쓰지 마라."라는 의미라고 한다. 보통 우리도 관계없는 사람에게 "그 사람을 걱정하거나 신경 쓰지 마라."는 표현을 종종 한다.

한편 원수라는 말도 오늘날 같이 아군에 반대하는 적, 나쁜 것을 원하는 어떤 사람이라기보다는 단순히 친구가 아닌 사람, 외국인, 모르는 사람이다. 예수님은 그리스도인들에게 친구와 벗이 아닌 사람에 대한 사랑실천을 하라고 말씀하신다. 사람들은 대개 이웃, 가까운 자. 아는 자들에게 호감을 갖기 마련이다. 그런데 알지 못하는 사람과는 인사하기를 꺼려하고 무관심하다. 그러나 예수님께서는 이러한 한계를 넘어서서 사랑의 보편성을 말씀하신다. 곧 "모두가 우리의 이웃이다." 라고 말씀하신다. 그리스도께서 추구하는 보편적인 이웃사랑은 하느님께 사랑받는 모든 이에게 확장된다.

- **"네가 내게 한 것 그대로 나도 네게 할 것이다."** 그러나 복음은 우리에게 다른 것을 요구한다. **"너희는 원수를 사랑하여라. 그리고**

너희를 박해하는 자들을 위하여 기도하여라."(마태 5,44): 위 마카리오 교부는 "그래야 너희가 하늘에 계신 너희 아버지의 자녀가 될 수 있다. 그분께서는 악인에게나 선인에게나 당신의 해가 떠오르게 하시고, 의로운 이에게나 불의한 이에게나 비를 내려 주신다."(마태 5,45)를 자주 인용하면서, 태양은 어느 곳에 따라 그 빛을 내리지 아니하며, 어둠 역시 늪을 건조시키지 않는다고 하였다.

그리스도인도 환경에 따라 얼굴 모습을 바꾸지 말아야 한다. 믿는 이, 믿지 않는 이들과 함께, 그리고 성인만이 아니라 죄인에게도 행동을 잘 해야 한다. 원수라 불리는 자는 우리의 영적성장을 위해 매우 중요하다. 순수한 사랑은 원수와 함께 드러난다. 그 보답은 세상이 갚아주는 것이 아니라 영원한 사랑이 보상해 주신다.

- **원수를 사랑하여라. "너희는 원수를 사랑하여라.":** 적이라는 것은 백성의 역사에서 기록될 수 없는 말이다. 영웅은 나라를 침입한 적을 이긴 자이다. 성서에서도 적은 하느님께 믿음을 두지 않을 때 나타난다. 이스라엘이 주님께 새롭게 회개할 때 하느님은 당신 힘으로 적들을 쫓아내신다. 성서에서 적들의 땅은 이방인의 땅이다. 이스라엘 백성 사이에 적들은 존재하지 말아야 한다. 신약은 이스라엘 백성의 적 개념을 완성한다. 그리스도인은 어떤 적도 그들을 이길 수 없음을 안다. 특별히 하느님께서 보호하시기

때문이다. 하느님 백성 사이에는 적이 없다. 하느님의 새 백성인 교회는 모든 인간을 받아들이도록 운명 지어졌다. 따라서 그 안에는 어떠한 적의 자리도 없다.

• **"너희가 자기를 사랑하는 이들만 사랑한다면"(마태 5,46):** 사랑은 두 가지가 있다. 소유하는 사랑, 선물하는 사랑. 우리가 적을 사랑할 수 없다면 적어도 그들을 피하지 않도록 노력할 필요가 있다. 특히 그리스도인들은 그러해야 한다. 왜냐하면 우리의 사랑은 하느님 아버지의 사랑, 모두에게 선물을 주시는 사랑이기 때문이다. 구약성서에서 '적'은 사람과 나라 사이의 수많은 전쟁에서 나타난다. 그러나 신약성서에서 '적'은 사람이 아니다. 그러면 누구와 싸워야 하는가? 사람이 아니라 악이다. 인간은 영성생활에서 원수를 사랑하여야 한다. 그러나 늘 싸워야 하는 것은 악의이며, 생각의 형태로 늘 우리 삶에 들어오는 유혹, 자리 잡은 나쁜 습관 교만, 태만, 게으름... 나쁜 생각들이다.(마태 5,43-48 참조)

• **재의 수요일:** "너희는 단식할 때에 위선자들처럼 침통한 표정을 짓지 마라."(마태 6,16)

왜 단식을 할까. 바로 주님의 수난과 죽음을 거쳐 부활에 이르는 여정의 첫날, 재를 바르며 애도(수난)와 회복(부활)을 기도하는 예절의 시작을 뜻한다. 이 단식의 의미를 살피면서 사순시기 동안 이웃사랑을 살아가도록 주님은 우리를 초대하신다. 그리스도교 수덕생활의 전통에 단식-기도-자선이 있다. 단식과 기도 그리고 자선을 통해 우리는 이웃에게 이르게 하는 은총 곧 사랑을 살아 간다.

단식을 왜 할까. 몸의 성화에 있다. 바로 단식을 통해 하느님께서 창조하신 당신의 피조물을 성화하도록 초대하신다. 단식은 하늘로 기도를 전달해 주는데, 기도의 지향이 올라가게 하는 날개와 같다. 성 요한 클리마쿠스는 새는 높이 날고 싶어 한다. 그래서 꽤 풍족한 몸, 만족한 사람은 기도할 수 없다고 시사를 하는 듯하다.

왜 단식을 할까, 교부들은 아담과 하와가 실낙원을 한 이유를 단식하지 않아서라고 말한다. 우리도 지상 낙원의 생존자로서 맑고 아름다운 생각에 머물 때, 마음과 생각의 단식이라는 기도를 통해 단식을 할 수 있는 듯싶다. 태초에 아담과 하와는 하느님의 영역을 넘보았고 그 영역 밖으로 쫓겨났다.

음식은 영적 영역을 흐트러지게 한다. 그래서 단식은 낙원으로 돌아가는 방법이라고 수도자들은 믿었다. 결국 먹기 위해 살지 않고, 살기 위해 먹는다는 가치를 알아들을 수 있다. 건강한 육체에 건강한 정신... 그런데 세월이 흘러 흔히 단식이란 살과의 전쟁에서 다이어트 또는 기도에 덧붙여진 희생정도로 간주 되곤 했다. 하지만 교부들은 진정한 기도란 육체적인 절제이며. 이를 위해 반드시 필요한 준비가 몸이 하는 기도라고 하였다. "초세기 이집트에서 은수생활을 시작한 파코미오의 생애를 보면 거친 검은 빵 두 개를 1년에 한 번 물에 적셔서 먹었다. 밀가루 반죽을 쓰면 밀가루가 달게 변해서 기름을 사용하지 않고, 고기를 먹지 않았으며, 오직 콩 종류 등 식물을 날로 먹곤 하였다. 알칸다라의 베드로는 3-4일에 무언가를 조금 먹곤 하였다. 아시시의 성 프란치스코는 40일 단식을 한 다음 빵조각을 먹으며 그리스도를 관상하였다." 이와 같은 기록은 사실이라기보다는 전해 내려오는 전설이다.

주님은 "네가 자선을 베풀 때에는"(마태 6,2), "너희는 기도할 때에"(마태 6,5), "너희는 단식할 때에"(마태 6,16) 위선자들처럼 해서는 안 된다고 말씀하신다. 절제 규칙은 우리가 원하는 것을 판단하여 실행하는 뿌리인 듯싶다. 이는 몸 건강과 노동할 힘, 마음공부와 기도생활을 유지하는 원리이기도 하다. "너희는 단식할 때에 위선자들처럼 침통한 표정을 짓지 마라."(마태 6,16)

• **자선을 모르게 하여라.** "너희는 사람들에게 보이려고 그들 앞에서 의로운 일을 하지 않도록 조심하여라."(마태 6,1): 반전인가? 그리스도인은 세상의 빛이어야 한다. 산위에 있는 도시는 드러나게

마련이다.(마태 5,14 참조) "숨겨진 것은 드러나기 마련이고 감추어진 것은 알려지기 마련이다. 그러므로 너희가 어두운 데에서 한 말을 사람들이 모두 밝은 데에서 들을 것이다. 너희가 골방에서 귀에 대고 속삭인 말은 지붕 위에서 선포될 것이다."(루카 12,2-3) 영성가는 허영과 자만을 도둑이라고 정의했다. 허영과 덕행은 똑같이 좋은 일을 한다. 다만 차이가 나는 것은 허영은 자기 자신을 위해서 누군가에 의해 보상을 기대한다. 그런데 덕행은 자기가 아닌 누구를 위해서 좋은 일을 하는 것이다. 베르나르도 성인은 설교란 하느님이 아니라 허영심을 가진 자들에게 유익하다고 말씀하셨다.

- **"너희는 단식할 때에 위선자들처럼 침통한 표정을 짓지 마라"(마태 6,16):** 금욕, 고행, 헌신, 단식은 그리스도교 수덕생활의 수단들이다. 특별히 단식은 음식을 삼가는 것만이 아니라, 넓은 의미에서 절제와 포기를 가르친다. 그뿐만 아니라 단식은 모든 것을 내려 놓는 영적인 힘인데, 특히 창조된 것, 감각, 느낌, 돈, 명예 등에 대한 지나친 탐욕을 추구하지 말아야 하는 뜻을 지닌다. 이같은 절제가 우리 신앙인의 삶을 슬프게 할 수 없다. 이것이 그리스도인이 세상의 변화를 원하는 방법이기 때문이다. 그래서인지 하느님은 스스로 기쁘게 선물하는 자를 사랑하신다. "저마다 마

음에 작정한 대로 해야지, 마지못해 하거나 억지로 해서는 안 됩니다. 하느님께서는 기쁘게 주는 이를 사랑하십니다."(2코린 9,7)

- **"숨은 일도 보시는 네 아버지께서 너에게 갚아 주실 것이다."(마태 6,18):** 기도는 하느님과의 대담이고 의사소통이다. 최고의 대화는 내면, 내심의 대화이다. 예수님께서는 성전에서 기도하시고, 홀로 산위로 기도하시러 가곤 하셨다. 교회는 두 가지 기도 방법을 권고한다. 공동기도와 개인기도이다. 공동이든 개인이든 모든 기도의 가치는 내적이고, 숨겨져 있다. 외적으로 같은 말을 되풀이하는 기도는 우리 내면을 습관적으로 만든다. 하지만 성실함은 사람마다 다르다. 성실히 기도하는 자는 안다. 하느님께서는 비록 우리가 그것을 볼 수 없다 하더라도 우리의 청원을 들어 허락하신다는 것을 믿음으로 안다. 만일 우리가 주님께 청원을 드리면, 주님께서 내려주시는 응답에 우리는 항상 '예'라고 답한다. 왜냐하면 우리는 하느님께서 우리의 청을 들어주셨다고 확신하기 때문이다. 하느님은 숨은 일도 보시는 분이시기에 어떤 것으로도 바꿀 수 없는 심오한 보상을 우리에게 주신다. 수도생활, 거룩한 생활, 완덕의 삶은 다른 어떤 경험과도 비교될 수 없다. 동쪽에서 뜨는 해가 비추는 것은 진주와 같은 내적인 가치들이다. 그리스도께서 영광 안에 다시 오실 때, 주님은 당신과 하나 된 사람들의 영광을 계시하실 것이다.(마태 6,1-6.16-18)

- **주님의 기도, "아버지":** 주님의 기도가 그리스도교 기도에서 그렇게 중요한 이유는 무엇인가? 치프리아노 성인께서는 하느님 아버지께서 우리의 어떤 기도를 들어주실 것인지를 묵상하면서 다음과 같이 고백하였다. 아들의 입에서 나온 진리를 말할 때 아버지께서 들어주시지 않겠는가? 우리가 그리스도의 말씀을 반복할 때 아버지께서는 당신 아들의 목소리를 알아들으신다.

테르툴리아노 성인께서는 주님의 기도가 복음의 요약, 개요라고 말씀하셨다. 아우구스티노성인과 요한 금구성인께서는 주님의 기도는 하느님 나라가 보다 가까이에서 이루어지는 것을 체험하는 기도라고 말씀하셨다. 암브로시오 성인께서는 "하느님의 나라는 죄의 나라나 악마의 나라나, 잘못의 나라가 아닌 덕과 자비와 사랑이 세상을 지배하는 나라이다." 라고 말씀하셨다.

아우구스티노 성인과 다른 교부들은 주님의 기도를 두 가지 부분으로 구별하면서 첫 부분은 하느님의 영광을 위한 세 가지 청원기도로, 둘째 부분은 인간의 구원을 위한 네 가지 청원기도로 이뤄진 총 일곱 개의 청원기도라고 말씀하셨다. 주님의 기도는 하늘이 땅위에 내리고, 모두가 하느님의 뜻에 따라 이루어지리라는 믿음과 희망과 사랑의 기도이다. 암브로시오 성인은 하늘과 땅이 분리되어 떨어지지 않았고, 땅이란 낙원으로 창조되었고 하느님께서 인간들과 함께 거처하는 곳이라고 말씀하셨다.

- **"아버지의 이름을 거룩히 드러내시며"(마태 6,9) "오늘 저희에게 일용할 양식을 주시고."(마태 6,11):** 각자의 죄들을 인식하는 것이 지혜의 시작이다. 용서를 청하고 악에서 구해질 것을 청하는 것은 하느님의 구원이 돌아오리라는 희망의 표현이다. 우리는 용서받을 특권과 선물을 받았다. 하늘에 계신 아버지의 아들들로서, 우리는 하늘과 땅위에 모든 선의 원리를 드러내는 선물을 받은 것이다.(마태 6,7-15)

돈보스코 성인의 예방교육 체크하기

✓ 자녀들을 알아주기:

✓ 자녀들을 믿어주기:

✓ 자녀들을 사랑하기:

5. 왕의 법 2
(마태 6,19-7,29)

> 아우카 인디언에 의해 살해된 선교사 짐 엘리엇은 "그분은 잃을 수 없는 것을 얻기 위해 지킬 수 없는 것을 주는 바보가 아닙니다."라고 썼습니다. 그의 말은 산상설교의 이 부분을 반영합니다. 예수님은 우리에게 두 보물, 두 주인, 두 길, 두 운명중 하나를 선택하라고 하십니다. 하지만 그분은 자신을 따르는 길이 현명한 선택인 이유를 분명하게 설명하십니다.

• **그룹 나눔** 종종 우리가 원하는 것을 살 여유가 있을 때까지 미루는 것은 어렵습니다. 어떤 내외적인 압력이 이를 어렵게 합니까? 잠시 기다리는 것이 더 나을 것이라는 것을 알았기 때문에 원하는 것을 사는 것을 미루었던 적이 있습니까? 그 이유는 무엇입니까?

• **개인 성찰** 지상의 보물은 종종 천상의 보물보다 더 유혹적입니다. 우리는 내면의 눈으로 하늘의 부요함을 보는 법을 배우는 데 힘써야 합니다. 나의 마음을 흡족하게 하는 방식으로 사용되기를 기다리는 보물들이 산더미처럼 쌓인 그림을 그려 봅니다. 그것이 나를 기다리고 있다는 것을 아는 것은 내가 남은 하루를 살아가는 방식에 어떤 영향을 미치겠습니까?

산상설교 첫 부분은 내적 동기에 초점을 두는 반면, 마지막 부분은 '위를 향한' 동기에 초점을 맞추고 있습니다. 마태 6,19-34을 읽습니다.

가 질문과 나눔

1. 마태 6,19-24에서 예수님은 보물, 눈, 주인에 대해서 말씀하십니다. 이 구절들을 연결하는 공통된 주제는 무엇입니까?

2. 마태 6,25-34에서는 걱정이 주된 주제입니다. 우리는 음식이나 옷에 대한 걱정을 어떻게 피할 수 있습니까?

3. 나는 어떤 종류의 걱정을 합니까?

   예수님의 가르침이 내게 어떻게 도움이 되겠습니까?

4. 산상설교는 "너희는 먼저 하느님의 나라와 그분의 의로움을 찾아라." 하고 말합니다.(마태 6,33) 이 짧은 말은 그분의 가르침을 이해하고 적용하는데 어떤 역할을 합니까?

5. 다른 사람을 판단하는 것과 제대로 분별하는 것은 어떻게 다릅니까?(마태 7,1-6)

6. 성당에서 그리스도인들이 서로 판단함으로써 관계들이 상처받는 것을 어떤 상황에서 보았습니까?

7. 판단하는 것과 분별하는 것의 차이를 이해하는 공동체에 산다는 것은 어떤 느낌이겠습니까?

8. 예수님의 나라 백성을 위한 법은 매우 까다롭습니다. 그분은 도움을 청하는 것에 대해 어떤 희망을 제공하십니까?(마태 7,7-11)

9. 설교 마지막 부분(마태 7,13-27)에서 예수님은 좁고 넓은 문, 좋은 나무와 나쁜 나무, 현명하고 어리석은 집 짓는 이에 대해 말씀하십니다. 이러한 비유들은 어떻게 함께 작용하여 공통점을 만듭니까?

우리가 예수님의 가르침에 순종해야 하는 이유는 무엇입니까?

10. 진짜 예언자들과 추종자들을 가짜와 구별하는 것은 무엇입니까?

11. 예수님의 말씀을 실천하는 것이 심판 날에 견고한 기초를 세우는 길입니다.(마태 7, 24-27) 내가 예수님의 설교를 실천하기 위해서는 무엇이 필요합니까?

기도하기

내게 그분의 왕국의 율법에 따라 살 수 있는 자원을 주시기를 주님께 기도합니다.

실천하기

자기 식별은 중요한 정신적 활동입니다. 다음과 같은 부분에 대해 여유로운 침묵과 성찰의 시간을 갖고 자신을 식별해 봅니다. 분열된 충성심입니까, 아니면 거룩한 충성심입니까? 일용할 양식의 제공을 신뢰합니까, 아니면 걱정합니까? 부주의한 행동입니까, 아니면 조심스러운 행동입니까? 어리석은 따름입니까, 아니면 분별 있는 성찰입니까? 빈말입니까, 아니면 한결같은 걸음입니까? 어려운 시기에 인내합니까, 아니면 의심에 굴복합니까?

내가 하느님 나라의 좋은 백성으로 살기 위해서는 무엇을 바꿔야 하겠습니까?

나 말씀묵상

• **하늘의 보물(마태 6,19-23): "보물을 땅에 쌓아 두지 마라."(마태 6,19):** 보물은 재산이 아니다. 재산은 살고 일하기 위해 필요한 것이다. 보물은 무엇인가? 재산과 달리 보물은 맡겨져서 보이지 않는다. 그리스도교 윤리는 필요한 재산과 남은 재산을 어떻게 구별해야 하는가를 질문한다. 바실리오 성인께서는 남은 재산은 우리의 재산이 아니라, 가난한 자들에게 속한 재산이라고 말씀하셨다.

• **"하늘에 보물을 쌓아라."(마태 6,20):** 요한 금구성인께서는 자선에 대해 구체적으로 말씀하셨다. 가난한 자에게 자선하는 돈은 이 세상의 은행에서 영원한 세상으로 저금하는 것이다. 그곳에서 우리가 사랑으로 전달한 것을 찾을 수 있다고 말씀하셨다. 인간은 자신이 선물한 것만 하늘에서 자신의 소유가 될 수 있다. 하늘의 보물로 모든 선한 일이 저축된다. 하늘의 보물은 물질이 아니고, 그 공적은 인간과 분리될 수 없으며, 이 보물은 인간의 완덕, 명예로서 바로 하늘의 영원성에서 나타난다. 인간의 보물은 영생에서 마치 하느님의 모상처럼 빛난다. 하늘에 보물을 쌓는다는 것은 이 땅 위에서 보이지 않는 자신의 성숙함과 마음의 아름다움이 하늘에서 가시적으로 보인다는 뜻이다.

- **"눈은 몸의 등불이다."(마태 6,22)**: 시각 장애자는 볼 수 없다. 색맹이 있는 자는 보기는 하되 색깔을 볼 수 없다. 근시는 가까운 사물을 잘 볼 수 없고, 원시는 멀리 있는 사물을 잘 볼 수 없다. 제 눈에 안경이란 말이 있다. 토마스 아퀴나스 성인은 모든 사람은 각자 자신에 따라서 본다고 말씀하셨다. 순수한 사람은 모든 선을 보고, 불순한 사람은 좋지 않은 것을 본다. 그러므로 우리는 내적 시야를 밝게 해야 한다. 눈이 맑으면 몸도 환하고, 눈이 성하지 못하면 몸도 어둡다. 내면의 밝은 시야가 자신을 변화하고 세상을 비추는 등불이 된다.

우리는 맑고 밝은 시야를 확보해야 한다. 곧 자신과 이웃 그리고 세상을 밝고 맑게 볼 수 있는 시야를 지녀야 한다. 그것은 바로 우리에게 절대로 필요한 눈이다. 이것이 바로 복음의 안경이다. 복음의 시야로 세상과 나와 이웃을 바라보아야 한다. 복음과 빛으로 영원을 보고 세상을 바로 보도록 해야 한다.

- **하느님 자녀들의 즐거움: "아무도 두 주인을 섬길 수 없다." "너희는 하느님과 재물을 함께 섬길 수 없다."(마태 6,24)**: 우리가 아플 때 잘 낫기 위해서는 의사가 처방해 준 약을 제대로 복용해야 한다. 그렇지 않고, 병에 맞지 않은 다른 약을 사용한다면 오히려 몸의 치유는커녕 오히려 몸이 더 나빠진다. 이렇듯 아무도 두 주

인을 섬길 수 없다는 주님의 말씀은 당신 지상생활의 산 체험에서 출발한 것이다. 주님께는 항상 반대 받는 표적이 되셨고, 적과 악에 반대를 받으셨다. 그리스도 안에서 살아가는 영성과 신앙은 참으로 싸움의 현장과도 같은 곳이다. 그곳에서 주님의 방법과 적의 방법을 인식할 필요가 있다. 주님의 반대편에서 나타나는 위험에 빠지지 않도록 식별해야 한다. 영의 식별은 최고의 예술이다. 우리가 선과 영생에 봉사하는 것을 정당하게 선택하고 구별하는 것을 잘 알아야 한다, 마치 조각가가 자신의 작품에 열정을 다하여 혼을 다 쏟아놓듯이 우리 신앙인은 주님을 온전히 섬겨야 한다.

• **"하늘의 새들을 눈여겨보아라."(마태 6,26)(마태 6,24-34)**: 정당한 식별을 통해서 우리는 참으로 자유를 체험할 수 있다. 그러므로 우리는 무엇을 먹고 마실까 하는 걱정은 하지 말아야 할 것이다.

"그러므로 내일을 걱정하지 마라. 내일 걱정은 내일이 할 것이다. 그날 고생은 그날로 충분하다."(마태 6,34)

• **너희는 단식할 때. 살과의 전쟁**: 평소에 늦잠을 자다 보면 아침 건너뛰는 것은 정말 식은 죽 먹기인데, 고기 먹지 말고, 밥 먹지

말라는 사순절에는 오전 시간은 왜 이리 길고, 배 속에서는 전쟁이 났는지 소리가 요란하게 들린다. 분명 신앙생활 뿐 아니라 일상생활도 문제가 있음을 반성해 본다. 도대체 교회에서는 단식을 왜 하라고 권고하는가? 아니 예수님께서는 단식을 하셨으면 40일 왕창하셨지, 바리사이 같이 한 끼 두 끼 정해 좋고 습관화하지 않으셨는데… 자선이나 기도에 관해서는 평소에 묵상할 수 있는 것이라고 보고, 단식에 대해서 한 번 생각해볼까하고 사순절 첫날 "회개하고 복음을 믿어라."(마르 1,15)는 말씀으로 재를 머리 위에 얹었다.

나는 작년 이맘때쯤에 살과의 전쟁을 나름대로 선포하고 8킬로의 감량을 6개월간에 걸쳐 실시하여 성공했고, 지금도 그 몸무게를 유지하고 있다. 사람들은 나를 두고 살을 무지막지하게 빼는 독한 사람이라고 했다. 그러나 나는 나름의 목표와 원칙이 있었다. 그중 하나의 목표는 실은 이제야 고백하는데 몇 년 만에 건강종합검진을 해야 하는데, 건강걱정에 미리 알아서 살을 뺐다. 그런데 또 하나의 중요한 원칙은 하느님께서 원하시는 단식은 무엇인지를 느끼는 것이었다.

• **절제에 관한 지침:** 성 토마스 아퀴나스는 성인들이 말하고 있는 단식을 글자그대로 따라하는 것은 어떤 경우에 솔직히 옳지 못

하다고 하였다. 음식을 먹는데 있어서, 필요한 것은 모두에게 알맞은 기준을 찾아보아야 한다. 올바른 기준은 모두에게 좋은 것이다.

단식과 절제에 대한 수덕생활의 지침은 세 가지를 특별히 강조한다.

첫째, 달성하고자 하는 목적에 걸맞는 행동

둘째, 몸의 건강이 목적이고 그로 인한 노동을 할 수 있는 힘

셋째, 몸은 정신과 마음 곧 기도할 수 있는 상태를 유지해야한다.

수도원에서 음식에 대한 일화가 생각이 난다. 한 수도자가 기도 중에 예수님의 환시를 보았다며 소리를 지르더란다. 그것을 지켜보던 수도원장은 주방담당 수도자에게 "그에게 고기 좀 먹이라!"고 주문을 하였단다. 이런 경우는 셋째 지침에 해당되는 것이다.

대중적인 격언이 생각이 난다. 우리는 "먹기 위해서 사는가?" "살기 위해서 먹는가?" 그렇다 우리는 살기 위해서 먹는다. 옛 성인들이 말씀하셨다. "Mens sana in corpore sano 건강한 몸에 건강한 정신." 이 말은 참으로 우리에게 올바른 방향을 제시하고 있다.(마태 6,1-6,16-18 참조)

- **주님의 기도:** 가톨릭교회의 전승에는 많은 기도가 있다. 그 기도들 가운데 첫 자리가 '하늘에 계신 우리 아버지'로 시작하는 주

님의 기도이다. 왜! 이 기도가 완전하고 모든 기도의 핵심일까. 모든 전례와 미사성제의 중심에 있으며, 모든 기도의 시작이고, 내용이며, 우리의 삶이기 때문이다.

주님의 기도는 예수님께서 친히 제자들에게 가르쳐주셨기 때문만이 아니라 그리스도교 진리의 본질을 담고 있어 중요하다. 그리스도교의 본질이란 다른 것이 아닌 '사랑'이다. 사랑이란 말은 너무나 많이 듣고 있으며, 이로 인해 상처받기도 하고, 손해 보기도 한다. 특히 한국의 영화, 드라마, 노래 등, 수많은 장르들 속에서 다루고 또 다루고 있다. 그런데 '사랑'의 원조는 그리스도교 정신인데, 이는 성경 곧 모든 율법서, 예언서, 지혜서와 복음, 성사생활, 교회생활의 중심이다. 그래서일까 주님의 기도는 하느님의 사랑과 인간의 사랑이 같은 계명에 기초하고 있다는 것을 가르쳐 주고 있는 듯하다. 그러므로 예수님은 하느님과 인간을 같은 사랑으로 살아가도록 초대하는 7개의 청원기도인 주님의 기도를 가르쳐 주셨다.

주님의 기도는 영어로 'Our Father!', 라틴어 'Pater Noster', 이태리어 'Padre nostro'… 하고 기도드린다. 한국말로 표현해보면, '하늘에 계신 우리 아버지'인데 이는 청원을 드릴 때 들어주시는 하느님에 대한 호칭이다. 하느님은 구약에서 창조주, 주님, 만군의 왕, 목자…로 불리었으나. 그분을 아버지라고 호칭하신 분을 예수 그리스도이시다. 물론 지혜서나 구약 후반에 와서 하느님을 따뜻한 아버지, 어머니의 모습으로 고백하곤 했으나, 명시적으로 고백한 것은 신약의 예수님께서 하느님을 '우리 아버지'라고 처음 부르셨고, 지금 제자들에게 그렇게 기도할 것을 가르치신다.

우리는 주님의 기도를 아버지 안에서 믿음으로 우리의 청을 들어주시는 아버지께 대한 희망을 갖고 기도할 수 있다. 그래서 우리는 성령 안에서 그리스도를 통하여 아버지께 기도할 수 있다. 첫 부분 3가지의 청원기도는 하느님 아버지에 대한 청원이다.

아버지의 이름을 거룩히 드러내시며
아버지의 나라가 오게 하시며,
아버지의 뜻이...이루어지게 하소서.(마태 6,9-10)

요약하면 아버지의 이름, 아버지의 나라, 아버지의 뜻에 관한 기도이다. 내 이름, 내 나라, 내 뜻이 아닌 것이다. 그렇다면 우리는 이 기도를 하루에도 얼마나 많이 드리고 있을까? 그러면서도 아직도 아버지의 이름, 나라, 뜻보다, 내 이름, 내 영역, 내 뜻을 펼치지는 않는지... 두 번째 부분 4가지 청원기도는 인간에 대한 청원이다. 청원의 골자는 일용할 양식, 용서, 유혹, 악이다. 우리의 매일 양식은 성체성사이다. 이 양식을 매일 주님께서 주시는데 찾아 받아먹는 것은 우리의 노력이며 몫이다. 그리고 용서, 유혹, 악은 먼저 아버지께 도와달라고 때를 쓰며 청을 드려야 한다. 그런데 "저희에게 잘못한 이를 저희가 용서하오니 저희 죄를 용서하시고"라는 기도문은 내가 먼저 이웃을 용서를 해야 주님의 용서가 선물로 주어진다는 뜻으로 이해된다. 또한 "악에서 구하소서."의 기도문에서 '악'이 매우 추상적일 수 있는데, 만약 "악행자로부터 구하소서."로 바꾸어 기도한다면 보다 분명하게 될 것이다. 그러면 다른 것은 어렵지 않게 이루어 질 것이다. 우리가 생활이 습관화되어 생각과 삶으로 옮기지 못하는 것보다 주님의 기도를 매 순간 드리면서 7가지의 청원기도가 늘 이루어질 수 있도록 기도할 수 있도록 주님은 초대하신다. 그럴 때 어떤 장애물을 만나도 두렵지 않고 온전히 주님께 의탁할 수 있을 것이다.

 심판하지 마라! 심판하지 마라! 쉽지 않은 말이다. 현실로 모든 인간의 생각은 심판이다. 인간은 타인의 행동을 목격하는 순간, 무의식적으로 혹은 의식적으로 심판을 내린다, 인간적인 심판들은 옳을 수도 또는 그를 수도 있다. 심오할 수도 표면적일 수도 있다. 하지만 윤리가 말하는 바는 모든 성급한 심판을 죄로 여긴다. 이웃의 선으로 돌리지 않는 것을 죄로 여긴다.
 하느님만이 오직 인간의 마음을 아신다.(시편 7,10 참조) 그래서 인간들에 대한 최후 심판은 하느님께 맡긴다. 주님의 기도에서처럼, 파라독스하지만 이웃을 바르게 심판한다는 것은 그것을 용서하라는 뜻이다. 성경에서 주로 하느님의 심판에 대해 말한다. 히브리인들은 이 심판을 두려워하곤 했다. 더욱이 최고로 빠르게 오기를 기도하곤 했다. "저를 심판 하소서, 주님."(시편 7,9 참조) 하느님의 심판은 박해자들로부터 해방되는 것으로 알고 있었다. 신약에서 우리는 하느님께서 모든 심판을 그리스도께 맡기셨다고 읽는다.(요한 5,22 참조) 그리고 그리스도가 사도들에게 맺고 푸는 권한을 주셨다.(마태 18,18 참조) 교회가 신적 심판의 영으로 하는 것이다. 고해성사의 예이다. 교회는 죄인을 해방하는 목표와 함께 심판의 좌에 앉는다. 고해성사는 이웃을 향해 취해야 하는 태도의 상징이다. 하느님의 공심판 날에 죄의 멍에로부터 우리를 해방하기 위해 준비하고 서로 서로 용서하는 것이다.(마태 7, 1-5 참조)

- **청원기도 "청하여라, 너희에게 주실 것이다."(마태 7,7)**: 기도에 불만을 갖고 있던 사람이 물었다. "하느님께서 모든 것을 다 알고 계신 분이라면, 우리가 필요한 것도 모두 알고 계실 텐데, 왜, 우리가 하느님께 청해야 할까? 그냥 다 주실 것이지…" 청원기도는 교육의 특징을 가지고 있다고 아우구스티노 성인께서 말씀하신다. 곧 첫째는 우리가 하느님께 의지하고 있는가를 배우고, 둘째는 우

리가 필요한 것이 무엇인가를 알게 되는데 그 의미가 있다. 수업 시간에 선생님이 모든 것을 알려주지만, 질문은 학생들의 사고력과 문제 해결 능력을 키우는 데 필수적이다. 우문현답이란 말도 있지만, 필자가 그간 여러 학술회의나 세미나에서 느낀 바는 좋은 질문이 대화의 내용을 훨씬 잘 알아듣도록 해주고, 글을 발표한 사람도 그 질문을 통해 새로운 생각을 할 수 있다는 것이다. 우리가 드리는 청원기도 역시 우리가 필요한 것을 더 잘 이해하시고 선물로 내려주실 것을 믿음으로 드리는 기도가 되어야 한다.

- **주님은 귀머거리?:** 우리가 주일 미사 때 드리는 보편지향기도나 전례 또는 단체, 개인이 기도를 드릴 때, "주님, 저희의 기도를 들어주소서!"라고 청원기도를 한다. 왜 그럴까? 주님께서 귀머거리이기 때문인가? 그렇지 않다. 이 기도는 주님께 우리가 필요한 것과 내가 처한 상황을 알아달라는 것이고, 우리의 바람과 원의를 주님께 물으면서 마음과 느낌이 더 편안해지기 때문이다.

기도의 목적은 무엇인가 구체적인 것을 얻거나, 포기하기 위한 것이 아니다. 기도는 '하느님과의 인격적 접촉'이다. 이를 위해서 기도학교에 가야한다. 하느님과 함께 참 대화를 배우기 위해서 체계적인 교육을 받아야 한다. 필자는 성령쇄신봉사회의 지도신부를 하면서 기도생활을 잘 할 수 있도록 신자들에게 도움을 드리기 위해 기도학교, 영성학교를 개설하였다. 적지 않은 신자들이 무척 좋아했다.

• **"너희 가운데 아들이 빵을 청하는데 돌을 줄 사람이 어디 있겠느냐?"(마태 7,9):** 부모들은 자녀들에게 사랑으로 모든 것을 내어 준다. "하늘에 계신 너희 아버지께서야 당신께 청하는 이들에게 좋은 것을 얼마나 더 많이 주시겠느냐?"(마태 7,11) 기도는 우리를 땅에서 하느님의 삶으로 인도하며, 하느님 사랑의 신비에 참여하도록 초대한다. 하느님께서는 우리에게 모든 것을 선물하시기를 원하고 계신다. 그래서 그분은 우리에게 무엇인가를 청하도록 초대하신다. 곧 당신이 가지고 있는 모든 것, 좋고 완전하며 거룩한 것을 우리에게 주시기를 바라신다. 그러면 우리가 무엇을 청해야 하는가? 바로 하느님께서 우리에게 주시고자 원하시는 것 바로 그것을 먼저 우리가 청해야 하는 것이다.

• **"너희는 먼저 하느님의 나라와 그분의 의로움을 찾아라. 그러면 이 모든 것도 곁들여 받게 될 것이다."(마태 6,33):** 신비가 안젤로 실레시오는 "위대하신 하느님께서 우리에게 큰 선물을 주시기를 좋아 하신다. 그러나 불행하게도 우리가 그것을 받기에 너무나 작은 마음을 가지고 있다."고 말한다. 누구도 아버지 하느님께

청원하기를 두려워하지 말아야 한다. 청원하기를 부끄러워하고, 난처해하고, 주저하고 위축되지 말아야 한다. 왜냐하면 아버지는 좋은 분이시기에 우리에게 좋은 것만 주신다.(마태 7,7-12 참조)

• **모래 위의 집? 바위 위의 집?:** 스콜라철학과 고대 그리스 철학, 특히 소크라테스는 옳음과 의지가 밀접하게 연결되어 있다고 보았다. 즉, 진리를 안다면 그에 따라 행동할 수밖에 없다는 것이다. 반면, 라틴 시인 오비디오는 인간의 행동이 지식과는 별개로 이루어질 수 있다는, 좀 더 현실적인 인식을 보여 준다. 그는 '알면서도 모르는 척한다.'는 인간의 이중성을 명확하게 지적하며, 옳음과 의지 사이의 간극을 강조했다.

선생님에게 불리던 존경의 용어 "주님, 주님"이 예수님께 호칭이 되었다. 예수님의 참된 제자는 주님을 단지 스승으로만 부를 것이 아니며, 그의 가르침을 실행에 옮겨야만 한다. 그래야 종말에 이뤄질 선택인 하늘 나라에 들어간다. 지금 주님, 주님 한다고 하늘 나라에 들어가는 것이 아니라고 마태오는 분명하게 말한다. 루카복음사가도 같은 입장을 유지한다. "너희는 어찌하여 나를 '주님, 주님!' 하고 부르면서, 내가 말하는 것은 실행하지 않느냐?"(루카 6,46)

• **거짓 예언자(마태 7,15-20). "너희는 거짓 예언자를 조심하여라."(마태 7,15):** 예언자라는 말은 그리스 언어에서 기원이 되는데, 그 의미는 '말을 하다.'이다. 구약 시대에는 거짓 예언자들이 많았다. "예언자들에 대하여, 내 심장이 내 안에서 터지고 내 모든 뼈가 떨린다. 나는 술 취한 사람처럼 술에 전 인간처럼 되었으니 이는 주님 때문이요. 그분의 거룩한 말씀 때문이다… 예언자도 사제도 불경스럽고 내 집에서조차 그들의 죄악이 보인다. 주님의 말씀이다."(예레 23,9.11) 오늘날의 교회에서 예언자는 사라진 듯하고 말씀만 남아 있다. 교회에서 예언적 기능은 숨지 말아야 한다. 이 예언의 기능이야 말로 교황, 주교들, 사제들뿐 아니라 부모들, 교육자들, 모든 신앙인들의 의무이다. 증거자 막시모 성인은 말한다. "우리는 많이 말하지만, 적게 행하고 있다."

"가시나무에서 어떻게 포도를 거두어들이고, 엉겅퀴에서 어떻게 무화과를 거두어들이겠느냐?"(마태 7,16): 좋은 나무는 좋은 열매를 내고, 나쁜 나무는 나쁜 열매를 생산한다는 것이다. 나무는 그것이 맺는 열매의 종류에 따라 알려지는 것과 똑같이, 그렇게 예언자들은 마지막 심판 때에(마태 7,15-20; 루카 6,43-45) 알려질 것이다. 나쁜 열매를 맺는 나무는 불속에 태워질 것이다. 거짓 예언자들은 열매(=나쁜 열매들)로부터 그들이 누구인지 분명히 알려질 것이다.

- **말씀의 들음과 실행 (마태 7,21.24-27):** 오직 아버지의 뜻을 행하는 사람들만(마태 7,21-23)이 하늘 나라에 들어간다고 기대할 수 있다. 다른 한편으로 다른 어떤 성과를 거두었다고 해도 그렇게 하지 않는 사람들은 들어가지 못할 것이다. 마태오는 예수님의 말씀을 듣고 실행하는 것(마태 7,24-27 참조)을 '폭풍'에 대비하여 짓는 집으로 설명한다. 먼저 주님은 "자기 집을 모래 위에 지은 어리석은 사람"(마태 7,26)이 되려고 하지 말고, 견고한 기초를 제공하는 집, 곧 "자기 집을 반석 위에 지은 슬기로운 사람"(마태 7,24)이 되라고 하신다. 이런 기초가 없는 사람들은 모래 위에 집을 지은 것처럼 크게 무너져 내리는 붕괴를 겪게 될 것이다.

여기서 반석이란 무엇일까? 바로 예수님이다. 그리스도 반석 위에 집을 지을 것을 주님은 우리 모두에게 안내하신다. 모래 하나하나는 부분적으로 단단할 수 있지만 전체적으로 견고하지는 못하다. 진리도 이와 같다. 부분적인 진리는 부분적으로 제한된 지평에서만 좋을 수 있다. 신앙진리가 충만한 사람은 그리스도 안에 있는 사람이다. 그리스도와 그분의 가르침 위에 삶을 세우고 그분과 함께 일치하는 사람은 반석위에 인생을 쌓고 그 확신과 함께 기도할 수 있다. "주님, 제가 당신께 피신하니 다시는 수치를 당하지 않게 하소서."(시편 31,2) 예수님의 참된 제자는 주님을 단지 스승으로만 부를 것이 아니라, 그의 가르침을 실행에 옮겨야만 한다. 그래야 하늘 나라에 들어간다. 지금 주님, 주님 한다고 하늘 나라에 들어가는 것이 아니라고 마태오는 분명하게 말한다. 오직 아버지의 뜻을 행하는 사람들만(마태 7,21-23)이 하늘 나라에 들어간다고 기대할 수 있다.

"수행이란 안으로는 가난을 배우고 밖으로는 모든 사람들을 공경하는 것이다.

어려움 가운데 가장 어려운 것은 알고도 모른 척 하는 것이다.

용맹 가운데 가장 큰 용맹은 옳고도 지는 것이다.

공부 가운데 가장 큰 공부는 남의 허물을 뒤집어쓰는 것이다."

-성철 스님의 말씀-
대원사 나무의 노래.

돈보스코 성인의 예방교육 체크하기

✓ 자녀들을 알아주기:

✓ 자녀들을 믿어주기:

✓ 자녀들을 사랑하기:

6. 왕의 권력
(마태 8,1-9,34)

20세기 후반에 미국의 대통령에 대해 "나는 그가 어디로 가는지 모르지만, 그가 이끄는 방식을 확실히 좋아한다."라고 누군가가 말했습니다. 리더들은 그들의 주도권을 보여 주면서 권위도 보여 줘야 합니다. 그러나 현명한 리더들은 그들의 의제를 실현하기 위해 자신들의 권위를 남용해서는 안 된다는 것을 알고 있습니다. 충성심을 가지고 리더를 따르는 사람들은 권위뿐만 아니라 진실성과 동정심을 보여 주는 사람을 찾습니다.

• **그룹 나눔** 내가 다니는 교회, 직장 혹은 도시의 리더쉽에 대해 생각해 봅니다. 이 리더십의 성격은 각각 어떻게 "톤"과 "느낌"을 형성합니까?

• **개인 성찰**　나의 삶에서 중요하게 영향을 준 사람을 생각해 봅니다. 나는 그 사람을 어떻게 존경하게 되었습니까?

산에서 말씀하실 때, 예수님은 그분의 권위 있는 가르침으로 군중들을 감동시키십니다. 마태오 8-9장에서 예수님은 권위를 병든 이와 죄인을 치유하심으로써 드러내시고, 우리가 안전하게 신뢰할 만한 분이라는 것을 증명하십니다. 마태 8,1-22를 읽습니다.

가 질문과 나눔

1. 마태오 8-9장에서 예수님의 기적은 세 그룹에서 일어나고 그에 따른 반응이 나타납니다. 마태 8,1-22에서 예수님은 어떻게 그분의 권위를 드러내시는지 설명해 봅니다.

2. 유대인 사회에서 나병환자들은 어디를 가든지 "부정한 자!" 라고 외쳐야 하며 소외된 자들이었습니다. 마태 8,1-4에서 예수님이 나병환자와 만나셨을 때 내게 인상 깊었던 점은 무엇입니까?

3. 내 삶에서 그리스도와의 관계는, 다른 사람들과 교류할 때 느끼는 소속감이나 소외감에 어떤 변화를 가져왔습니까?

4. 예수님은 백인대장의 반응(마태 8,5-13)에 감탄하십니다. 백인대장이 믿음의 좋은 모델이 된 이유는 무엇입니까?

5. 마태 8,18-22에서 우리는 그분을 따르는 자들에게 예수님께서 어떻게 반응하시는지 봅니다. 예수님께서 그들에게 말씀하신 바에 따르면, 그분은 무엇을 찾고 계십니까?

내가 오늘 예수님께 걸어가 그분의 제자가 되겠다고 자발적으로 청하면 내게 뭐라고 말씀하시겠습니까?

6. 마태 8,23-9,17을 읽습니다. 제자들이 큰 풍랑을 두려워하는 것은 자연스러워 보입니다.(마태 8,23-27) 예수님은 제자들에게 어떤 종류의 믿음을 찾으십니까?

7. 마귀 들린 사람에게 일어난 일 이후에 고을 주민들은 예수님께 자기 고장에서 떠나 달라고 청합니다.(마태 8,28-34) 왜입니까?

8. 오늘날 사람들은 예수님이 주위에 계시는 것을 왜 원하지 않습니까?

9. 중풍병자를 치료할 때 죄를 용서하는 권한이 있다는 예수님의 주장은 그 시대의 종교체계를 뒤흔들고 공격했습니다. 나의 권위에 대적하거나 대신하는 사람을 발견했을 때, 나는 어떻게 반응합니까?

10. 마태 9,9-17에서 예수님은 그분을 의사와 신랑에 비유하시며, 옷과 포도주 부대에 대해 말씀 하십니다. 예수님은 이 예화를 통해서 그분의 나라와 그 영향에 대해 무엇을 가르쳐 주십니까?

11. 마태 9,18-34을 읽습니다. 예수님께서 보여주신 힘과 권위는, 현재 겪고 있는 어려움 속에서 나의 믿음을 어떻게 강하게 합니까?

🕮 기도하기

주님의 무한하신 능력을 더욱 깊이 깨닫고, 그분의 힘을 온전히 신뢰하며 살아가게 해달라고 청합니다.

⛪ 실천하기

청원기도와 응답에 대한 목록을 작성하거나 일기를 쓰기 시작합니다. 나의 삶에서 주님의 행동에 대한 이 기록이, 내 삶에서 자라나는 믿음을 위한 풍부한 비료를 어떻게 제공하는지 주의 깊게 살펴봅니다.

🔵 말씀묵상

• **백인대장의 믿음(마태 8,5-17) "주님, 저는 주님을… 모실 자격이 없습니다."(마태 8,8)**: 백인대장은 히브리인들이 이방인의 집에 들어가지 않는 것을 알고 있다. 유대인이 이방인의 집에 들어가는 것은 부정을 타는 행위이기 때문이다. "주님, 저는 주님을… 모실 자격이 없습니다." 이 고백의 말씀은 우리가 미사 때 영성체하기 직전에 백인대장의 믿음을 반복하는 기도문이다. "하느님의

어린양, 세상의 죄를 없애시는 분이시니, 이 성찬에 초대받은 이는 복되도다." "주님, 제 안에 주님을 모시기에 합당치 않사오나, 한 말씀만 하소서. 제가 곧 나으리이다." 세상을 살아가는데 자신의 약함과 겸손을 인정하는 것은 용기와 힘을 떨어뜨리지만, 영성생활에서는 오히려 반대로 일어난다. 주님의 은총으로 우리가 겸손과 약함을 반성할 때 오히려 우리의 부족함이 치유된다. 우리가 가지는 희망은 결코 우리 자신을 버리지 않는다. 왜냐하면 우리가 하느님께 늘 신뢰를 드리는 것이 확실하기 때문이다.

- **"나는 이스라엘의 그 누구에게서도 이런 믿음을 본 일이 없다."(마태 8,10):** 요한 크리소스토모 성인은 세례자 요한이 예수님을 보고 "보라! '하느님의 어린양'이라고 고백했을 때 안드레아만 그것을 믿었다."고 기록하고 있다. 안드레아가 베드로에게 그것을 알렸을 때 베드로는 믿었다. 필립보는 성경을 읽어 나갈 때 그것을 믿었다. 나타나엘 역시 먼저 하느님의 표징을 받아들였고, 그의 신앙을 고백하였다.

요한 금구 성인은 생각하신다. 카파르나움의 백인대장은 이스라엘의 난다 긴다 하는 믿음의 최고 모델들을 넘어섰다고… 그는 그리스도의 힘을 즉시 믿었기 때문이다. 오리게네스는 설명을 더 덧붙이면서 백인대장의 신앙과 야이로의 태도와 비교한다. 야이로가 말하기를 자기의 딸을 살려달라면서 "빨리 오소서!"라고 고백했지만, 백인대장은 "한 말씀만 하소서!"라고 고백한다. 라자로의 여동생 마르타 역시, "주님, 주님께서 여기에 계셨더라면 제 오빠가 죽지 않았을 것입니다."(요한 11,21)라는 말을 되뇌었다.

이같이 야이로와 마르타에게 치유는 오직 예수님께서 인격적으로 현존하였을 때 예수님의 힘이 움직인다고 생각하였지만, 백인대장은 말씀 자체가 치유의 힘임을 믿었다. 군중은 예수님의 힘을 가까이에서 느낄 때, 위로받고 그 위로 안에 믿음을 둔다. 그러나 강한 믿음은 참으로 비탄과 고통 안에서 나타난다. 하느님께서 멀리 계시고 우리를 버렸다고 느껴지던 순간에도, 하느님께서 여기에 우리를 혼자 버려두지 않으신다는 희망이 나타난다.

• **무조건적으로 예수님을 따르기(마태 8,18-22). "어디로 가시든지 저는 스승님을 따르겠습니다."(마태 8,19)**: 이냐시오 영신수련 지침은 수련생의 열정적인 태도를 경계하며, 성급한 판단이나 지나친 감정에 의존한 결정을 경고한다. 마찬가지로, 수도생활이나 사제직을 선택하는 데 있어서도 즉흥적인 열정보다는 충분한 성찰과 신중한 판단이 필요하다. 열정은 좋은 것이지만 삶 자체는 열정 뿐 아니라 어려움을 겪으면서 살아가는 것이다. 열정은 고결한 생각이라는 영감을 준다. 그러나 삶은 어려움을 이겨내기 위

해 늘 그렇게 힘이 넘치고 강력하지만은 않다. 율법학자가 예수님께 "스승님, 어디로 가시든지 저는 스승님을 따르겠습니다."(마태 8,19)라는 열정에 찬 결정적인 고백을 한다. 물론 율법학자와 같은 태도를 배울 필요는 있다. 그러나 성소의 동기는 열정적으로 느낄 수 있지만, 결정은 생활이라는 현실과 잘 만나야 한다.

우리가 삶의 중대한 변화를 결정하는 자리에서 대부분 두 가지 실수를 일으킨다. 하나는 발생 가능한 모든 어려움을 생각하는 것이다. 다른 하나는 결정을 할 때 생각 없이 충동적으로 하는 것이다. 첫째는 이성적이지 못한 태도이다. 사실 누구도 내일 일어날 어려운 사건이 무엇인지 아무도 알지 못한다. 이렇게 유익하지 않은 생각으로 낙담을 하는 것은 결정적인 삶의 변화에 큰 도움이 되지 않는다. 둘째 태도는 젊다는 증거이다. 결정에 앞서서 그리스도를 따르기 위한 것이라면 모든 선택은 희생을 동반해야 한다. 충동적 결정이 희생이라는 복병을 어떻게 넘어설 것인가?

• **"여우들도 굴이 있고 하늘의 새들도 보금자리가 있지만, 사람의 아들은 머리를 기댈 곳조차 없다."(마태 8,20)**: 동물들에게는 살아가는 굴과 둥지가 있다. 사람들도 집과 자기가 거처하는 방을 가지고 있다. 보금자리가 필요한 것은 기본적인 삶의 조건이다. 그러나 우리는 종종 각자의 집과 방에 머물지 않는다. 바캉스 휴가,

방학, 호텔, 콘도, 친구의 집 등에서 머물기도 한다. 그리스도인 삶은 여행과 유사한 면이 있다. 그리스도인은 순례자들이다. 영원한 나라를 향해 가는 여정에 있는 사람들이다.

예수회를 창설한 로욜라의 이냐시오 성인도 순례의 삶을 살았다. 한 번은 베니스에서 팔레스티나의 거룩한 땅 예루살렘을 순례할 때의 일화이다. 그는 순례여정을 위한 돈이 없었기에 준비를 넉넉히 할 수 없는 어려움에 직면하였다. 그 때 든든한 후원자가 그 어려움을 해결해 주었다. 그러나 이냐시오 성인은 팔레스티나를 향해 떠나기 직전 베니스 항구에서 걸인에게 자신의 모든 것을 털어주었다. 거룩한 땅 예루살렘으로 순례여정은 잠시 미루어졌지만 이미 그 분 안에는 거룩한 땅 예루살렘의 주님이 거처하고 계셨다.

- **"죽은 이들의 장사는 죽은 이늘이 지내도록 내버려 두어라."(마태 8,22):** 이 말씀은 아버지의 장례에 참여하지 말라는 결론이 아니다. 오히려 세속적인 것에 대한 집착을 버리고 영적인 삶에 더욱 집중하라는 의미로 해석될 수 있다. 하지만 일부 수도자들은 이 말씀을 확대 해석하여, 아버지의 죽음에 대한 애도조차 부정하고 아버지의 불사불멸을 주장하기도 했다. "죽은 이들의 장사는 죽은 이들이 지내도록 내버려 두어라."(마태 8,22)는 말씀은 비

유적인 것으로서 과거의 삶에 매이지 말라는 의미가 담겨 있다. 우리는 모두 순례하는 사람, 늘 떠나야 하는 이민자들이다. 내일을 향해 영원한 나라 그곳을 향해 미지의 땅 하늘 나라로 끊임없이 순례하는 현재와 미래의 백성이다.

- **호수에 큰 풍랑이 일어나다.(마태 8,23-27) "왜 겁을 내느냐? 이 믿음이 약한 자들아!"(마태 8,26):** 주님은 배를 타고 제자들과 함께 호수를 건너가신다.

그때 호수에 큰 풍랑이 일어 배가 파도에 뒤덮이게 되었다. 그런데도 예수님은 주무시고 계셨다. 제자들이 다가가 예수님을 깨우며 "주님, 구해 주십시오. 저희가 죽게 되었습니다." 하였다. 그러자 그분은 "왜 겁을 내느냐? 이 믿음이 약한 자들아!" 하고 말씀하셨다.(마태 8,24-26)

요한 클리마쿠스는 인간이 외부 자극에 반응하여 몸이 떨리거나 얼굴이 붉어지는 것은 자연스러운 현상이라고 보았다. 그는 이러한 신체적 반응보다는 내면의 영혼이 흔들리지 않고 평정을 유지하는 것이 더 중요하다고 강조했다. 그는 인간이라면 누구나 느낄 수 있는 수줍음이나 두려움과 같은 감정을 이겨낼 수 있다고 확신했다. 예를 들어 긴 사막을 통과해 지나가는 것이 겁나는 사람이 있었다. 클리마쿠스는 그리스도의 이름으로 무장하고 밤 길을 걸어가도록 충고를 한다. 겁이 나는 것은 우리가 홀로 있지 않다는 자각과 함께 자연스럽게 줄어든다. 그래서인지 다음과 같은 격언이 우리에게 큰 용기와 위로를 준다. "주님을 두려워하라! 그러면 세상에서 아무런 두려움도 갖지 않을 것이다." "그러자 아주 고요해졌다."(마태 8,26)

결혼생활에서 갈등과 싸움이 일어나는 순간, 결혼생활이 앞으로 나아가는 모습이 아닌 것을 느낄 것이다. 하지만 남편과 아내는 인내하는 상호 일치와 이해로 결혼과 가정을 새롭게 하고 고요함으로 되돌아갈 수 있다. 유혹에 처해있을 때 역시 우리는 뒤로 물러갈 수 없고, 삶이 유혹에 떨어지는 경험을 한다. 하지만 잠시 후에는 전쟁의 기억만 남고, 그로부터 승리를 만나게 된다. 비온 뒤에 날씨가 맑은 것서럼… 삶의 소기 경험에서 특히 허방한 순간이 다가올 때 우리는 절망을 한다. 하지만 그것이 다가올 때 무엇을 할 것인가? 로욜라의 성 이냐시오는 영신수련에서 말한다. 절망과 허망에 빠진 사람은 종종 하느님의 뜻을 벗어나 스스로 문제를 해결하려 한다. 하지만 우리는 끊임없이 악의 유혹에 시달리고, 불안과 의심에 휩싸이기 때문에, 오직 하느님께 의지하고 인내해야 한다.

• **나쁜 영에 들린 사람 둘(마태 8,28-34). "마귀 들린 사람 둘"**: 많은 사람들은 나쁜 영에 사로잡힌 것을 믿지 않는다. 마치 그러한 증상이 있는 병으로 생각한다. 인간의 존엄성은 충만한 자유를 누리는 것인데, 얼마나 많은 사람들이 무엇인가에 사로잡혀 노예와 같은 처지에서 살아가는가? 불의하게 감옥에 갇혀 있고, 외부로부터 사기와 간계에 구속되어 있지 않은가? 이 모든 것이 폭력 속에 노출되어 살아가는 현대인들의 모습인데 바로 그들이 나쁜 영의 세계 안에 갇혀 사는 꼴이라 말할 수 있다.

인간은 그러나 위와 같이 외부만이 아니라 내면으로부터 무엇인가 나쁜 영에 의해 종살이를 하게 된다. 우리는 종종 고통과 절망에 빠져있는 사람들에 대해 말하곤 한다. 그들은 자기의 삶을 조절할 능력이 없고, 책임을 지고 살아갈 형편도 되지 않기 때문에 그들을 도우며 자비심을 가지고 살아가야 한다. 그러나 고착된 생각과 무능력하다는 인식 등이 신랄하게 그들을 괴롭힌다. 이 부패의 뿌리는 어디에 숨어있단 말인가? 몸에서 온다면 의사가, 마음에서 온다면 심리 상담전문가가, 영적인 것은 하느님 말씀과 영 안에서 사제와 수도자가 그것을 찾아내도록 도와야 할 것이다.

우리는 반복되는 암시에 의해 고정된 사고들이 뿌리 깊게 자리 잡고 있다는 사실을 알고 있다. 이러한 암시의 근원을 찾아 끊어

내는 것이 무엇보다 중요하다. 인간뿐 아니라 다른 존재들, 예를 들어 성경에서 말하는 악한 영의 영향 또한 우리에게 부정적인 암시를 줄 수 있다. 심지어 성인들도 이러한 영향에서 완전히 자유롭지 못하며, 끊임없이 악에서 벗어나기 위해 노력한다는 사실은 이를 잘 보여 준다.

- **"하느님의 아드님, 당신께서 저희와 무슨 상관이 있습니까?"(마태 8,29):** 나쁜 영에 빠진 자들은 성상이나 성수와 같은 단순한 성물(聖物)의 현존 앞에서 파괴적인 행동을 한다. 그러나 이런 현상들은 이례적인 경우들이다. 보통 일상생활에서도 이런 경우는 일어난다. 성적인 고통에 빠져 있는 자는 교회를 피한다. 누군가에게 분노한 자는 복음을 묵상할 수 없다. 이렇게 인간은 부정적인 영향 아래에서는 자유로운 결정을 취하는 단계에 이를 수 없다. 사람은 자유로운 결정으로 자신의 과제를 더욱 강화해야 한다. 아우구스티노 성인께서도 성경을 읽으면서 성적인 생각으로 사로잡혀있는 것으로부터 자유롭게 해방되었다. 성경에서 나쁘고 더러운 영은 사람을 이겨낼 수 없다. 왜냐하면 말씀이 있기 때문이다.

- **"마귀들이 예수님께 저희를 멀리 떨어진 곳에 보내 주십시오. 하고 청하였다.":** 동물들은 각자의 영역을 가지고 있다. 외부로부터

오는 다른 동물들을 물리치기 위해서이다. 이는 외부의 위협으로부터 자신을 보호하고, 안정감을 느끼기 위한 본능적인 행동이다. 하지만 이러한 영역성은 때로 외부의 모든 것을 배척하는 경향으로 이어지기도 한다. 특히 새로운 것, 낯선 것에 대한 두려움은 우리를 닫힌 공간에 가두고, 변화를 거부하게 만든다. 우리도 동물과 마찬가지로 자신만의 공간을 갖고 살아간다. 이러한 경향은 종교적인 믿음에도 영향을 미친다. 자신이 믿는 가치관이나 신념을 고수하려는 마음이 강해지면, 그리스도와 그의 가르침을 방해 요소로 생각하고, 비극적인 실수를 일으킬 수 있다. 그래서 자신의 영역 안으로 그리스도께서 들어오지 않도록 청하고 있다. 요한의 말에 따르면, '사람들은 빛보다 어둠을 더 사랑하였다.'(요한 3,19) 왜냐하면 빛은 아름다워 보이는 어둠의 측면들을 바꿀 수 있기 때문이다. 그러나 밤은 잠을 위해 더 좋은 순간이다. 빛이 켜지면 일을 시작한다. 선한 길을 걸어가길 원하는 자들은 그리스도의 현존을 사랑한다. 그리스도는 세상에 오시는 모든 사람의 빛이시다.

- **중풍 환자를 고치시다(마태 9,1-8). "일어나 걸어가라."(마태 9,5):** 프랑스 루르드 성지에서 발생한 기적을 목격 증인들이 말하고 있다. 성체 거동을 하는 동안 한 병자가 순간적으로 일어나

두 발로 섰다. 성지의 진행자들은 군중의 열광을 제지하려고, 또 혼란이 생기지 않도록 즉시 그를 침대에 억지로 눕혔다. 예수님께서 행하셨던 것들처럼 오늘도 기적들이 일어난 것일까? 그러면 이것들의 의미는 무엇일까? 건강을 위한 기적들이란 하느님의 힘과 능력에 높이 찬미와 찬양을 올리는 것이다.

그런데 성경에서 병이 죄의 결과라면, 기적적인 몸의 치유는 영적 치유의 표징이다. 하지만 영적 치유 자체가 기적이라고는 생각할 수 없다. 그럼에도 불구하고 실제로 교회에서 영적 치유라는 것들이 자주 확인된다. 그러면 오늘 복음에서 "일어나 걸어가라."(마태 9,5)는 예수님의 말씀은 도대체 무엇일까? 이 말씀은 영적 중풍의 병을 앓고 있는 모든 이들에게 희망과 용기를 주는 찬양이다.

그렇다면 이런 경우 우리도 히브리사람들처럼 인간들에게 비슷한 능력(힘)을 주신 하느님께 영광을 드리는 것이라고 표현해야 한다.

- **마태오의 성소(마태 9,9-13)** "예수님께서 그곳을 떠나 길을 가시다가 마태오라는 사람이 세관에 앉아 있는 것을 보시고..."(마태 9,9): 미국 격언에 "사람은 너무 크게 애쓰지 말아야 할 때, 좋은 일들을 한다."라는 말이 있다. 우리 속담에 있는 청개구리의 이야

기가 이와 비슷하다고 생각된다. 청개구리는 마지막 엄마 청개구리의 말을 평소대로 반대로 알아들어야 하는데, 마지막 유언을 그대로 실행하여 비만 오면 지금도 후회하고 울고 있지 않는가?

아이들에게 본능에 대한 심리검사를 해보았다. 이러한 심리검사가 아이들의 소질이나 특징을 찾아내어 성장하는데 많은 도움을 주었다는 보고가 있다. 예를 들어 음악에 소질이 있는 아이에게는 음악 공부를 하도록 하고, 숫자놀이나 계산하는 것을 좋아하는 아이에게는 수학적 재능을 발견하도록 하는 것이 바람직하였다. 들을 귀가 없는 아이에게 음악공부를 강요한다면 오히려 역효과를 얻어 자기가 좋아하는 다른 소질도 막아 버리는 결과를 낫게 될 것이다.

그러나 성서에서 말하는 하느님의 부르심, 성소는 이와 같은 인간적 원리와 일치하지 않는다. 하느님을 닮은 존재로 태어난 인간은 어떠한 인간 이해 프로그램으로도 완벽하게 예측할 수 없고, 심리적인 동기를 반드시 갖는다고 확신할 수 없다. 성서에서 말하는 부르심이란 바로 주님과의 만남이다. 예수님과의 인격적인 만남으로 모든 불가능한 것이 가능하게 된다. 인간적 약점, 강점 모두가 그분을 만남으로서 비로소 나의 본질로 드러난다.

예수님께서 길을 가시다가 마태오라는 사람이 세관에 앉아 있는 것을 보셨다. 마태오는 세상의 일에 푹 빠져 있었다. 요즘 말로 그는 잘나가고 있었다. 예수님이 길을 가시는데도 마태오는 자기 자리에서 일어나지 않았다. 예수님에 대해 호기심도 없었다. 오히려 예수님께서 마태오 앞에 멈추어 섰다. 그리고 그를 당신 제자로 부르셨다.

- **"나를 따라라." "마침 많은 세리와 죄인도 와서..."(마태 9,9-10):** 마태오는 따라나섰다. 마태오는 복음서를 집필하는 성서 저자가 되었다. 하느님의 은혜는 마태오를 그리스도의 진리를 선포하기 위해 봉사자로 세우신 것이다. 회개하는 것, 즉 사람의 마음을 바꾸는 것은 소질을 찾아내어 바로 세우는 것이 아니다. 회개, 회심은 바로 예수님에 의해 발생하는 최고의 기적이다. 이것이 복음의 첫 번째 근본 주제이다. 사람들이 예수 그리스도를 만나면 이 만남으로 완벽하게 그 사람이 변화된다. 회개는 주님과의 만남이다. 그 만남으로 없던 소실이 상소된다. 주님의 제자가 되는 사람이 따로 정해져 있지 않다. 주님의 봉사자가 되는 길은 수학문제를 푸는 것도, 음악적 소질이나, 그림 그리는 재주를 발견하는 것이 아니다. 바로 주님을 만나는 행위 그것이 성소 부르심이요, 회심이다. 베드로 크리솔로고는 마태오와 자캐오의 차이를 기록하고 있다. 자캐오는 호기심이 많았다. 지나가시는 예수님을 보기 위해 나무위로 올라갔다가 주님을 만났다. 그러나 마태오는

그저 세관에 앉아 있다가 주님의 부르심을 받고 일어났다. 하느님의 나라를 위해 종종 발생하는 사건들이다. 아주 가까이 있는 자가 다른 편에 있는 경우도 있고, 아주 멀리 있는 자가 같은 편에 서 있는 경우가 있다. 이것이 인간의 모습이다.

• **과식을 이기는 법(마태 9,14-15):** 의사들은 많이 먹는 것이 건강에 좋지 않다고 말한다. 특히 환자에게는 금식, 단식, 절식 등을 진지하게 권하고 있다. 먹는 것뿐 아니라 마시고 좋지 않은 것을 피우거나 약도 남용하지 말고 삼가며 조절해야 한다고 강조한다.

식도락가, 미식가들은 모든 것에서 욕망을 이겨낸 사람들이다. 고등학생 때 본당신부님께서 불란서에서 오랜 세월 유학을 다녀오신 분에 대해 말씀하셨는데, 그분은 그 때부터 지금까지도 자칭 미식가임을 자청하고 좋은 음식, 특히 최고의 술이 아니면 마시지 않는다고 하셨다. 필자도 지금에 와서 이런 고백을 하지만, 그분은 확실히 인간적 욕망을 이겨내고 그 욕망이상을 성취하신 분이라고 생각한다.

성 요한 클리마쿠스는 과식은 비워있는 것을 슬퍼하고 끝까지 채우려고 하는 위장에 대한 위선이라고 말씀하였다. 위장을 가득 채운다는 것은 마음이 아닌 몸을 기르는 것, 곧 육신의 본성을 키우는 것이란다. 영성가들은 먹으면서는 어느 것도 이겨낼 수 없다고 말하는데, 그 이유는 약한 의지의 표현이기 때문이다. 구약에서 에사우도 동생 야곱에게 맏아들 상속권을 팥죽 한 그릇에 팔아먹지 않았던가?

그리스도인에게 단식이란 무엇일까? 영의 능력을 검증하는 기회이다. 영성생활을 한다고 말하면서 과식에 노출되어 있는 것은 이해할 수 없는 일이다. 많이 먹으면 성격이 급해지고 그렇다고 먹지 않으면 정욕을 자극한다고 전문가들은 말한다. 조련사가 사자를 예뻐하고 사랑하면 온순하고 잠잠해 지지만 그렇다고 사자의 몸 자체가 야생 동물적 기질이 없어지고 양 같이 순하게 변하는 것은 아니다.

단식은 잘 먹고 식탁에 앉기 좋아하는 것을 절제하는 것이다. 인간은 본디 벗과 만나면 음식을 나누면서 기쁘고 만족한 생활을 즐긴다. 누구도 친구와 만나서 "우리 단식할래?"라고 말하는 자는 없다. 단식 사세는 넉목이 아니다. 다만 넉을 쌓는 수단이요 훈련이다. 예수님께서 그들에게 이르셨다. "혼인 잔치손님들이 신랑과 함께 있는 동안에 슬퍼할 수야 없지 않으냐? 그러나 그들이 신랑을 빼앗길 날이 올 것이다. 그러면 그들도 단식할 것이다."(마태 9,15)

러시아 수도원의 큰 어른 수도자가 수도원 규정의 단식을 잘하고 있는지 관찰하던 중, 어느 날 수도원의 젊은 수사가 큰 어른의 작은 방에서 동료 수사형제와 함께 음식을 먹으면서 기쁘고 즐거워하는 광경을 목격하였다. 어른 수사님께 단식 규정을 지키지 않고 들켜버린 그들은 애써 변명을 늘어놓더니, 급기야는 슬픈 얼굴로 자신들의 잘못을 뉘우치면서 낙담하고 자신의 자리로 돌아가려고 할 때, 큰 어른 수사님께서 말씀하셨다. "괜찮아요. 형제들! 여러분들이 나누는 그 형제애 곧 사랑이 단식보다 더 큽니다."

혼인잔치에 초대된 손님들은 신랑과 함께 형제애, 사랑을 체험하고 있다. 단식은 바로 사랑을 위해 존재한다. "내가 좋아하는 단식은… 멍에 줄을 끌러 주는 것… 네 양식을 굶주린 이와 함께 나누고… 헐벗은 사람을 보면 덮어주고 네 혈육을 피하여 숨기지 않는 것이 아니겠느냐?"(이사 58,6-7)

- **단식과 기도. "요한의 제자들이 예수님께 와서"(마태 9,14):** 큰 종교에서 단식기간은 사뭇 다른 때와 다르게 진지하다. 회교도들의 단식기간 라마단은 우리에게도 익숙하다. 고대의 기록을 보면 단식에 대한 지침이 있는데, 그곳에서 오늘날의 우리에게 단식의 동기들을 찾아내기란 어려움이 있다. 요즘은 단식이 아니라 다이어트 열풍으로 웰빙과 함께 잔뜩 포장되어 있다.

단식은 일반적으로 슬픔이나 지나간 세월의 고통을 표현하는데, 실제로 이탈리아 중부 지역에서는 오늘날에도 가족 중에 누가 세상을 떠나면 음식을 하지 않는다. 사랑스런 가족이 없고 삶의 의미를 잃어버렸기 때문이다.

단식의 목적을 단순히 정의할 수 없지만 그리스도교 신앙인들에게 삶의 작별은 새로운 삶의 시작이다. 이탈리아 일부 지역 풍습을 보면 결혼을 앞 둔 신부들은 단식으로 결혼을 준비하였다. 새로운 삶을 준비하기 위한 것이다. 다분히 그리스도교 영향이 있음을 생각해 본다.

구약의 예언자들도 그들의 사명을 시작하기에 앞서 단식하곤 하였다. 세례자 요한과 그들 제자들도 단식하였다. 하느님 나라가 오신다는 약속을 기다리기 때문이다. 우리 그리스도를 믿는 신앙인들도 파스카 기쁨을 준비하고, 하느님의 선물들을 받기 전에 단식을 한다.

- **"저희와 바리사이들은 단식을 많이 하는데"(마태 9,14):** "배고픈 이들에게 먹을 것을 주고 헐벗은 이들에게는 입을 것을 주었으며, 내 백성 가운데 누가 죽어서 니네베 성 밖에 던져져 있는 것을 보면 그를 묻어 주었다."(토빗 1,17)

수덕생활의 세 가지 요소는 자선, 단식, 기도이다. 교부들은 세 가지 수덕생활의 다양한 요소들을 내적으로 연결하여야 한다고 말했다. 오늘날 신앙인들도 이 세 가지 요소가 봉헌의 삶으로서 요청되어 있다. 우리도 같은 모양으로 자선과 단식을 하면서 하느님께 기도를 드릴 때 더욱 효과적이다. 고대 영성가들은 그 대신 "우리가 하느님으로부터 은총과 축복을 받았는데, 그것은 우리가 그것을 청하기 때문이다."라고 한다. 우리의 기도는 있는 그대로 정직한 기도가 되어야 한다. 우리 아버지에게 더 성실하게 말할 수 있도록 단식과 자선은 우리를 정화하게 한다.

시리아 영성가 이사야는 인간 정신을 작가와 비교하면서 기도하는 동안 성령의 감도 아래 높게 자유를 느끼게 된다. 그리고 성령께서 그에게 영적인 감도로 글을 쓰도록 인도하시는데 땅에 묶여 있고 무거운 무게로 눌러 있는 우리를 정화하고, 자유를 느끼게 하며, 가볍게 있도록 한다.

- **"단식"(마태 9,14-17):** 기도는 하느님께 정신을 들어 올리는 것으로 정의된다. 특히 내적인 행동이다. 영성가들은 "몸도 기도에 참여할 수 있는가?" 라고 묻는다. 우리의 몸은 단순한 도구가 아니라, 영혼과 깊이 연결된 존재이다. 몸의 자세, 움직임, 호흡은 우리의 내면 상태를 반영하고, 때로는 기도의 깊이를 더해준다.

기도의 목적은 하느님께 영혼(마음, 정신)을 자유롭게 놓아두는 것이다. 단식으로 이러한 자유가 현시되고 몸 안으로 들어간다. 하느님의 사랑을 위해 음식, 술 담배, 그리고 다른 어떤 것을 포기하는 것은 마치 하느님의 사랑이 그의 본능에 속한 최고의 가치를 발견하는 것이다. 다시 말해 몸도 함께 기도를 드린다.

　물질은 자유가 아니다. 물질은 자연법과 필요성에 기초를 두고 있는데, 그럼에도 불구하고 단식하는 몸은 영성화 되는 것으로 보인다. 그럴 때 자유는 자연본성과 연관되고, 몸은 사랑을 드러내기 위해 마음의 기관이 된다.

• **바라보기와 살아가기(마태 9,27-31).** "예수님께서 길을 가시는데 눈먼 사람 둘이 따라오면서"(마태 9,27) 그러자 그들의 눈이 열렸다.(마태 9,30) "아무도 이 일을 알지 못하게 조심하여라."(마태 9,30)**:** 신앙생활의 내용은 오직 하느님께서 계시하시는 신비들로 짜여 있다. 곧 우리의 힘과 능력으로는 그것을 볼 수 없다는 것이다. 우리가 만일 믿음 안에서 소경이라면, 우리는 무엇인가를 하느님의 힘으로 볼 수 있다고 믿어야 한다. 어느 날 아시시의 프란치스코 성인은 동료수사들과 함께 세상 복판 동네 안가운데로 나아가 설교를 하고자 수도원을 떠나 왔다. 그러고는 침묵하며 고요히 시내 동네 한 바퀴를 돌아 수도원으로 들어왔다. 동료 수사들이 질문을 하였다. "왜 우리는 시내 한 가운데 동네에서 설교하지 않고 돌아왔나요?" 프란치스코 성인이 대답을 하였다. "설교는 꼭 말로만 하는 것이 아니라 살아 움직이는 행동으로도 합니다. 그런 점에 우리는 이미 행동으로 설교를 했습니다." 우리도

인생을 살아가는 모든 순간순간마다, 믿음 안에서 소경에게 눈을 뜨게 하는 행동하는 설교형태를 연습해야 한다.

• 악을 악으로 쫓아내기.(마태 9,32-38) "사람들이 마귀 들려 말 못하는 사람 하나를 예수님께 데려왔다."(마태 9,32): 우리는 사람들이 행동하는 것에 기초를 두고 그 사람을 판단하곤 한다. 그러나 우리의 식별은 실제로 그 사람에 대한 선입견에 따라 변하고 있다. 바리사이들은 예수님의 구마 기적만을 선입견으로 바라본 것이 아니다. 그들은 그리스도의 모든 부분을 거부한다. 그리스도의 신성뿐 아니라 기적, 가르침 등에 확신을 하지 않는다.

정직한 사람은 선입견을 갖지 않도록 온 힘을 다해야 한다. 사람을 있는 그대로 인식하는 대상 자체로 보아서는 그에게서 발견할 수 있는 하느님의 보화를 알아차릴 수 없다. 사람은 수학이나 화학 등 공식에 정확하게 반응할 것을 기대하는 과학실험이 아니다. 사람의 인격을 대상적 모양으로 판단해서는 안 된다. 사람은 사물이 아니기 때문이다.

• "저 사람은 마귀 우두머리의 힘을 빌려 마귀들을 쫓아낸다."(마태 9,34): 성서에서 마귀, 사탄은 무엇에서 분리하는 성향을 가지고 있다. 그들은 서로 하나가 되는 것을 가로막는 분리와 분열의 모습으로 나타난다. 오직 마귀들이 하나가 되는 때가 있는데 그

것은 무엇인가를 반대할 때, 성령과 대항하여 싸울 때 하나가 된다. 마귀들의 행동은 한마디로 부조화 자체이다. "저 사람은 마귀 우두머리의 힘을 빌려 마귀들을 쫓아낸다."(마태 9,34) 교만의 영이 슬픔의 마귀를 그렇게 물리치고, 탐욕과 인색의 영은 과식의 마귀들과 싸우고, 자만과 허영의 영은 분노를 이길 수 있는가? 이 모습이 과연 예수님에게 발견되는가? 마귀의 힘으로 마귀를 쫓아낼 수 없다. 바로 하느님의 영으로 마귀들을 쫓아내도록 영성가들은 충고한다. 나쁜 생각이 나쁜 생각을 멀리하게 할 수 없듯이, 그것은 반드시 좋은 생각으로만 바뀐다. 슬픔이 영적 즐거움으로, 인색함이 영원한 보상이라는 영적 위로가 된다. 하느님의 나라는 바로 세상에 있다. 이 얼마나 세상을 아름답게 선언하고 있는 것인가? 겉모습, 선입견은 세상과 사람을 제대로 볼 수 없는 안개와 같다.

> **돈보스코 성인의 예방교육 체크하기**
>
> ✓ 자녀들을 알아주기:
>
> ✓ 자녀들을 믿어주기:
>
> ✓ 자녀들을 사랑하기:

7. 왕의 메신저들
(마태 9,35-11,30)

1800년대 후반에 한 부유한 자선가가 자신의 모든 돈을 기부하기로 결정했습니다. 그는 합당하게 필요한 누구에게나 500달러를 주겠다고 발표했습니다. 아마 상상했듯이, 반응은 폭발적이었습니다! 그러나 재정적인 도움보다 사람들에게는 복음의 영적 부가 더 필요합니다.

• **그룹 나눔** 내가 예수님과 그분의 메시지를 전하기 위한 하루를 보내기 위해 지역 쇼핑몰에 보내졌다면, 어떤 종류의 경험을 기대할 수 있습니까?

• **개인 성찰** 우리가 좋아하거나 그렇지 않거나, 위험을 감수하는 것은 제자됨의 필수적인 부분입니다. 내 마음속에 있는 따르지 못하게 하는 문제들을 보여 달라고 주님께 청합니다.

| 예수님은 열두 제자를 각자의 사명을 위해 파견하십니다. 그분이 그들을 보내실 때, 그들에게 힘을 주시면서도 사람을 돕는 데서 오는 위험에 대해서 경고하십니다. 마태 9,35-11,1을 읽습니다.

가 질문과 나눔

1. 예수님은 '시달리고 기가 꺾여 있는' 군중들을 가엾게 여기십니다.(마태 9,35-38) 오늘날의 사람들은 예수님이 그 시대에 돌보시던 사람들과 어떻게 비슷합니까?

2. 예수님은 군중에 대한 연민 때문에, 열두 제자를 파견하십니다.(마태 10,1-15) 제자들의 사명을 설명합니다.

   이 사명을 맡으면 어떤 기분이 들겠습니까?

3. 예수님께서는 제자들에게 그들의 연민어린 사목이 따뜻하게 받아지지 않을 것이라고 경고하십니다.(마태 10,16-25) 그들은 어떤 경험을 하게 될 것입니까?

4. 마태 10,26-33에서 예수님은 현재와 미래의 제자들이 반대에 대비하도록 준비시키십니다. 왜 제자들은 반대자들을 두려워해서는 안 됩니까?

5. 그리스도를 따르는 것은 가족 관계와 충성심에 변화를 가져올 수 있습니다. 우리는 왜 그런 긴장을 감수해야 합니까? (마태 10,34-39)

어떤 약속이 이루어졌습니까?(마태 10,40-42)

6. 마태 11,2-30을 읽습니다. 요한은 감옥에 있기 때문에 좌절을 경험하고 다시 생각하는 듯이 보입니다. 무엇이 내게 예수님에 대해 좌절감을 갖게 하고 다시 생각하게끔 만들 수 있습니까(혹은 만들었습니까)?

7. 예수님이 요한에게 대답하실 때의 어조와 느낌을 어떻게 설명하겠습니까?(마태 11,4-6)

8. 세례자 요한의 메시지를 들은 사람들의 다양한 반응은 우리에게 무엇을 일깨워 줍니까?(마태 11,7-19)

9. 마태 11,20-30에서 예수님은 어떤 이들은 비난하고, 다른 이들은 따뜻하게 초대를 하십니다. 무엇이 그분의 비난을 초래했습니까?

10. 마태 11,28-30은 예수님의 돌봄과 연민의 표현으로 마무리됩니다. 나는 예수님께 나아감으로써 어떤 방법으로 삶에서 안식을 발견했습니까?

기도하기

예수님의 초대에 응답하는 사람들에게 오는 안식과 평화의 선물을 위해 기도합니다.

실천하기

우리가 항상 육체적으로 가족들을 떠날 필요가 있는 것도 아니고, 그들의 거부를 항상 경험하는 것도 아니지만, 예수님은 항상 우리 마음속에 첫째 자리에 계셔야 합니다. 눈을 감고 나와 친밀한 관계에 있는 가족이나 사람을 각각 그려봅니다. 주님께 한 사람 한 사람씩 돌봄과 보호를 위해 기도드립니다. 주님께 그분이 나의 첫째 자리에 계신다고 말씀드립니다. 내가 그들을 주님께 드릴 때 나의 마음의 반응에 주목합니다.

나 말씀묵상

• **하느님 나라가 가까이 왔다:** "예수님께서는 모든 고을과 마을을 두루 다니시면서 회당에서 가르치시고 하늘 나라의 복음을 선포하시며, 병자와 허약한 이들을 모두 고쳐 주셨다."(마태 9,35)

　1. 교회전승에서 2가지 종류의 사도들의 모습이 나타난다. 1)은수자들의 모습으로 그들은 도시, 마을을 떠났다. 왜냐하면 오직 하느님과 함께 있기 위해서 이다. 2)시간이 지나면서, 선교사의 모습으로 그들은 사람들을 찾아 갔다. 프란치스코 하비에르처럼 인도, 일본에서 선교하였다. 이 두 가지 가운데 어떤 것이 더 효과적인 사도들이며 제자들의 삶일까? 이것을 말하기란 어려운 일이다. 일반화할 수 없다. 그들은 모두 하느님으로부터 오는 각각의 성소를 받았나. 성령께서 그 시대에 더 적합한 것을 감도해 주신다.

　하지만 무엇보다 사도들은 아프고, 가난하며 위로를 받아야 하는 이웃에게 오직 사랑으로 완성하는 행동을 실천해야 한다. 예수님은 어느 곳이든지 가셔서, 가장 먼저 병자들을 치유하셨다. 그래서 주님은 모든 이들의 신뢰를 받으신 것이다. 이것이 우리의 모습이어야 함을 복음은 말씀하신다. 사도들처럼 우리는 삶으로 신뢰를 보여 주어야 한다.

진정한 신뢰는 사랑을 바탕으로 하며, 말과 행동이 일치할 때 비로소 드러난다.

"그분은 군중을 보시고 가엾은 마음이 드셨다. 그들이 목자 없는 양들처럼 시달리며 기가 꺾여 있었기 때문이다."(마태 9,36)

2. 도시 사람들은 양들과 친밀하지 않다. 그들은 양들이 목자 없이 있다는 의미를 잘 모른다. 시골의 팔레스티나 거주민들의 생활과 달랐다. 목자는 양들을 푸른 목장으로 인도한다. 물을 마시게 하고 계곡에 갇힌 양들을 구하고, 위험한 곳에서 길 잃은 양을 나오게 한다. 히브리인들은 목자의 이미지를 하느님께 적용한다. 복음은 예수님이 바로 참 목자이시라고 소개한다. 치로의 테오도레토는 목자의 이미지를 배의 키잡이, 곧 조타수에 비유한다. 그리스도 스스로 확실한 항구에 우리 삶의 배를 인도하도록 하신다.

"열두 제자를 가까이 부르시고 …병자와 허약한 이들을 모두 고쳐 주게 하셨다. …예수님께서 이 열두 사람을 보내시며 이렇게 분부하셨다… 이스라엘 집 안의 길 잃은 양들에게 가라. 가서 '하늘 나라가 가까이 왔다.' 하고 선포하여라. … 나병환자들을 깨끗하게 해주고…"(마태 10,1,5,6-7,8)

3. 사람들은 오늘보다 내일이 나을 것이라고 말하면서 서로서로 용기를 주고받는다. 이 믿음은 삶의 기둥이다. 그것을 잃은 사람은 삶을 잃은 사람과 같다. 단테는 지옥문 앞에서 "모든 희망을 내려놓고, 또 그곳으로 들어가는 당신들도 버려라."라고 썼다. 반대로 하늘 나라는 모든 약속들의 성취로 표현한다. 정말 하느님 나라가 가까이 왔나? 영성작가들은 다양한 뜻을 전한다. 하늘 나라가 가까이 왔다. 왜냐하면 그 나라는 손에 닿을 곳에 있기 때문에 누구든지 그것을 포착할 수 있다. 하늘 나라는 내적이기 때문에 가깝다. 하느님을 믿는 자의 정신 안에 벌써 그 나라가 임하기 때문이다. 그리스도의 몸을 받아먹는 자는 이미 영생과 육신들의 부활을 취하기에 가깝다. 믿는 이들에게 눈이 열리고, 하느님 은총의 충만을 모든 것 안에서 보기 때문에 가깝다.

• God Talk, Church Talk, World Talk, People Talk…: 프란치스코 교황님이 한국방한(2014. 8.14-8.18) 중에 우리에게 남긴 것은 사랑과 섬김의 삶이다. 프란치스코 교황님의 사랑은 한 마디로 작은 이들, 가난한 이들, 힘없는 이들에게 집중됐다. 아니 교황님 스스로 작은 자가 되셨다. 방한 기간 내내 보여주신 어린이들

에 대한 축복과 입맞춤 그리고 세월호 희생자들과 연대하는 행동은 복음 속의 주님의 모습을 그대로 드러내셨다. 사랑과 섬김의 삶을 걸어가시고 낮은 곳과 작은 자로 살아가신 교황은 스스로 낮고 작은 자로 살아 가셨다. 한국주교단과의 만남에서 한 말씀 남겨달라는 주교들의 요청에서 교황은 커다란 마분지에 아주 깨알 같은 글씨로 당신의 이름 프란체스코를 남겨 주셨다. 그리고 대전 성 요셉 대신학교를 방문하셔서 신학생들에게 정성스럽고 귀한 말씀을 다음과 같이 남겨 주셨다.

교황의 은혜로운 한국 방문에서 우리에게 남겨준 행동하는 말씀과 교황의 사도적 권고『복음의 기쁨』은 반복된 메시지와 행동의 연속이었다. 먼저 교황이 제시하는 그리스도인의 삶의 쇄신과 변화의 내용은 무엇일까? '기쁨'과 '청빈' 그리고 '섬김'과 '소통'을 위해 '연대'와 '세상의 변두리'로 나가라는 것이다. 그리고 그리스도교회 차원의 쇄신과 변화란 무엇일까? 바로 사목활동의 변화와 쇄신이다. 이를 위해 교황이 원하는 교회 쇄신을 위해서는 건실한 분권화와 개별교회, 교황직과 주교직 쇄신, 그리고 사목자의 쇄신을 해야 한다. 곧 "성직주의가 아니라 사목자가 돼라!"[4] "강론자

---
4) 복음의 기쁨-제2장 공동 노력의 위기 속에서 중 102항 참조

는 자기 공동체의 마음을 잘 알아야 합니다."[5] "사제들에게 고해소가 고문실이 아니라 주님의 자비를 만나는 장소가 되어야 한다는 것을 일깨우고 싶습니다."[6]고 말한다. 교황이 말하는 모든 교회구조는 봉사와 선교를 지향하는 구조로 변화되기를 촉구한다.

한국의 교회여론기관에서 실시한 조사에서 한국교회 신자들이 현재 교회의 쇄신을 분명하게 밝혔다. 한국교회의 우선적 쇄신 과제는 성직자들의 권위주의와 성직중심주의, 사목이 아니라 관리가 강조되는 교회 운영, 교회 안의 세속주의, 가난한 사람들에 대한 우선적 선택의 문제, 사회교리에 대한 무관심, 신앙과 삶의 유리, 평신도들의 미성숙하고 개인주의적인 신앙 등이다. 교황의 교회에 대한 성찰도 교회 쇄신을 위한 촉구를 네 가지로 요약하고 있다. 성직자 중심주의에서 평신도의 소명으로, 세속적 가치에서 복음적 가치로, 물질주의와 부유함을 떠나서 가난한 교회로, 그리고 자비롭고, 위로를 주는 교회로의 변화가 교황이 전하는 핵심적인 메시지들이다.

복음에서 주님은 말씀한다. "사람의 아들은 사람들의 손에 넘

---

5) 복음의 기쁨-제3장 복음선포 중 137항 일부
6) 복음의 기쁨-제1장 교회의 선교적 변모 중 44항 일부

겨질 것이다." 그러나 "제자들은 그 말씀을 알아듣지 못하였다. 그 뜻이 감추어져 있어서 이해하지 못하였던 것이다."(루카 9,44-45) 건강한 사람은 아픈 사람을 이해할 수 없다. 부자는 가난한 사람들의 문제들을 이해하지 않는다. 편안하게 사는 사람은 변화를 원하지 않는다. 인간이 처한 상황이 세상의 현실을 바라보는 방법과 방식에 영향을 준다. 그러므로 대중적인 의견이 정의들과 가치들 안에서 무게를 느낀다. 세상의 시간과 공간 안에서 다양한 정신들이 숨어 있는 것이 바로 현실이다. 유럽 사람들에게 아시아인들의 정신이나 멘탈을 이해하기란 매우 힘들다. 우리도 종종 우리와 비슷하고 가까운 사람들을 이해하기 어려운 때가 있다. 하지만 그리스도의 행보와 세상의 정신 사이에서 나타나는 큰 차이는 무엇일까? 그것은 매우 크게 차이 나는 것이 아니라, 아주 작은 것들에서 발견할 수 있다. 사도들 스스로도 예수님을 이해하지 못하였다. 그것은 오직 성령강림 이후에 십자가의 신비를 이해하였다. 프랑스의 어느 한 작가가 말하였다. "오늘날 모두들 말하기를, 하느님 감사합니다. 내가 잘 지낼 수 있어서 말입니다." 그런데 만일 "내가 힘들군요. 그래서 감사합니다. 하느님!"이라고 말하는 사람을 우리가 만났다면, 우리는 그를 어떻게 이해할 수 있을까? 혹시 우리가 성인에게서나 발견되는 어떤 암시를 보는 것은 아닐까?

교황의 한국방문이 담고 있는 또 한 가지의 전망은 아시아 복음화이다. 아시아 복음화를 위해서는 우리가 경계해야 하는 점은 인도의 뭄바이 대교구장 오스왈드 그리시아스 추기경이 제시한 것처럼, 첫째 '물질주의'와 '세속주의'이다. 둘째 많은 '가정들의 해체 내지는 분리'이며, 셋째, 언어가 다양한 아시아 나라들과 종교들 사이의 '대화'이며 마지막으로 아시아 국가들이 처해있는 '가난'에 대한 것들이다. 이를 위해 교황께서 제시한 길은 먼저 종교 간의 '대화', 그리스도교인들의 '정체성' 확립, 세상의 가치들이 추구하는 '상대주의'에 대한 경계, 삶의 형식만을 추구하는 '피상성'과 '번영의 안전함'에 대한 유혹 등에 관해 조심할 것을 강조한다. 특별히 말과 행동으로, 그리스도인의 자세를 잃지 않으면서도 대화를 통해 모든 이들과 GodTalk 대화를 나누도록 권고한다.

교황은 우리가 신앙선소들의 신앙유산을 살 전달받고 전달하기를 바라셨다. 한국이 세계에 유래 없는, 성직자와 선교사 없이 신앙을 스스로 받아들이고 교회를 일군 것을 높게 평가하셨던 교황께서 오늘날 우리가 살아가야 하는 순교에 대해 한국 방문 중에 많은 말씀을 하셨다. 우리도 God Talk, Church Talk, World Talk, People Talk..를 하며 세상 밖 변두리로 나아가야 한다.

- **12사도의 성소(마태 10,1-7).** "예수님께서 열두 제자를 가까이 부르시고… 권한을 주시어,"(마태 10,1): 위대한 사람들은 자신을 대신할 수 있는 제자를 형성하도록 사람들을 찾는다. 그러나 그들의 능력까지 줄 수는 없다.

유명한 과학자 파스퇴르는 프랑스 시골에서 여름휴가를 보냈다. 저녁이면 그 마을 본당신부님과 체스장기를 두곤 하였다. 토요일에 되자 본당신부는 주일날 강론을 준비해야하는 부담을 갖게 되었다. 파스퇴르는 무슨 일이냐고 묻자. 본당신부는 내일 강론 때 교회 공동체가 하느님으로부터 왔다는 기원을 설교해야 하는데, 당신은 어떻게 설명하시겠냐고 물었다. 파스퇴르는 한동안 생각을 한 후, 자신이 사람들에게 말해도 되겠냐고 물었다. 본당신부는 그렇게 하라고 했다. "교우 여러분, 여러분 마을에서 열두 명의 젊은이를 선택하시오. 그리고 두 해 정도 당신이 알고 있는 모든 것을 모두 가르치시오. 그리고 하나는 뉴욕으로, 다른 하나는 런던으로, 셋째 젊은이는 시드니, 그다음은 남아프리카로… 파견하시오. 그 다음 2000년이 지난 다음 여러분들이 가서 보시오. 그들의 무엇인가를 아직도 알고 있는가를 말이오."

인간적으로 열두 사도는 지금보다 훨씬 안 좋은 상황에 있었다. 그러나 우리는 지금 그들의 이름을 기억하고 있다. 그들은 교회의 기둥이 되었다. 왜냐하면 그리스도의 힘과 능력이 그들과 함께 있

기 때문이다. 주님은 약속하셨다. "내가 세상 끝 날까지 언제나 너희와 함께 있겠다."(마태 28,20)

• **"열두 사도의 이름은 이러하다."(마태 10,2) "예수님께서 이 열두 사람을 보내시며…"(마태 10,5)**: 로욜라의 이냐시오 성인께서는 당신 성소의 완성에 대한 불안과 그 부르심을 살아가는데 능력이 없음을 종종 묵상하였다. 많은 시험과 고통을 겪으면서 주님의 부르심과 그 사랑을 실천하며 적합하게 살아가고 있는 가를 발견하는, 선택과 식별을 어려워하였다.

그러나 하느님께서 우리를 부르실 때는 파견된 이유와 그것을 실행하는데 필요한 모든 능력을 자신에게 분명히 주신다는 사실을 믿어 의심치 않았다. 사도의 그리스말 뜻은 나라와 나라 사이의 외교적 관계를 좋게 유지 발전하게 하는 대사(大使)의 가치를 지니고 있다.

사제, 수도자는 바로 하느님의 축복을 전달하는 유통업자들이다. 청하면 얻게 되고 번영을 이룬다. 하느님께서 세상을 처음 창조하시고 사람을 당신 모습으로 부르실 때, '무'로부터 만드셨다. 인간 창조에서도 우리를 부르시는 성소를 다시 확인할 수 있다. 하느님께서 흙으로 인간을 빚어 만드시고, 생명의 숨을 코에 불어 넣어주셨다. 하느님은 흙으로 인간을 만드시기만 한 것이 아니라 완전한 생명의 숨을 우리 안에 불어 넣어 주셔서 인간으로 부르셨다. 이같이 사도의 정신은 하느님의 영감, 성령으로부터 온다. "하느님의 은총으로 지금의 내가 되었습니다. 하느님께서 나에게 베푸신 은총은 헛되지 않았습니다. 나는 그들 가운데 누구보다도 애를 많이 썼습니다. 그러나 그것은 내가 아니라 나와 함께 있는 하느님의 은총이 한 것입니다."(1코린 15,10)

- **하느님 나라의 복음(마태 10,7-15). "'하늘 나라가 가까이 왔다.' 하고 선포하여라."(마태 10,7):** 이스라엘 백성은 하느님께서 약속하신 당신 나라가 도래한다는 희망 안에서 일치되어 있었다. 이스라엘 백성에게 약속하신 이 희망 때문에 다른 백성들과 섞임이 없는 친교와 일치가 온전히 드러나고 있다. 이런 희망을 가지고 사는 데는 공동체가 겪는 전통의 삶에서 오는 기쁨도, 고통과 슬픔도 함께 한다. 하느님의 나라는 이렇게 신약의 제자공동체, 그리고 새 생명이 드러나는 교회가 이 약속에 대한 희망 때문에 살아간다.

"갈릴래아 사람들아, 왜 하늘을 쳐다보며 서 있느냐? 너희를 떠나 승천하신 저 예수님께서는, 너희가 보는 앞에서 하늘로 올라가신 모습 그대로 다시 오실 것이다."(사도 1,11) 초기교회에서는 'Marana tha' 저희의 주님 어서 오십시오!(1코린 16,22 참조) 라고 기도하였다.

"이 일들을 증언하시는 분께서 말씀하십니다. '그렇다, 내가 곧 간다.' 아멘. 오십시오, 주 예수님!"(묵시 22,20) 오늘날 이 기도가 교회 생활에서 잊혀져간다. 그리스도께서 오시는 희망 없이 생명도 없으며, 구세주와 만나는 희망 없이 영생도 없을 것이다. 그러므로 우리는 늘 주님께서 오시도록 기도해야 할 것이다.

• **앓는 이들을 고쳐주고 죽은 이들을 일으켜 주어라(마태 10,8)**: 시계와 함께 흘러가는 인간과 세상의 시간은 하느님 앞에서 한 순간으로 멈춘다. '하느님의 나라가 가까이 왔다.'는 것은 하느님의 영원성 위에 참으로 순간순간 멈추어 있다는 것이다. 고통의 순간, 앓는 순간, 죽은 순간, 하느님 아버지께서 당신의 아들들의 눈물을 닦아주는 그 순간, 병자와 죽은 이는 일어나고 어려움을 이겨낼 것이다.

• **집에 들어가면 그 집에 평화를 빈다고 인사하여라(마태 10,12)**: 평화가 내포하는 의미가 문화권에서 다양하게 나타난다. 로마제국 시대에는 Pax Romana의 구호를 외치며 그 제국의 평화를 추구하였다. 로마제국의 평화는 바로 제국 지역의 모든 질서를 의미하였다. 곧 로마제국이 뻗어 나가는데 있어서 모든 외적인 질서를 평화라고 말한다.

이와 같은 의미로서 우리도 매일의 삶에서 이러한 평화를 체험한다. 예를 들어 여행을 할 때 편안함과 걱정이 없는 것을 말한다. 기차시간, 좋은 동반자와의 만남 등 계획된 여행에 차질이 적을수록 편안하고 안락한 여행을 할 수 있다.

그런데 히브리인들이 말하는 평화 샬롬은 외적인 질서를 크게 염두에 두고 말하고 있지 않다. 오히려 다른 사람들과의 좋은 관계를 말하고 있다. 사도들은 선한 뜻을 가지고 있는 모든 사람들 사이에서 하느님과 좋은 관계를 맺도록 부르심을 받았다. 그러나 이 평화가 다른 이들에 의해 쪼개진다고 해도 낙담하지 말아야 한다. 왜냐하면 하느님의 평화는 성령을 통해 항상 우리와 함께 하기 때문이다. 비록 사람들 사이의 관계가 끊어지더라도, 우리와 하느님과의 관계는 끊어지지 않는다.

평화를 전하는 자들의 인사를 상대가 받아들이지 않더라도 노여워하거나 분노하지 말라는 것이 예수님의 뜻이다. 하느님과 좋은 뜻을 가진 사람들과의 관계에 어떤 손해도 입히지 말아야한다는 것이다. 만일 선물을 받는 사람이 그 선물을 거부한다고 하더라도, 선물을 준 사람이 더욱 가난한 자가 되지는 않는다. 오히려 반대로 그 사랑이 하느님의 것이기에 평화를 건넨 자가 더 순수하며, 하느님의 사랑을 돌려받거나 하느님의 사랑과 비슷하게 될 것이라는 믿음에로 주님은 초대하신다.

- **이리떼 사이의 양들처럼 (마태 10,16-23)** "나는 이제 양들을 이리 떼 가운데로 보내는 것처럼 너희를 보낸다."(마태 10,16): 이리 떼는 원수가 사는 곳이다. 보호받지 못하는 위험한 곳이다. 구약에서 청년 다윗은 골리앗과 싸워야 했다. 상대적으로 어린 다윗은 골리앗에 대해 무장해제 상태이다. 마치 양이 이리 떼 가운데로 보내는 것과 같았다. 그러나 다윗은 어떤 두려움도 없었다. 왜냐하면 주님의 이름으로 갔기 때문이다.

필리스티아 사람은 다윗을 보더니, 그가 볼이 불그레하고 용모가 아름다운 소년에 지나지 않았으므로 그를 업신여겼다. 필리스티아 사람이 다윗에게 "막대기를 들고 나에게 오다니, 내가 개란 말이냐?" 하고는, 자기 신들의 이름으로 다윗을 저주하였다. 필리스티아 사람이 다시 다윗에게 말하였다. "이리 와라. 내가 너의 몸을 하늘의 새와 들짐승에게 넘겨주겠다." 그러자 다윗이 필리스티아 사람에게 이렇게 맞대꾸하였다. "너는 칼과 표창을 들고 나왔지만, 나는 네가 모욕한 이스라엘 전열의 하느님이신 만군의 주님 이름으로 나왔다."(1사무 17,42-45)

신약에서 예수님은 빌라도 로마총독 앞에서 마치 이리 떼로 보내지셨듯이 서 계셨다. 빌라도는 예수님에 대하여 해방시킬 힘과 죽음에 처하게 할 힘을 가지고 있었다. 그러나 예수님께서는 떳떳한 얼굴로 당당하게 대답하셨다. "네가 위로부터 받지 않았다면 나에 대해 아무런 권한도 없었을 것이다."(요한 19,11) 신앙의 섭리는 좋은 조건 또는 그렇지 못한 조건 위에 기초 되지 않는다. 신앙인은 하느님께서 우리와 함께 하시는 확신 위에 기초를 두어야 한다. 요한 클리마쿠스 영성가는 "우리가 하느님을 두려워한다면 다른 모든 두려움은 사라질 것이다."라고 말하였다.

• **"뱀처럼 슬기롭고 비둘기처럼 순박하게 되어라."(마태 10,16)**: 신학자 라바노 마우로에 의하면 뱀은 부정적인 이미지를 지니고 있는데, 뱀처럼 슬기롭게 되라는 것은 뱀이 가지고 있는 특징, 곧 껍질을 벗겨내고 탈바꿈을 하듯이 우리도 옛 사람을 벗어버리고 그리스도인으로서 해야 하는 것을 비유로 말하고 있다. 뱀에 비해서 비둘기는 매우 긍정적인 이미지이다. 누구도 비둘기를 두려워하지 않을 뿐만 아니라 공격적이지도 않고 기쁨과 찬사와 평화를 느낀다. 이렇듯 그리스도인은 비둘기처럼 다정다감하고 순박한 평화의 사람이어야 한다. 어느 수녀원에 지원자들이 많이 들어왔다. 사람들은 그렇게 많은 지원자들이 들어온 이유를 장상에게 물었다. 그것은 지원자들이 수녀원에서 살아가는 것이 편안하고 평화롭게 느꼈기 때문이라고 말하였다. 그렇다 그리스도께서는 우리가 평화의 사도로 있기를 원하고 계신다. 그리스도인은 세상의 평화의 사도인 것이다.

- **"끝까지 견디는 이는 구원을 받을 것이다."(마태 10,22)**: 견딤은 적극적인 저항이라기보다는 참아 내는 수용이다. '끝까지'에서 '끝'은 순교와 죽음이라고 단정할 수 없지만, 그보다는 오히려 하느님 나라의 다가옴과 연관된 고난의 끝이라고 볼 수 있다. 그런데 믿는 이들에게 종교에서 헌신하는 봉사와 가정에서 책임을 지는 의무 사이에는 늘 긴장이 있어왔다. 이런 갈등과 긴장이 항상 그리스도교 역사의 일부분이 되어 미래의 고난(마태 10,16-25)의 원인이 되어왔다. 실재로 국가 간의 전쟁은 매일 일어나지는 않아 보인다. 하지만 국가 안에서의 싸움과 사고, 살인 등은 늘 일상처럼 일어난다.

마태 10,21-22에서 고발의 과정을 상상해보면, 그로 인해 가족 안에서 식구를 관리들에게 고발하고 또한 죽음에 처하는 벌로 넘겨주는 것이라고 상상할 수 있다. 우리는 이런 일들이 일어났다는 것을 일지민, 그것이 얼마나 자주 그리고 어떤 지역에서 그랬는지는 알 수 없다. 그런데 성경과 교회의 역사에서 보면 이런 일들이 일어났다. 스테파노의 죽음도 따지고 보면 같은 민족 유다인들이 스테파노를 돌로 쳐 죽였고, 교회 안에서 이단들이 일어나 서로 단죄해 죽였다. 종교 안에서 믿는 이들 사이에 어려움을 경험하는 것이기도 한듯하다. 끝까지 견디며 서로 사랑하도록 주님은 오늘도 초대하시는 것 같다. 종교인들이 서로 사랑해야 그 사랑이 세상에 흘러가지만, 요즘은 오히려 세상 사람들이 종교를 더욱 걱정하고 있다.

• **십자가와 섭리(마태 10,24-33). "제자가 스승보다 높지 않고"(마태 10,24):** 새로운 계시가 존재할 수 있나? 예수님의 계시보다 더 나은 것, 요즘 말로 업그레이드된 계시가 있는가? 한 마디로 없다. 하느님의 뜻과 인간의 뜻을 담아낸 예수 그리스도는 계시 자체이고 완성이다. 예수님은 전 생애동안 이 조화로운 교향곡을 담아내시며 사셨다. 그 순명의 정상이 바로 십자가이다. 그 십자가 위에서 당신 계시를 완전하게 나타내셨다. 그러므로 그리스도인의 삶도 이 십자가의 조화를 살아가는 그 상징 속에서 발전해 나가야 한다. 우리는 계시의 완전한 모습으로부터 늘 멀리 있는 듯하지만, 그럴수록 우리는 예수님의 사랑을 배우고 계시의 삶을 닮도록 노력하여야 한다.

• **"참새 두 마리가 한 닢에 팔리지 않느냐?"(마태 10,29):** 작은 참새를 잡기는 오늘날 실천적으로 어렵다. 예수님 당시는 이것이 관습이 되어 실행되곤 하였다. 그렇게 잡힌 작은 새들은 기름에 재어 진다. 유럽산 큰 울새는 모든 면에서 탁월하고 비싸지만 참새는 매우 싸다. 이렇게 값싸게 팔리는 참새도 하느님의 섭리를 피할 수 없다는 것이다.

• **"그 가운데 한 마리도 너희 아버지의 허락 없이는 땅에 떨어지지 않는다."(마태 10,29):** 신학적으로 오래된 문제제기이다. 곧 하느님의 섭리는 실수가 없고 그 섭리를 피하는 세상은 존재하지 않는다. 그러면 어디서 악이 오는가? 세상을 괴롭히는 그 악도 하느님의 섭리란 말인가? 하늘과 땅을 만드신 분이 하느님이시라면 왜 재앙이 오고, 지진이 발생하며 홍수가 나고, 질병과 고통이 발생하는가? 사상가들은 다음과 같이 변명을 한다. 하느님께서 최고의 선을 위해 땅위에 악을 보냈다. 오리게네스는 하느님께서 파라오의 마음을 유발하게 하셨다고 했고, 러시아의 19세기 사상가, 신학자 베르디예프는 악의 존재 없이 선을 선택할 수 있는 자유가 없을 것이라고 했다. 모두가 위험한 생각이다.

교부들은 하느님이 악의 원인이 아니라고 고백한다. 윤리, 물리적인 악이 존재하는 이유는 바로 자각된 죄, 자유로이 일으킨 죄이다. 모든 악은 하느님의 섭리를 반대한다. 그러나 하느님은 선을 위해 악을 선용하시는 능력을 발휘하신다. 이해할 수 없는 어린이의 병으로 인한 죽음이 고통이고 슬픔이지만, 그 아이의 죽음이 헛된 것이 아니라 적지 않은 사람들이 회개하는 삶의 기적을 일으킬 수 있다. 매번 장마철이면 태풍이 오지만 일본은 사상자가 최소인데 한국은 최대이다. 어찌 이것이 하늘에서 온 결과란 말인가? 준비부족과 인간의 죄 때문이지 않겠는가? "그 가운데 한 마리도 너희 아버지의 허락 없이는 땅에 떨어지지 않는다."

- **"평화가 아니라 칼을 주러왔다."(마태 10,34):** 우리는 이 성경 구절을 두 가지 의미로 구별해야 한다. 자연적인 것과 초자연적인 것, 인간적인 것과 신적인 것이다. 일반적인 느낌에서 이해한 평화라는 말은 세상과 마음에서 흩어져 있는 모든 요소들이 이루는 조화를 말한다. 이런 관점뿐만 아니라 신적인 조화는 더욱 풍요롭고 은혜로운 의미를 가지고 있는데 바로 '평화'를 위해서는 '칼'도 적대하지 않고 하나가 되는데 필요한 것이다.

평화와 칼의 의미를 우리는 유명 작곡가인 팔레스트리나의 피에르루이지의 음악적인 대위법을 그 예로서 취할 수 있다. 그는 기술적인 사용(4톤 음악전문용어)을 통해 조화를 찾고자 하지는 않았다. 오히려 그가 통찰한 것은 비조화(불협화음)도 함께 이루고 따르는 조화로움을 강조한 것이다.

하느님은 최고 작곡가이시다. 하느님 구원의 역사 안에서 끊임없는 조화로움 속에 칼도 자리를 잡고 있을 수 있는데, 칼이 폭력적으로 사용하는 분리를 취했을 때, 그 칼은 분명하게 평화를 파괴할 것이다. 하지만 그 칼이 평화를 위해서도 사용할 수 있을 때가 언제이고 무엇일까? 고민해 봐야 할 듯하다.

우리 믿는 이들은 그리스도를 위한 인간들의 분열을 무서워하지 말고 그 칼과 같은 분열이 분명 평화를 향하고 있는지를 바라보아야 한다. 주님은 말씀하신다. "평화가 아니라 칼을 주러 왔다."(마태 10,34)

• **성 세례자 요한(마태 11,11-15). "그러나 하늘 나라에서는 가장 작은 이라도 그보다 더 크다."(마태 11,11):** 이 구절에 대한 과거의 해석은 아주 달랐다. 곧 신구약 성경의 가치들이 비교되곤 하였다. 히브리인들은 하느님으로부터 율법과 예언서들을 받았다. 율법과 예언서는 하느님 은총의 위대한 선물이었다. 하지만 그 선물이 여전히 위대한 것은 성경말씀대로 교회 안에서 여전히 그 선물을 통해 인간을 수락하는 데 있다. 곧 하느님의 아들이 부여하는 세례와 미사성제 안에서 그리스도님과 함께 하나가 되는 일치에 말씀의 실행이라는 선물이 존재한다. 이런 해석은 교회의 구성원인 믿는 이들이 이 말씀의 선물을 통해 자신을 봉헌하고, 구원의 수단과 그것이 지닌 특권을 자각하도록 돕는다.

이처럼 성경을 해석한다는 것이 바로 관찰이다. 관찰이란 또한 성찰이다. 왜 성찰을 해야 할까? 실제로 내가 살아가는 세상을 사세히 바라보면, 이 세계를 보는 사람은 매우 드물고 이 세계를 판단하는 사람만 넘쳐나고 있기 때문이다. 본다는 것은 내 시선을 대상과 그 사건까지 가서 접근을 시키는 것이고, 판단한다는 것은 내가 가지고 있는 인식의 틀, 많은 사람들과 공유하는 인식의 틀을 사용해서 그것을 시선까지 가져가지 않고 중간 정도도 못 갔을 때, 아 저것은 무엇이다 어떻다하고 판단하는 것이다. 우리에게 선악, 시시비비는 다 이렇게 결정된다. 시선을 갖다 붙이는 것까지만 해도 대단한데, 그 집요함을 발동해서 그 시선에 머무르게 하는 것이, 이것을 교회는 관찰이라고 한다.

관찰과 성찰이란 바로 존재하는 사람과 사건에 대하여 시선을 머물게 하는 것이다. 그 집요한 관찰이란 자세히 바라보는 것이다. 과학적 사고의 핵심은 쪼개서 자세히 보는 것이다. 보지 않으면 관찰이 시작되지 않으며 과학, 철학, 인문적 인식이 불가능하다.

아편 전쟁이후 동양의 굴욕은 과학과 철학이 없었기 때문이다. 중국과 일본은 과학과 철학을 배우는데 적극적이었다. 한국은 국가 차원에서 과학과 철학 배우기를 시도한 적이 없다. 우리 사회는 그래서 과학적이고 철학적이기 보다 감성적이고 도덕적이다. 근대 민주사회의 핵심은 도덕과 정치를 분리하는 것이다. 종교의식과 정치의식을 분리하는 것이다. 한국은 모든 정치적 의식이 종교의식이다. 근대를 주체적으로 겪지 않았기 때문이다. 우리는 아직 자세히 보는 능력이 없다. 자세히 보지 않는다.

비빔밥이 아직 어떤 표준화된 레시피가 없다는 것은 아직 관찰한 적이 없다는 것이다. 자세히 보는 일이 일어나지 않고, 자기 마음, 자기가 저지른 사건과 일들을 자세히 들여다보지 않고, 습관적으로 평가하고 습관적으로 판단한다. 그것이 우리 사회의 발전을 막는 일이다. 어느 진영이 됐든 종교의식라고 할 수 밖에 없는 정치의식이다. 자세히 보고 관찰하지 않았기 때문이다. 내 생각과 신념이 흔들리고 부정의 과정을 거칠 때, 그 성찰이 바로 축복의 시작이 된다. 상대방이 옳을 수 있다는 따뜻한 시선이 성찰의 보물이 된다.

성찰은 반성이고 관찰이며, 곰곰이 자신을 들여다보는 것이다. 사고의 노동이 관찰이다. 살피고 살피는 것이며, 세밀히 들여다보는 것이다. 우리에게 익숙한 더불어, 함께, 우리라는 사고와 시선에서 이탈해야 한다. 여기서 이탈할 수 있는 자에게만 우리의 도움을 줄 수 있다. 자신의 고유함을 이해하지 않고 '함께'라는 이념에 갇혀있는 자는, '함께'라는 외연을 확장할 수 없다. 새로워질 수가 없다. 단독자로서 우뚝 섰을 때 진정한 '함께'가 시작된다.

• **성찰과 회심을 위한 질문:** 무엇을 생각하는가? 시간을 어떻게 사용하는가? 돈은 어디에 쓰는가? 누구와 함께하며 즐거운가? 나의 생각, 곧 이상은 무엇인가? 주님, 주님이라고 이름을 부른다고 하늘 나라에 갈까? 삶 속에 복음이 스며들고 있나? 생활태도를 바꾸고 회심을 하는가? 자신의 책임으로 세상질서를 변화시키는가? 그리스도의 모습으로 인간적 이상과 그리스도의 이상을 실현하는가?

하느님 부르심을 받은 사람으로서 그 믿음을 살아가고 있는가? 성사생활(미사, 성체성사, 고해성사, 견진성사)에 깊이 참여하고 있는가? 교회와 세상을 위해 봉사하는 생활을 하는가? 사도적인 생활을 하고 있는가?(반모임 참여, 신심생활 곧 레지오, 울뜨레아, 성령기도회. 연령회, 아미쿠스의 청년 단체에서 기도하고 봉사하는 생활) 성경공부, 봉사, 기도를 하면서 믿음을 증언하는가? 세상에서 살아가는 교회인 평신도의 신앙증거를 생활하는가?

• **회심 메타노이아? 나를 알아차림:** 나에게 대한 회심(나를 알아차림)을 가로막는 장애물은 무엇이 있는가? 하느님께 대한 회심(하느님을 믿고 알아차림)을 가로막는 장애물은 무엇이 있는가? 하느님을 참으로 믿고 알아차리는 것이 공부(성경, 가톨릭교회의 교리, 교회의 가르침, 양심성찰, 신심생활에 도움이 되는 공부, 영적 독서, 피정, 연수, 소그룹 신앙공부)인데, 그것을 가로막는 장애는 무엇일까?

• **성찰. 제대로 보고 집중해 듣고(마태 11,2-11):** 감옥에 있는 세례자 요한은 제자들을 예수께 보내어 묻는다. "오실 분이 선생님이십니까? 아니면 저희가 다른 분을 기다려야 합니까?"(마태 11,3) 하지만 예수님은 "그래, 나다!"하고 말씀하지 않는다. 그 대신 "요한에게 가서 너희가 보고 듣는 것을 전하여라."(마태 11,4)

하고 말씀한다. 어떤 선입견과 자기의 틀이 아니라 본인들이 식별하고 판단할 것을 말씀하신다. 이것이 성찰의 본질이다. "보고, 듣고, 표현하는 것이다." 이는 자기 인식의 틀, 어떤 집단의 공동인식의 틀로 판단중지를 하라는 것이다.

성찰이란 무엇일까? 이는 '자세히 보고' '정확하게 듣고' '알맞게 표현하는 것'이다. 예수님은 '듣는 것', '보는 것'을 강조한다. 요한과 예수님의 제자처럼, 우리 모두는 예수님을 충분하고 확실히 보고(시각적 성찰), 듣는(청각적 성찰) 주님의 '증거자'로 부르심 받았다.(신명 19,15-17 참조)

주님은 말씀한다. "내가 진실로 말한다... 세례자 요한보다 더 큰 인물은 나오지 않았다. 그러나 하늘 나라에서는 가장 작은 이라도 그보다 더 크다."(마태 11,11) 위의 성경 본문을 이해하기는 쉽지 않다. 여기서 '가장 작은 이'라고 말하는 것은 가장 어린 사람을 말해야 할 것 같다. 이 구절은 예수님이 자기를 성찰한 것이다. 다시 말해 세례자 요한이 아니라 자기 스스로를 정확하게 성찰한 모습을 표현한 것이다.

성찰이 무엇이라고 했나? 자세히 보고, 정확하게 듣고 알맞게 표현하는 것이다. 이 구절은 예수님께서 자기 자신을 정확하게 보고, 자신에 대해 정확하게 듣고, 자기 자신을 정확하게 표현하는 성찰의 금언이다. 곧 세례자 요한은 예언자들 가운데 가장 위대하지만, 그 보다 예수 자신이 '가장 작은 자'라고 스스로 성찰하신다. 그리고 그런 작은 나 예수와 함께 하느님의 나라가 이미 온다는 것이다.

세상에서 작은 자로 살아간, 주님이 십자가에서 돌아 가셨다. 하늘 나라에서 누가 가장 작은 자일까? 십자가에서 죽기까지 모든 이를 위해 봉사하시고 돌아가시기를 원하신 분, 성찰의 대가이자 모범이신 예수님이다.(필립 2,6-11 참조) 여인에게서 태어난 하느님의 아들이다.(갈라 4,4 참조) 하늘 나라에서 작은 자는 겸손하고 모든 것을 하느님 안에서 자신을 포기한 자다. 이것이 지상에서 가장 위대한 자다.

마태 11,7-15에서 예수님께서는 돌아 와야 하는 엘리야가 세례자 요한이라는 결정적인 선언을 하신다. 그리고 세례자 요한에 대하여 군중 앞에서 찬사를 보내신다.(마태 11,14 참조) 정확한 성찰의 결과다. 결국 요한이 엘리야라면 과연 예수님은 누구이실까? 성찰해 보자. 말 냄새와 양 냄새나는 구유에서 태어나실 분이시다.

대림시기를 맞아 판공성사를 통해 나는 예수님을 어떻게 만날까? 성찰하면 분명히 주님을 만난다. 하지만 실제로 이 세계와 자신을 자세히 보는 사람은 매우 드물고, 이 세계와 사람을 판단하는 사람만 넘쳐난다.

이를 이겨내려면 '있는 그대로 보이는 대로 보는 것'과, 세계와 자신과 상대를 '자세히 바라보는 성찰'이 요청된다. 예수님처럼 그 시선에 정확히 머무르게 하는 것, 이것을 교회는 성찰이라고 말한다. 성찰은 또한 미사 시작예식의 참회이다. "생각과 말과 행위로 죄를 많이 지었으며, 자주 의무를 소홀히 하였나이다. 제 탓이요. 제 탓이요, 저의 큰 탓이옵니다." 성찰은 자신을 깊게 자세히 드려다 보는 것이고, 그렇게 바라본 것들 부끄러워하고 후회하면서 자주 의무를 소홀히 해서 생긴 습관의 죄를 끊어 버리겠다는 변화를 말한다.

요즘 나는 본당의 새로운 사목위원과 봉사자 임명을 위해 시간을 많이 갖는다. 봉사자 선발과 양성도 중요하지만 더욱 중요한 것은 우리 각자가 그에 앞서 상대방, 특히 약자들의 목소리에 귀를 기울이는 '경청의 영성'이다. 경청의 영성이란 하느님의 말씀을 듣고, 서로의 말을 끈기 있게 관심을 가지고 집중하여 듣는다는 것, 곧 성찰을 의미한다. 우리는 흔히 소통이라고 말하면서 다른 사람의 말을 듣지 않는다. 즉 가슴으로 다른 사람들의 목소리를 듣는 일에 큰 관심을 보이지 않는다. 하지만 이는 신앙과 봉사에 필요한 첫 발걸음이다. 그래서 신앙과 봉사생활의 핵심이 '사람과 사람 사이의 관계'라고 말할 수 있다.

젊은이들은 인터넷 세계를 잘 안다. 이 분야에서 복음을 전하는

데 있어 젊은이들은 우리에게 훌륭한 조언을 해줄 수 있다. 마찬가지로 여성은 소통에 소질이 있다. 부모님에게 전화를 걸어 이야기를 하다 보면 아버지는 거의 말이 없고 "어머니랑 얘기하렴." 하고 전화기를 넘겨주신다. 여성과 어머니는 소통의 전문가다. 우리는 젊은이들에게서와 마찬가지로 여성에게서도 배운다. 우리는 인공지능 시대와 모두가 항시 연결되어 있는 인터넷을 통해 세계화의 시대를 살아가는 그리스도인들이다. 우리 각자는 새로운 형태의 지능을 만들어 가야 한다. 예를 들어 신뢰와 안정을 가질 수 있게 격려해 주는 '관계지능(relational intelligence)'을 발전시켜야 한다. 오늘날 세상에서는 타인에 대한 공포, 의심, 편견이 너무나도 많아 누가 누구를 믿어야 할지를 전혀 알지 못하고 있기 때문이다.

　봉사와 신앙생활은 공동체 안에서 이루어지며, 교회 전체의 일이다. 그리스도인의 사명은 그리스도를 증언하는 것이고, 이는 그리스도와 함께 십자가를 지고서 그분의 사랑을 체험하고 이를 특히 가진 것 없는 이들과 나누는 것을 뜻한다. 결국 거창한 행동이 아니라 일상 속의 '가난한 이들을 위한 보잘 것 없는 사랑의 행위'가 필요하다. 이런 행위는 각자가 자기 이웃을 섬김으로서 하느님에 대한 사랑의 행위를 수행하게 되는 일종의 보편적 사랑이며, 이러한 작은 선행들을 통해 하느님 나라가 여기에 계속해서 찾아오게 되는 것이다. 모든 그리스도인은 자신의 삶과 그리스도의 사랑 곧 자비와 연민을 통해 성찰하고 소통하라는 부르심을 받았다. 그래서 신앙이란 자신의 삶으로 직접 예수의 삶을 드러내는 성찰의 열매인 것이다.

• **맑고 따뜻하게 성탄을,(마태 11,16-19) 모두 하느님의 영광을 위하여. "그런데 사람의 아들이 와서 먹고 마시자,"(마태 11,19):** 옛 복음전승의 정신에 따르면, 예수님은 40일 동안 단식과 함께 공생활을 시작하신다. 하지만 그 이후 예수님은 세상에서 보통 사람으로 살아가신다. 어떤 자들은 놀란다. 혹시 예수님의 설교가 세례자 요한처럼 외적으로 소개 되었다면, 과연 설득력이 있었을까? 하지만 사람들이 살아가는 일상의 삶을 선택해 예수님의 설교와 삶이 이루어지고 있다는 점이 바로 예수님의 방식이고, 이것이 사람들에게도 가깝고 유효하게 느끼게 할 수 있었다. 그분 안에서 곧, 예수님의 삶과 먹고 마시는 일상에서 하느님께서 인간이 되고, 그래서 그분을 만난 모든 사람들이 신이 된다는 것을 알지 못하더라도, 나중에라도 느낄 수 있는 것이 예수님의 삶의 방식이다. 이것이 오늘날 교회가 살아가야 하는 방식이다. 일상에서 먹고 마시는데서 주님을 느끼고 만날 수 있는 것…

그래서 외적이고 특별나며 뛰어난 분이신 하느님께 마음을 들어 높이는 것만이 아니라 그들의 평범한 나날에서 모든 인간의 삶이 들어 높여진다는 것이 오늘의 교회와 그리스도인의 방식이 도록 예수님은 우리와 함께 먹고 마시며 초대하신다. 이를 위해 바오로 사도는 말하고 있다. "그러므로 여러분은 먹든지 마시든지, 그리고 무슨 일을 하든지 모든 것을 하느님의 영광을 위하여 하십시오."(1코린 10,31)

오늘날은 어떤가? 교회 역사 속에서 성인, 기적, 계시와 같은 특별한 사건들이 있었지만, 현대 교회에서도 가장 중요한 것은 일상생활 속에서 살아내는 신앙이다. 삶의 모든 영역에서 신앙을 실천하는 것이야말로 진정한 신앙생활이다.

"그런데 사람의 아들이 와서 먹고 마시자,"(마태 11,19) 나도 사제로서 여러 가지 직무를 하고 있지만 일상에서 사람들을 만나는 것을 귀하게 여기며 사람들과 먹고 마시는 예수님의 삶을 살고자 한다. 그래서 나는 매주 토요일, 아침에 누구와도 식사(07:30-08:30, 4 Asquite st Siverwater)하고 수요일 누구와도 테니스(20:00-22:00 17 Cowells Lane Ermington NSW)를 한다.

- **누가 구원을 받을까? "그러니 내가 너희에게 말한다."(마태 11,22)**: 종교개혁을 하였던 마르틴 루터의 가르침은 오직 믿음(신뢰)을 집중적으로 강조하였다. 이것이 프로테스탄트의 긍정적

인 측면이다. 한편 부정적인 측면은 선한 행업들과 성사(聖事)의 가치를 부정한 것이다. 그러나 성사들은 인간의 구원을 위한 신성한 업적이다. 만일 우리가 그리스도에게 믿음을 두고 있다면, 우리는 교회를 믿고, 그 선물들을 스스로 신뢰한다는 것을 드러내야 한다. 만약 혹시 인간의 행업들만 있다면, 얼마나 많은 선업들이 공로라고 호칭될 수 있을 것일까, 그리고 영원한 보상을 어떻게 취할 수 있을 것일까. 하지만 분명한 것은 하느님의 은총이 있어도 어떤 행위가 없다면 인간은 자체로 참으로 선하고, 완전하다고 할 수 없다. 그리스도인의 선업은 그들의 것이며 또한 성령의 것이다. 곧 하느님의 은총이 그 사람 안에 있다는 표지인 것이다. 이는 "하느님께서 우리와 함께 하신다."는 믿음이고, 그 신뢰가 우리 안에서 자란다. 이 때문에 선을 행하는 자들이 구원된다는 것이다.

• **누가 하느님을 아는가?(마태 11,25-27) "지혜롭다는 자들과 슬기롭다는 자들에게는 이것을 감추시고"(마태 11,25):** 인간은 인식하는 방법을 세 가지 가지고 있다. 첫째는 감각들, 둘째는 이성, 셋째는 마음이다. 감각들은 사물들의 표면을 인식하기 위해서 보고, 듣고, 만진다. 이성은 본질의 원리와 법칙을 발견하게 한다. 그 대상의 정의와 개념을 형성하고 반성한다. 그러나 마음은 감각들

과 이성들에게는 깊게 감추어져 있는 다른 신비들을 알아차리게 한다. 맑은 마음을 지닌 자들만이 그 신비 속으로 들어갈 수 있다. 왜냐하면 하느님을 볼 수 있기 때문이다.

- **"행복하여라, 마음이 깨끗한 사람들! 그들은 하느님을 볼 것이다."(마태 5,8):** 유물론자들은 무게가 나가고 측정할 수 없는 것은 현실과 달리 실제로 인식할 수 없다고 말한다. 이성주의자들은 이해하는 것만이 오직 참이라고 한다. 그러나 마음이 맑은 자들은 하느님 나라에서 하느님에 의해 인도되고, 그곳에서 하느님 신비로 가득 찬 장미꽃들이 활짝 피어있는 것을 바라볼 것이다.

- **"아들 외에는,… 아무도 아버지를 알지 못한다."(마태 11,27):** 종교는 하느님을 인식하는 그 안에서만 구성하지 않는다. 그분과의 접촉, 대화, 기도와 함께 나타난다. 하느님과의 관계는 오직 감각들, 이성만으로 충분하지 않다. 우리에게 영적인 조명을 통해서 하느님과의 관계가 온전히 드러난다. 우리에게 영적인 비추심이 필요하다. 충만한 시간이 이르렀을 때 말씀이 육이 되셨듯이. 하느님의 아들 그분이 아버지께 우리를 인도하시는 유일한 분이시다.

오늘날 익명의 그리스도인 신학사상이 전개되었다. 칼 라너 신부의 신학이다. 선, 진리의 일반적인 가치와, 다른 신적인 요소 아래에서 오직 그리스도를 인식하는 것을 가르치는 개방된 신학사상이다.

- **"아버지 외에는 아무도 아들을 알지 못한다."(마태 11,27)**: 그리스도는 하느님이며 사람이다. 인간에 대한 연구나 인간학은 많은 가지들과 특성을 지니고 있다. 알렉산드리아의 필론은 두 가지 점에서 인간에 대한 연구를 전개하였다. 첫째는 심리학적인 연구이고 둘째는 윤리적인 연구이다. 심리학적인 인간 연구는 인간의 몸이 어떻게 구성되었는지, 마음의 능력이 어디까지인지를 연구하고 있다. 윤리적인 인간 연구는 할 수 있는 일과 변화시킬 수 있는 것에 대한 인간의 인식을 탐구한다. 인식이 아직은 미완성이라면 행동 역시 완벽할 수 없다. 그러나 하느님의 은총으로 인간의 한계를 뛰어넘는 가능성을 열어준다. 바로 예수 그리스도 안에서 인간이 하느님이 되고, 그분을 동해서 역시 우리는 하느님의 아들이 된다.

- **무겁고 가벼운 멍에(마태 11,28-30). "멍에"**: 멍에란 압박과 억압의 표시이며 머리를 들 수 없는 강요된 백성을 나타낸다. 어떤 이들은 삶 자체가 멍에이다. 참을 수 없는 무게로 인생을 살아간다. 특히 나이가 들면서 그 멍에의 중압감은 커져간다. 그러나

젊은이들도 사는 것이 늘 행복하지 만은 않다. 젊은이들의 근심과 불안은 무엇일까? 그것은 그들이 경험한 것이 부족한데도 그것을 급하게 해보려는 성급함일 수 있다. 그러다보니 현재보다는 미래에 대한 걱정으로 불안해하고 근심하는 멍에를 지고 있다.

어른이 되었을 때, 학교를 졸업했을 때, 직업을 가졌을 때를 걱정한다. 그러나 현재를 피하는 미래의 생각은 신기루와 같은 것이다. 지금 만나고 있는 아름다움을 즐기고 기뻐하지 않는다면, 오지도 않은 미래의 아름다움은 더욱 만날 수 없다. 젊음은 무한한 가치를 지니고 있는 선물이다. 그 선물이 활용되지 않고, 사람들에게 지혜가 되지 않는 것이 안타까운 현실이다. 젊은이와 대부분의 사람들은 그 가치 있는 선물을 충분히 나누며 살지 못하고 무거운 멍에를 안고 살아간다.

발람대수도원의 스타렛 영성사부에게 한 수도자가 영성생활에 대해 조언을 구하러 왔다. 그는 젊은 수도자에게 다음과 같이 말하였다. "당신은 결코 만족한 삶을 살지 않고 있습니다. 겨울에 봄을 생각하고, 봄에 여름을 생각하며, 여름에는 날이 길어진 것을 생각하고, 당신에게 오늘은 늘 무거운 중압감으로 다가 옵니다." 이같이 많은 사람들이 내일을 생각하며 걱정하고 있다. 지금이 아니라 다음에 오는 것을 위해 살고 있다. 그리고 그것이 오지 않는다면 실망한다.

- **"내 멍에를 메고"(마태 11,29):** 어찌 보면 오늘 멍에를 메지 않는 사람은 삶을 피하는 사람인 듯 보인다. 여기서 팁 하나를 드리면, 그리스도와 함께 멍에를 받아들인다면 보다 가벼워 질것이다. 영성가들은 멍에를 보다 가볍게 메는 네 가지 요인을 제시하고 있다.
  - 첫째, 각자 내면의 힘을 자각하라. 무거운 멍에를 옮길 수 있다는 신뢰를 갖는 것이다. 우리가 할 수 없는 힘을 그리스도께서 주시기 때문이다.
  - 둘째, 무거운 멍에를 지고 상당한 거리를 갈 수 있다고 생각하라. 영원성 앞에서 우리의 인생은 너무 짧기 때문이다.
  - 셋째, 사랑을 위해 그 멍에의 무게를 자유롭게 수락하라.
  - 넷째, 짊어진 멍에가 두 배로 무겁게 느껴질 때, 그리스도께서 함께 멍에를 메신다고 믿어라.

- **"...모두 나에게 오너라."(마태 11,28) "나는 마음이 온유하고 겸손하니 내 명에를 메고 나에게 배워라."(마태 11,29):** 모든 참 운동이란 혁명적이다. 라틴말 혁명 곧 revolutio는 역전, 뒤집어짐을 의미한다. 인간 역사에서 참으로 많은 혁명들이 있었다. 어떤 사람들은 세계역사에서 근본적인 변화를 일으켰지만, 그 변화가

결정적이지는 않았다. 과연 그리스도교 역시 혁명적 운동이라고 말할 수 있을까? 그리스도교가 가난한 자, 박해를 받은 자들에게 위로를 약속하면서 그들에게 향하지만, 세상의 혁명들처럼 그렇게 다양하게 변화되었나? 우리는 외적인 질서가 변할 때 모두가 변할 것이라고 말할 수 없다. 그런 면에서 그리스도교는 내적인 혁명의 종교로서 그 토대를 이룬다. 곧 생각과 마음의 회개를 갈망하도록 예수님은 세상과 사람들을 초대한다. 그렇게 한다면 세상이 바뀔 것인가? 언제일까? 그것은 내가 새로운 눈으로 세상을 바라볼 때다. 곧 그리스도교가 예수님의 마음처럼 온유할 때, 그래서 사람들 마음의 파동들이 평화롭게 될 때, 그 순간 세상의 폭풍우 속에서나 혼동 속에서도 분명 우리는 평화를 발견할 수 있을 것이다.

그러면 새로운 눈으로 세상을 어떻게 바라볼 수 있을까? 어떻게 높고, 깊고, 넓게, 눈을 뜨고, 새롭게 바라볼 수 있을까? 그 방법은 끊임없이 사고하고 자기 자신을 돌아보는 깊은 성찰의 과정을 거쳐야 한다. 즉, 깊게 하는 자각과 깊은 자성에 있다.

뿌리로부터의 회심에 있다. 그러면 눈이 크게 열려 알아차리고, 시야가 넓게 열려 생각이 깨어나고, 몸이 벌떡 일어나며 행동하는 나를 발견할 것이다. 나를 이탈해서 나를 바라보는 능력이 성찰이고, 나를 세밀하게 살피고 살펴서 관찰하는 것이 성찰이다. 그것은 자발적이며 영적인 자기 훈련이다. 지속적으로 자기 훈련을 하면, 나를 벗어나서 나를 바라보는 시선이 즉시 마음에 도달할 것이다. 그 마음으로 살아가는 것이 덕(德)의 생활이다. 바로 그 순간 나의 시선은 하느님의 시선이 되고, 구원의 상태를 접촉하는 엑스타시(Extasi)에 들어선다고 할 수 있다.

돈보스코 성인의 예방교육 체크하기

✓ 자녀들을 알아주기:

✓ 자녀들을 믿어주기:

✓ 자녀들을 사랑하기:

8. 리더들과 왕
(마태 12장)

어린 시절 친구들과 함께 숲속에 요새를 짓고 놀던 기억이 납니다. 누가 요새를 책임질 것인지, 어떤 규칙을 정할 것인지 놓고 작은 다툼이 일어나곤 했습니다. 권력은 쉽게 공유되지 않습니다. 그때는 그저 재미있는 놀이처럼 느껴졌지만, 권력 투쟁이 얼마나 파괴적인 결과를 가져올 수 있는지를 보여 줍니다. 개인의 욕심과 권력에 대한 집착은 역사를 끊임없이 혼란에 빠뜨려 왔습니다.

• **그룹 나눔** 리더십 경험 중 가장 강하게 저항을 느꼈던 경험을 나눠 봅니다. 당시 어떤 어려움을 겪었고, 이를 어떻게 해결했습니까?

• **개인 성찰** 수동적인 저항, 신랄한 유머, 소문 퍼뜨리기, 노골적인 저항은 권력을 위해 경쟁하거나 저항하는 많은 방법 중 네 가지에 해당합니다. 내가 좋아하는 스타일은 무엇입니까?

> 물웅덩이의 잔물결처럼, 예수님과 제자들의 사목은 유대인 사회에 영향력을 계속 넓혀 갔습니다. 예수님의 힘을 보면서 유대 지도자들은 그분의 신뢰도를 떨어뜨릴 전략을 세우기 시작합니다. 마태오 12장을 읽습니다.

가 질문과 나눔

1. 마태오 12장의 느낌을 어떻게 묘사하겠습니까?

2. 마태 12,1-14에서 종교 지도자들이 예수님을 공격하는 방법을 자세히 살펴봅니다. 그들의 전략은 무엇입니까?

3. 첫 번째 공격은 간접적입니다. 종교 지도자들은 제자들을 목표로 합니다. 그들이 비난하는 것은 무엇입니까? 그리고 예수님은 어떻게 대답하십니까?(마태 12,1-8)

4. 예수님 시대의 바리사이들이 안식일 규정을 엄격하게 해석하여 예수님을 비판했던 것처럼, 오늘날에는 그리스도교를 불신하기 위해 어떤 비슷한 논쟁이 이용됩니까?

5. 바리사이들의 두 번째 공격에서의 모순은 예수님께서 안식일에 병자를 고치시는 동안 바리사이들은 그분을 죽일 계획을 하는 것입니다.(마태 12,8-14) 예수님께서 사람들과 성경을 대하는 태도는 바리사이들과 어떻게 다릅니까?

6. 종교적 권위는 개인의 신앙생활뿐만 아니라 사회와 문화 전반에 영향을 미칩니다. 종교적 권위가 나에게 미치는 긍정적인 영향과 부정적인 영향은 무엇일까요?

7. 처음 두 번의 공격(안식일 논쟁과 손이 오그라진 자를 고치신 사건)에서 예수님은 이사야서의 예언을 완벽하게 성취하셨다고 말씀하십니다.(마태 12,15-21) 이러한 예수님의 모습은 그분이 하느님께서 보내신 메시아이심을 어떻게 증명하며, 우리가 예수님을 따를 만한 가치가 있다는 어떤 근거가 될 수 있을까요?

8. 세 번째 공격에서 바리사이들은 예수님이 사탄에 대한 힘을 마귀의 힘을 빌린 것이라고 비난합니다.(마태 12,22-37) 만약 사람들이 바리사이들을 믿는다면, 예수님의 사목에 어떻게 영향을 미치겠습니까?

9. 갈등의 이 시점에서 지도자들의 표징의 요구가 왜 그렇게 큰 비난을 받게 되었습니까?(마태 12,38-42)

10. 마태 12,22-37에서 예수님께서는 율법학자와 바리사이들에게 더러운 귀신이 나간 집의 비유를 하십니다. 예수님은 그들에게 어떤 경고를 하고 있습니까?

11. 율법학자와 바리사이들은 외형적인 종교적 행위에 집착하며 내면의 변화를 소홀히 하여 하느님과의 관계를 더욱 멀어지게 만들었고, 그들의 영적 상태를 더욱 어렵게 만들었습니다. 이러한 상황에서 그들에게 어떤 희망이 있을 수 있을까요?

12. 개인적인 삶과 교회 안에서, 우리는 바리사이와 율법학자처럼 되는 것을 어떻게 피할 수 있습니까?

내 삶에서 어떤 영역을 변화하도록 고려해야 하겠습니까?

기도하기

주님께 말씀을 읽고 이해하는 방법을 청하며, 그 권위 아래서 성실하게 살게 해달라고 청합니다.

실천하기

우리가 하느님께 저항하는 것 중 하나는 성경 읽기와 기도하기를 게을리 할 핑계를 찾는 것입니다. 하느님과 단둘이 있는 것을 '회피'하는 시간을 일기로 기록합니다. 만약 소그룹에 속해 있으면, 앞으로의 모임에서 내가 발견한 것을 나눌 준비를 합니다.

나 말씀묵상

• **법과 사랑(마태 12,1-8). "바리사이들이 그것을 보고 예수님께 말하였다."(마태 12,2):** 유다 역사가들은 복음서들이 바리사이들을 객관적으로 소개하지 않는다고 주장한다. 따라서 바리사이의 말이 오늘날 부정적인 느낌을 주고 있다는 것이다. 복음서는 바리사이들이 예수님과 많은 논쟁을 벌이고 있음을 기록하고 있다. 외적으로 그들은 예언자의 흔적을 모방하고 있는 듯하다. 그런데 큰 종교가 쇠퇴하는 기간을 살펴보면 대부분 사람들이 종교의 본질과 하느님의 법을 더 이상 지키지 않는 것을 발견할 수 있다.

"내가 진실로 너희에게 말한다. 하늘과 땅이 없어지기 전에는, 모든 것이 이루어질 때까지는 율법에서 한 자 한 획도 없어지지 않을 것이다."(마태 5,18) "너희가 나를 사랑하면 내 계명을 지킬 것이다."(요한 14,15) 제2차 바티칸 공의회이후 교회생활에서 큰 쇄신 운동을 하는 단체들이 요청하는 바는 성경이 말씀하는 것을 구체적으로 지키는 것이다. 바실리오 성인께서는 말씀하셨다. 하느님의 계명들은 마치 밤에 바다 위에 떠있는 별들과 같다고 말이다. 어두운 밤에도 바른 방향을 향해 가도록 인도하는 그 별들을 보면서 배들이 무사히 목적지에 도착할 것이기 때문이다.

스토아 학파는 우주 만물에 내재된 질서를 신성한 법으로 간주하며, 이를 하느님과 동일시했다. 세네카의 코스모스(Kosmos)는 이러한 사상을 잘 보여 주는데, 그는 우주의 아름다움 자체가 곧 신이라고 보았다. 반면, 성경은 법을 단순한 자연의 질서가 아닌 하느님과 인간 사이의 특별한 관계를 나타내는 계약으로 이해한다. 성경에서 율법은 하느님의 말씀으로 만들어졌으며, 율법을 지키는 것은 하느님이 우리에게 원하는 것을 알아듣는 첫 번째 장소를 의미한다.

- **"내가 바라는 것은 희생 제물이 아니라 자비다."(마태 12,7):** 나라마다 부패지수가 다르게 나타난다. 그런데 부패의 원인은 대개 잘 알고 있는 집단이나 사람들 사이에서 발생한다. 아는 자들 사이, 친구들 사이에서 "우리가 남인가?"라는 편애함 속에서 나타난다. 공직사회에서도 신인석, 혈연, 학연, 지연을 통해서 부패가 발생하는 것과 같다. 그러므로 나라의 사회나 공동체에서 기본과 상식이 통하려면, 우리의 어떠한 희생도 바르고 정의롭게 이루어져야 한다. 성경에서 법이란 무엇일까? 하느님과 사람들 사이의 계약, 약속이 성경에서 율법이다. 이렇게 율법은 하느님 말씀으로 만들어졌다. 따라서 율법을 지키는 것은 하느님이 우리에게 말하고 원하는 것을 알아듣고 통교하는 것을 찾는 첫 번째

장소를 의미한다. 율법의 목적은 하느님을 위한 사랑이다. 그런데 그 사랑이 이웃을 위한 사랑과 분리될 수 없다.

한편 역설적으로는 이웃을 사랑하기 위해 하느님을 배반할 수 없다. 예수님은 바리사이의 율법에 대한 생각(해석)과는 다르다. 바리사이는 자비와 사랑이 없는 법을 최고의 가치로 여겨 사람을 단죄하곤 한다. 하지만 사랑이 계명보다 더 가치가 있다는 것이 예수님의 생각이다. 그러므로 이웃 사랑은 하느님 사랑에서 떨어질 수 없다. 하느님께서 이웃을 사랑하듯이, 우리도 이웃을 사랑한다면, 사랑은 모든 계명보다 더 가치가 있는 것이다. 분명한 것은 세상의 눈이 아니라 하느님의 눈으로 보아야 그 사랑이 보일 것이다. 이것이 율법을 바라보는 바리사이들과 다른 예수님의 생각이다.

- **야훼의 종, 예수 (마태 12,14-21). "보아라, 내가 선택한 나의 종,"(마태 12,18):** 종은 오늘날 부정적인 의미로 쓰인다. 벌을 받거나 단죄되어 노예로 팔려가 사는 사람이다. 이스라엘 백성은 이집트에서 그런 종의 생활을 하였다. 그들은 억압에서 해방되고 의롭게 되길 원하였다. 백성은 하느님께 종으로서 해방을 구하였다.(시편 7,9)

- **"그는 다투지도 않고 소리치지도 않으리니,"(마태 12,19):** 인간 사회에서 정의를 구한다면서 오히려 폭력과 벌이 난무하고 감옥이 많아지는 것을 보면 하느님의 정의와 자비와 반대되는 현실에 살고 있음이 분명하다. 정의롭지 않게 들어선 독재정권이 집권 초기부터 정의구현사회라는 미명아래 많은 무고한 사람을 단죄하여 감옥에 넣었다. 정의와 자비가 어떻게 조화를 이룰 수 있을까? 현자들은 이 두 가지를 조화하려는 시도를 해보지만 어려운 현실이다. 오직 하느님께서만이 악을 벌하고, 끝없는 자비를 베푸신다. 우리가 기다리는 마지막 심판도 그러하리라. 산 이와 죽은 이를 심판하러 메시아께서 오실 때 인간을 단죄하기보다 악을 단죄하고 벌하시기 위해 오실 것이다. 우리에게 어려운 것은 자비와 정의를 어떻게 실천할 것인가에 있다. 동전의 양면인 자비와 정의를 어떻게 하나로 살아가는가? 자비로운 정의를 실천하는 길은 어떤 것인가? 그것은 바로 하느님의 길, 그리스도의 길을 통해서 가능하다. 무엇보다 이 길은 폭력이 없는 정의를 실천하는 길이어야 한다. 미움이 없는 옳음이 실행되는 길이다. 사람을 미워하지 말고 사건과 사실을 미워해야 한다.

- **"그는 올바름을 승리로 이끌 때까지"(마태 12,20):** 축구, 배구, 야구 등의 감독은 훈련에서 전략을 짜고, 체력을 기르며, 팀 정신

을 하나로 모을 때 항상 선수들과 함께 운동장에서 함께 있지만, 실전에서는 운동장 밖에 있다.

그런데 오케스트라의 지휘자는 연습 때나 실제 공연 때나 공연자들과 함께 해야 한다. 음악 지휘자가 음정 박자를 알아차리지 못해서 실수를 한다면 당연히 오케스트라 전체 단원들도 실수를 하게 된다. 이와 같이 정의도 그 것이 실행되는 과정에서 편파적이고 불공정할 때에는 진정한 정의는 오지 않는다. 우리는 정의와 자비가 상대적이지 않고 실천적 동업자라는 표현에 반대할 어떤 이유가 없다는 것을 알아야 한다.

- **"이들이 내 어머니고 내 형제들이다."(마태 12,49):** 가족들은 다른 사람들보다 친밀한 관계이다. 그런데 갈라진 혼인과 나뉜 가정 때문에 서로 하나가 되는 가족의 친밀함도 그렇게 많이 해당되지 않다는 것이 현실이다.

하지만 "하늘에 계신 내 아버지의 뜻을 실행하는 사람이 내 형제요 누이요 어머니다."(마태 12,50)라는 주님의 말씀처럼, 우리가 믿음으로 하느님의 뜻을 실행한다면, 우리 아버지와 아들 그리고 성령과 함께 또한 하느님의 영을 지닌 모든 이들과 더불어 우리 안에 신적인 부모님이 자란다는 것이 예수님의 생각인 듯싶다. 그래서인지 우리는 서로서로 하느님 안에 아버지, 어머니, 형제가 된다. 이처럼 영적으로 하나 되는 일치로 이뤄진 부모는 혈연의 부모이면서 동시 초자연적인 영적인 부모로 나타난다. "이들이 내 어머니고 내 형제들이다."(마태 12,49)

> **돈보스코 성인의 예방교육 체크하기**
>
> ✓ 자녀들을 알아주기:
>
> ✓ 자녀들을 믿어주기:
>
> ✓ 자녀들을 사랑하기:

9. 왕의 비유들
(마태 13장)

> 통제하기 힘든 교실을 통제하는 가장 빠른 방법 중 하나는 이야기를 하는 것입니다. 소음과의 싸움은 아이들이 모험이나 미스테리 이야기에 빠져 들면서 끝납니다. (또한 이야기를 해주는 것이 떠도는 마음을 강론에 귀 기울이게 하는 좋은 방법이라는 것을 발견합니다!)

• **그룹 나눔** 내가 좋아하는 몇몇 작가들에 대해 이야기를 나눕니다. 내가 그들의 어떤 점을 좋아하는지 말해 봅니다.

• **개인 성찰** 나의 인생이야기를 나눈다면 어떤 것을 절정으로 묘사하겠습니까? 하느님은 이야기 구성에서 어떻게 등장하십니까?

❙ 예수님은 변덕스러운 군중들에게 말씀하십니다. 어떤 이들은 그분의 메시지를 몹시 듣고 싶어 하고, 어떤 이들은 의심하거나 적대적입니다. 이 상황에서 예수님께서는 비유를 들어 가르치시기 시작하십니다. 이 이야기들은 우리의 영적인 시력과 청력을 테스트 합니다. 마태오 13장을 읽습니다.

가 질문과 나눔

1. 하늘 나라에 대한 나의 첫인상은 어떻습니까?

2. 씨 뿌리는 사람의 비유에서, 예수님께서는 하늘 나라에 대한 그분의 메시지를 전파하실 때 어떤 반응을 기대하셨습니까?(마태 13,1-9.18-23)

3. 씨 뿌리는 사람의 비유는 듣는 이들에게 어떻게 도전이 되겠습니까?

내게는 어떻게 도전이 됩니까?

4. 예수님의 씨 뿌리는 사람의 비유는, 그분이 말씀하시는 영적인 사람들을 어떻게 더 성숙한 신앙인으로 성장시킬 수 있겠습니까?(마태 13,11-17)

5. 예수님은 밀과 가라지의 비유를 말씀하실 때 군중들의 혼합된 성격(선과 악의 공존)을 염두에 두셨습니다. 이 비유는 제자들과 교회 구성원들에게 어떤 가르침을 줄 수 있겠습니까?

6. 겨자씨와 누룩의 비유에서, 하늘 나라는 작은 시작이 강력한 혁명과도 같은 놀라운 결과로 올 것이라는 기대를 어떻게 이야기합니까?

7. 예수님께서 말씀하신 씨 뿌리는 자의 비유, 겨자씨와 누룩의 비유 등은 하느님 나라의 복음이 세상 속에서 어떻게 확장되는지를 보여 줍니다. 이 비유들의 사명과 선교를 위한 실용적인 의미는 무엇입니까?

8. 숨겨진 보물과 진주의 비유는 하늘 나라의 최고의 가치에 대해 이야기합니다.(마태 13,44-46) 하늘 나라의 최고의 가치는 내가 재화를 사용하는데 어떻게 영향을 미칩니까?

9. 마태오 13장은 예수님께서 고향에 방문하시는 것으로 끝을 맺습니다. 나자렛 사람들을 마태 13,13-15에 있는 사람들과 비교해 보세요.

10. 익숙한 종교적 의식이나 교리에 대한 익숙함은 어떻게 영적 통찰력의 장애물이 됩니까?

11. 예수님은 제자들이 비유를 이해하기를 원하십니다. 어떻게 우리도 하늘 나라에 대한 이해를 넓힐 수 있습니까?

12. 예수님께서는 우리가 듣고 이해한 것에 대해 응답하기를 원하십니다. 마태오 13장 전반에 걸쳐 어떤 종류의 응답을 하겠습니까?

기도하기

주님께 내가 하늘 나라의 신비에 응답할 수 있도록 청합니다.

실천하기

영적으로 눈먼 자는 자신의 눈이 멀었다는 사실조차 모른다는 것이 안타까운 현실입니다. 죄는 모든 사람의 공통된 특징이기에 누구도 예외일 수 없습니다. 이번 주, 매일 주님께 나의 영적인 눈이 멀어 있는 부분을 깨닫게 해 달라고 간절히 청합니다. 하루를 마감하며 떠오르는 생각들을 기록하고, 내가 소그룹에 속해 있으면 발견한 것을 나눠봅니다.

말씀묵상

- **씨 뿌리는 사람의 비유. "씨 뿌리는 사람이 씨를 뿌리러 나갔다."(마태 13,3):** 예수님 시대에는 사람들의 소통 방식에서 질문들이 상당히 일반화되었다. 하지만 모두가 동의하듯이, 옳은 것이란 없는 것 같다. 마치 마차를 끄는 두 마리 말들 중, 어느 말의 힘이 마차를 끌게 하는데 큰 공로일까? 두 마리 말 모두가 공헌을

한 것이다. 좋은 일은 우리 모두의 것이다. 그런데 하느님의 것이기도 한다. 씨 뿌리는 사람의 비유는 우리에게 이것을 알아차리도록 돕는다. 농부는 밭에 씨를 뿌린다. 그리고 낱알은 곡물이 된다. 씨 안에 이미 존재하던 생명이 성장하여 자란다. 하지만 땅과 땅이 제공하는 영양분의 협력 없이 씨는 발아하지 않을 것이다. 땅에서 좋은 곡물을 수확하는데 공훈을 세운 것은 바로 땅이고, 또한 소작농부에 의한 것이다. 그러므로 곡물이 생산된 것은 땅과 농부가 서로 경작하는데 협력한 것이다.

인간과 하느님의 협력의 좋은 예가 바로 그리스도의 탄생이다. 그리스도는 하늘의 모든 것이지만, 역시 마리아의 아들이다. 러시아에서 대중적으로 인기가 있는 아름다운 시인이 생명의 나무가 자라는 것에서 하늘의 땅에 마리아를 대조한다. 우리 모두도 하느님의 씨앗들 때문에 하늘의 땅이 될 수 있다. 하느님의 첫 말씀이 세상 창조의 말씀이다. "하느님이 말씀하셨다." 말씀은 신이다. 양심의 소리가 말이며, 식별의 소리가 말이다. 양심이 죄로 어두워 질 때 하느님은 예언자의 입에 당신 말씀을 새기신다. 예언자의 말들이 쓰였고 그것이 성경이 된다. 곧 신적 말씀을 담은 책이 된다. 때가 차서 강생(요한 1,14 참조)하시고 말씀이 교회 안에 거처하고 모든 신비 안에 산다. 영성생활은 예언자를 통해 전한 말씀을 듣고 사는 것이다. 혼자 말하는 자는 말하지 않는 자이다. 말은 소통의 수단인데 듣지 않는다면 대답을 하지 못한다. 하느님과의 만남이 기도이고, 대화이며 이는 사랑과 분리되지 않는다. 우리가 하는 모든 것은 세상을 창조하고 구원한 말씀과 함께 하느님과 협력자가 되는 것이다.(마태 13,10-17 참조)

• **"그런 사람은 열매를 맺는데, 어떤 사람은 백 배, 어떤 사람은 예순 배, 어떤 사람은 서른 배를 낸다."(마태 13,23)**: 사실 우리는 모두 좋은 땅이었다. 하느님께서 우리에게 그런 땅을 만들어 주셨다. 하지만 우리는 지금 길 밭, 돌밭, 가시덤불, 좋은 땅의 다른 상태에서 살아간다. 그러니 지금 내 마음의 밭에 말씀의 씨앗을 품으면 본디 좋은 땅으로 회복될 수 있다는 것이 예수님의 생각인 듯싶다. "해의 광채가 다르고 달의 광채가 다르고 별들의 광채가 다릅니다. 별들은 또 그 광채로 서로 구별됩니다."(1코린 15,41) 바오로 사도의 말씀처럼 모든 별은 그 밝기가 다르다.

하늘 나라와 하느님 앞에서, 인간들 사이에서도 서로서로 무엇이 다르기 때문에 이러한 질문을 한 듯싶다. 곧 하느님에게서 오는 성소인 부르심도 필요한 어떤 원리에 복종하거나 따르지 않는다. 창조적이고 자유로운 말씀은 반복될 수 없기 때문에 늘 다르게 나타난다. 교부들은 다음과 같이 말하곤 했다. 백배는 순교자의 삶, 예순 배는 정결의 삶을 봉헌하는 자들이라고 말한다. 서른 배는 단순한 그리스도인들이다. 하지만 이 말씀은 그리스도를 따르고, 구원에 적용되는 수단들에서 다르다는 것을 보여 주는 수사학적인 표현이고, 그에 따른 가치의 단계들인 것이다.

이는 단순하게 기술적인 면으로 적용될 수 없다. 같은 사람도 다른 열매들을 나눠 줄 수 있다. 그래서일까 하느님 말씀의 씨앗이 마음에 심어 지는 순간, 같은 사람한테서 받는 대답도 매일매일 다르게 나타난다. 말씀은 우리가 더욱 잘 할 수 있도록 돕고, 앞으로 전진 하도록 맡겨주신다.

- **"수확 때까지 둘 다 함께 자라도록 내버려 두어라."(마태 13,30)**: 인내는 성인들의 미덕이라고 말한다. 순간을 기다릴 줄 하는 것과 무엇을 급하게 하지 않는 것이 더 좋다. 이것이 희망의 신비라고 말할 수 있다. 라파엘로의 "타볼산의 거룩한 변모" 성화는 '희망의 신비'를 나타내 보이고 있다. 그렇다면 미칼렌젤로의 "최후의 심판" 성화는 '혼돈의 신비', 레오나르도 다빈치의 "최후의 만찬" 성화는 '친교와 일치의 신비(동의)'를 나타내 보인다. 이 그림들의 내면의 빛 안에서는 바리사이들이 보이는데, 그들은 간음한 여인

을 돌로 쳐 죽이려는 결정을 하고 있다. 여전히 신비주의의 첫 모양, 혼란한 태도, 악을 부수려는 모습이 드러났다.

하지만 "거룩한 변모의 성화"에서 영광스러운 모습으로 변모하신 그리스도의 시선은, 땅에 쓰러져 고뇌하는 세 제자를 향해 따스하게 고정되어 있다. 이는 인간의 나약함 속에서도 빛나는 신의 사랑과 희망을 보여 준다. 우리는 그리스도의 이러한 시선을 통해, 어둠 속에서도 빛을 찾고, 고난 속에서도 소망을 품을 수 있을 것이다. 나쁜 충동들, 유혹들은 무엇이든 급하게 움직이도록 하기 때문에 그것들이 잘 인식된다. 그들은 즉각 모든 것을 원한다. 악마의 날들이 접촉되었기 때문이다. 그 대신 하느님은 영원한 주인이시다. 희망은 이런 영원한 현실을 향해 눈을 뜨게 하는 예술이다.(마태 13,24-30 참조)

- **"밭은 세상이다."(마태 13,38) "좋은 씨는 하늘 나라의 자녀들이고 가라지들은 악한 자의 자녀들이며"(마태 13,38) "가라지를 뿌린 원수는 악마다."(마태 13,39):** 모든 종교들과 철학들은 악의 기원을 제시한다. 일반적인 고대 문헌전통으로 거슬러 올라가 보면 우화들은 이원론의 기원들을 전하고 있다. 두 가지 힘들, 두 개의 능력들, 인간들의 두 가지 유형들이 교대로 서로서로 싸운다. 하

지만 그들의 기원은 알지 못한다. 긍정적으로 말할 수 있는 것은 선들은 더 강하고 결국 항상 승리한다. 그런데 성경은 반대로 이원론을 허락하지 않는다. 오직 하느님께서 하늘과 땅의 창조주이시고, 그분은 악이 아니라 선으로 존재하는 모든 것(창세 1,4 이하)을 창조하셨다.

그러면 악의 발생은 어떻게 그리고 어디서 오는 것일까? 악은 인간으로부터 그리고 인간의 자유로운 동의에 의해 세상에 오게 됐다는 것이 성경의 증언이다. 하지만 그 동의란 무엇일까? 뱀으로 상징되는 악이 낙원 안에 끼어든다. 그런 뱀은 내적인 낙원인 인간의 마음에 나쁜 생각의 형태로 도달한다. 가라지의 비유는 우리에게 많은 영감을 가지게 한다. 곧 하느님으로부터 오는 것들은 좋은 씨앗들이다. 나쁜 것들은 병들게 하고 장해를 갖게 하는 가라지이다. 우리의 동의와 함께 첫째 것(하느님의 좋은 씨앗)들이 들어오는데, 동시에 둘째 것들(가라지들)도 우리 마음의 지반(토질) 안에 뿌리들을 내리게 할 수 있는 것이다.(마태 13,36-43 참조)

- **보물과 진주(마태 13,44-46).** "밭에 숨겨진 보물"(마태 13,44) "값진 진주를 하나 발견하자, 가서 가진 것을 모두 처분하여 그것을 샀다."(마태 13,46): 지난 세기의 철학과 심리학은 종종 인간들의

가치문제에 천착한다. 우리가 많은 것을 알지만, 모든 가치를 동일한 모양으로 전달할 수는 없는 듯싶다. 그리고 모두 관심을 갖지도 않는다. 교사가 기대에 미치지 못하는 수업을 학생들에게 할 때, 학생들은 그 수업을 따라가거나 관심 갖기가 정말 쉽지 않다. 그럴 때 교육자와 설교자는 자신의 방법을 스스로 묻곤 한다.

왜냐하면 그 수업의 가치는 자신의 수업을 듣고 있는 학생에게 제공한 가르침 곧 진리이고, 모두에게 관련되는 문제이기 때문이다. 사실 진리는 생명처럼 아주 중요한 가치를 가진다. 가정에서 어머니는 신문의 스포츠 기사보다는 먼저 경제에 관심을 갖는다. 곧 소비와 비용 지불을 얼마나 최소화할까에 관심을 둔다. 이처럼 종교 진리도 우리가 만나는 소중한 진리들을 더 들어 높이고 회복해야 한다. 왜냐하면 생명의 기본 주제들과 관련되기 때문이나. 이와는 반대로 종종 가장 무관심한 것을 만나기도 한다. 사람들은 많은 것을 알지만, 종교의 내용, 곧 인간, 하느님, 사랑, 희망, 평화, 용서 등의 주제에 대해서는 간접적으로 나름대로 알거나 또는 관심이 없는 듯하다. 분명 종교가 잘못된 신앙의 교리교육을 한 것이라고 생각한다. 하지만 문제는 다른 모습으로 보일 수 있다는 것이다. 사람은 종종 현실에서 표면적인 모양으로 보이는 대로 살아가는 듯싶다.

생명의 여러 가치들에 관심이 없고, 진지한 어떤 문제도 내놓지 않는다. 신앙의 진리는 생명을 위해 더 나은 가치를 주어야 한다. 정말 신앙에 정진하려는 신앙인은 믿음의 진리에 관심을 두는 자다. "가서 가진 것을 모두 처분하여 그것을 샀다."(마태 13,46)

• **참(眞)을 선택할 줄 아는 예술, "좋은 것들은 그릇에 담고 나쁜 것들은 밖으로 던져 버렸다."(마태 13,48):** 양심성찰은 단순히 고해성사를 위한 준비 단계를 넘어, 우리 삶의 모든 부분을 점검하고 조절하는 수련이다. 이를 통해 우리는 일상생활 속에서 반복되는 생각과 행동 패턴, 그리고 타인과의 관계 속에서 드러나는 고유한 성격을 깊이 있게 탐색할 수 있다. 우리는 현실을 제대로 바라봐야 한다. 만일 쉽게 분노하는 것을 안다면, 극복하는 것도 찾을 수 있을 것이다. 그렇게 모든 결손들이 우리의 삶 안에 들어 있다. 자신의 삶을 주도하는 능력은 누구에게나 있으며, 이는 쉽게 잃어버릴 수 없는 소중한 자산이다. 쉽지 않다는 것도 설명하면 된다.

이처럼 우리가 할 수 있다면, 분명 나아지는 것도 드러난다. 성 토마스 아퀴나스는 말한다. 덕은 손톱처럼 자란다고… 손톱이 자라면 다른 것도 똑같이 자란다. 고대 수도자들은 자기에 대한 질문을 품고, 영적 사부에게 찾아갔다. "내가 어떻게 구원될 수 있나요? 또 다른 말로 나에게 무엇이 더욱 중요한가요?" 오늘날에도 우리 신앙인들에게 종교는 이런 방식으로 권유되도록 안내하여야 한다. 바다에 친 그물(마태 13,47 참조) 자기 곳간에서 새것도 꺼내고 옛것도 꺼내는 집주인과 같다.(마태 13,52)

• **일상생활에서 하느님의 계시. "예언자는 ... 고향과 집안에서만은 존경받지 못한다."(마태13,57)**: 고대 그리스에서 예언자는 단순히 미래를 예측하는 사람을 넘어, 신의 뜻을 대변하고 인간에게 전달하는 신성한 존재로 여겨졌다. 구약에서 모세는 주님과 함께 말씀을 나눴던 시나이 산에서 내려온다.(탈출 24,3 참조) 그리고 예언자들은 하느님의 이름으로 말씀을 전한다. "주님께서 이렇게 말씀하신다."(예레 2,5) 하느님으로부터 받은 사명이 참인가 묻는 것은 자연스러운 일이다.

심리학적으로 믿기 어려운 것은 우리가 늘 목전에서 보는 사람이 일상생활에서 신적 사명을 받았다는 것이다. "저 사람은 목수의 아들이 아닌가?"(마태 13,55) 그런데도 그리스도교의 본질은 하느님께서 매일 평범한 일에서 삶 안으로도 들어오신다는 신앙을 믿는 데 있다. 그리고 만나는 사람이 나누는 말에서도 우리는 신적 목소리를 지각할 수 있다. 지금은 "주님께서 이렇게 말씀하신다."(예레 2,5)라고 누구도 단언하지 않는다. 그럼에도 불구하고 모든 목소리 안에 신적 섭리의 목소리를 감추고 있는 것이다. 하느님 그리고 그의 말씀을 찾는 자만이 그것을 느끼는 법이다.(마태 13,54-58 참조)

> **돈보스코 성인의 예방교육 체크하기**
>
> ✓ 자녀들을 알아주기:
>
> ✓ 자녀들을 믿어주기:
>
> ✓ 자녀들을 사랑하기:

10. 왕의 계시
(마태 14장)

> 위기는 불편합니다. 선택권이 있다면 어려움 없는 순탄한 삶을 선호할 것입니다. 하지만 이 세상의 삶은 그런 식으로 돌아가지 않습니다. 그러나 좋은 소식은, 모든 위기 뒤에는 위기를 통해 우리의 성격을 형성하고 세상에서 그의 일을 더욱 발전시키는 하느님의 손길이 있다는 것을 성경을 통하여 그리스도인들이 이해한다는 것입니다.

• **그룹 나눔** 인생에서 어려운 시기를 생각해 보세요. 무슨 일이 일어났는지, 그리고 하느님께서 그것을 어떻게 움직이시어 당신의 성격을 형성하셨는지 설명합니다.

• **개인 성찰** 내가 어려운 상황에 처했을 때 위기를 다루는 방식에 나의 신앙은 어떤 영향을 미칩니까?

▌ 초점이 왕국의 비유에서 예수님의 정체성으로 이동하며, 제자들은 그분이 누구인지 더욱 깊이 깨닫게 됩니다. 예수님은 제자들의 믿음을 성장시키고자, 그들이 배운 것을 실제 삶에서 적용해야 하는 어려운 상황에 직면하게 하십니다. 마태오복음 14장을 읽어 봅니다.

🟦 가 질문과 나눔

1. 마태 14,1-2에서 헤로데는 예수님의 정체를 추측합니다. 그가 예수님이 세례자 요한이라고 믿게 된 이유는 무엇입니까?(마태 14,3-12)

2. 헤로데는 왕이었지만 사람들의 의견에 따라 사는 노예와 같았습니다. 다른 사람들의 의견이 당신의 전반적인 행동, 특히 하느님에 대한 반응에 어떤 영향을 미칠까요?

3. 세례자 요한과 예수님은 가족 관계를 넘어 하느님의 뜻을 이루기 위한 공동의 사명을 통해 깊이 연결되어 있었습니다. 이러한 특별한 유대는 예수님께서 외딴 곳으로 물러날 수밖에 없었던 배경을 이해하는 데 어떤 단서를 제공할 수 있을까요?(마태 14,13)

4. 오천 명을 먹이는 동안의 상황과 배경 그리고 그 자리에 있던 사람들을 설명하세요.(마태 14,13-21) 이것이 어떻게 예수님의 능력과 사명에 대한 제자들의 믿음을 시험하고 성장시킬 수 있을까요?

5. 두 왕, 헤로데와 예수님은 모두 연회잔치를 주관합니다. 각 왕의 잔치는 그들의 성격과 권위에 대해 어떤 차이점을 보여 주나요?

6. 내가 배 안에 있는 불안한 제자들과 함께 있다고 상상해 봅니다.(마태 14,22-26) 내가 보고, 듣고, 느낀 것을 설명해 보세요.

7. 베드로의 경험은 믿음과 의심의 생생한 그림입니다.(마태 14,28-31) 나는 언제 주님에게서 눈을 떼고 물에 빠질까봐 의심하는 유혹을 받을까요?

8. 마태 14,33에서 제자들은 예수님께 엎드려 절을 하며 말하였습니다. "스승님은 참으로 하느님의 아드님이십니다." 그렇다면 무엇이 우리를 예수님 앞에 엎드려 절을 하며 예수님께 나아가도록 인도할까요?

9. 제자들이 예수님을 향한 믿음과 의심 사이에서 갈등하는 모습을 보며, 나 또한 흔들리는 순간이 올 때 어떻게 예수님을 더욱 신뢰하도록 도울 수 있을까요?

10. 제자들은 예수님과의 이러한 일시적인 경험을 통해 그가 하느님의 아들이라는 것을 알게 됩니다. 어떤 경험이 주님에 대해 더욱 잘 이해하는 데 도움이 되었습니까?

11. 군중의 인식(마태 14,34-36)과 제자들의 인식 사이에는 어떤 요인들이 차이가 있었을까요?

12. 어떤 경험과 통찰력이 나 자신을 예수님에 대한 더 깊은 경배와 믿음의 경험으로 인도하였습니까?

기도하기

하느님의 아들 예수님을 경배하고 그분께 기도하는 데 약간의 시간 곧 몇 분간이라도 보내 보세요.

실천하기

요한 묵시록 4-5장에 나오는 천국을 잠깐 훑어본다면, 천국의 주요활동은 하느님을 경배하고 그분께 기도드리는 것입니다. 이번 주 매일 하느님을 경배하는데 도움이 될 수 있는 것을 하나씩 고르세요. 아마도 그것은 일몰일 때 일수도, 맛있는 식사를 즐기는 날일 수도 있습니다.

말씀묵상

• 세례자 요한(마태 14,1-12). "그 여자를 차지하는 것은 옳지 않습니다."(마태 14,4): 성 세례자 요한은 순교로 죽음을 맞이했다. 하느님의 진리를 증언하였기 때문이다. 세례자 요한의 이 같은 삶도 놀랍지만, 만일 그리스도께서 친히 사람의 목소리 통해서 말씀을 하신다면, 그 사람의 말이 분명 그리스도의 설교와 같은

결과를 갖게 된다는 것은 더욱 놀라울 것이다. 그리스도께서 늘 우리의 목소리 안에 말씀으로 살아 계시고 활동하시기 때문이다.

작은 모임에서 일부 사람들은 진솔한 나눔을 시도하지만, 대부분은 자신 안의 진정한 목소리를 내기를 주저한다. 자기들을 위한 광고는 그만 두지 않지만, 세상의 시선을 의식하며 그리스도의 증거를 숨기고 안전지대에 머물려는 모습을 보인다. 2014년 프란치스코 교황께서 한국을 방문하셨을 때, 가톨릭교회 지도자들 가운데 한 분이 그 당시 한국에서 일어난 재난사고에 대해 교황님께 "중립을 지키는 것이 어떠냐?"고 요청했다고 한다. 그러나 우리는 그리스도인으로서 어떤 상황에서도 중립을 지킬 수 없다. 우리는 진리 앞에 서서 분명한 입장을 표명해야 한다.

- **"그 여자를 차지하는 것은 옳지 않습니다."(마태 14,4):** 어떠한 불의에 대해 불성실과 무관심을 보이는 자도, 이미 그의 마음 안에 주님의 진리와 그 증거에 반대하는 적을 선택한다. 그리스도는 진리다.(요한14,6 참조) 누구든지 진리의 한 부분이라도 추구하는 자는 세상의 방식에 얽매이지 않는 자다. 결국 그리스도는 진리인 당신의 목소리에 입막음을 하려는 모든 자들의 원의를 넘어서 이겨 내실 것이다.

• **빵의 기적(마태 14,13-21). "너희가 그들에게 먹을 것을 주어라."(마태 14,16)**: 오늘날 이 기적은 종종 사회학적인 설명으로 주석이 된다. 이탈리아 밀라노 가톨릭대학교 총장은 종종 다음과 같은 말로 이 기적이야기를 반복해서 설명하고 있다. 만일 예수께서 기적으로 굶주린 자들을 배부르게 했다면, 우리도 배고파서 고통을 당하는 수많은 사람들에 대해 그렇게 생각을 해야 한다고… 우리가 많이 소유하고 있고, 그들은 그렇지 않기 때문이다.

교황 바오로 6세 역시 이 주제에 관해 자주 돌아보곤 하였다. 발전된 나라들의 사람들은 배고픔과 영양이 좋지 않아 고통당하는 사람들과 비교한다면 진리의 감각을 잃어버린 것이다. 쉽지 않은 해결책에 대한 문제이지만 이 때문에 우리가 무감각하게 변하지는 말아야 한다.

예수님은 빵과 물고기를 많게 하는 기적을 일으켰다. 빵과 물고기는 배고픔을 이겨낼 정도의 단순하고 작고 보잘 것 없는 음식이다. 성 바실리오는 윤리적 결론을 다음과 같이 내렸다. 생계를 위해서는 적게 먹는 것으로 충분하다. 그런데 우리는 많은 것들을 계속 원한다. 사실 현실적으로 삶의 필수품들은 소박하고 적당하다. 그리고 그것들을 조달하는 데도 용이하다. 주님의 기도에서 우리는 하느님께 기도할 때, 필요하지 않는 비싼 양식이 아니라 일용할 양식을 달라고 청한다. 일용할 양식 조금으로 만족하기를 배운 자들은 하느님의 말씀을 경청하고, 예수님과 함께 침묵 안에서 기도하며, 무익한 염려들로부터 자유로워지는 그런 기도시간을 많이 가질 것이다.

많은 그리스도인들이 기도하고 싶지만 시간이 없다고 말한다. 왜냐하면 할 것들이 많기 때문이다. 하지만 우리는 정말 중요한 일들에 집중하기 위해 무엇이 필수적인지 깊이 생각해 볼 필요가 있다.

만일 우리가 성찰하도록 잠시 머무르면, 우리는 더욱 충실히 준비할 수 있고, 놀랍게도 기도와 함께 이루어지는 일들은 잃을것이 없다는 것을 발견할 수 있다. 아니 기도는 우리에게 필요한 축복을 더욱 많이 주신다. 예수님께서 우리에게 말씀하시기 원하시는 것은 당신께서 이루신 오천 명을 먹이신 빵의 기적은 단순히 군중들의 배를 채우기 위한 물질적인 해결책을 제시한 것에 머무르지 말라는 것이다. 인간의 행동과 삶과 사건은 그것의 내면과 그 이상의 무엇인가를 제공하는 상징 곧 징표가 있다는 것이다. 그것은 바로 그 사건을 통해 바라보고 추리하며 통교하시기를 원하시는 영적 선물의 징표를 바라보라는 것이다. 빵의 기적은 배불리 먹은 풍요로운 사건의 그 속에 예수님의 인간에 대한 사랑과 자비 그리고 연민이라는 영적 선물이 자리하고 있다.

> **돈보스코 성인의 예방교육 체크하기**
>
> ✓ 자녀들을 알아주기:
>
> ✓ 자녀들을 믿어주기:
>
> ✓ 자녀들을 사랑하기:

11. 왕을 이해하다.
(마태 15,1-16,20)

> 이야기와 함께 하는 질문은 예수님과 제자들 사이의 필수적인 도구 중 하나였습니다. 선생님들은 학생들이 더 깊이 볼 수 있도록 질문을 하고, 학생들은 정보를 얻고 그들이 이해 못하는 것을 탐구하기 위해 질문을 합니다.

• **그룹 나눔** 그룹원들의 배경과 성격을 이해하는데 도움이 되도록 두세 가지 질문을 합니다.

• **개인 성찰** 만약 주님이 지난주에 했던 내 행동과 생각에 대해 몇 가지 질문은 하신다면, 무엇을 물어 보셨을까요?

> 제자들은 한 걸음 한 걸음 예수님을 새롭게 이해하게 됩니다. 그들이 알고 있었다고 생각하는 것들이 더 깊고 새로운 지식이 됩니다. 제자들을 대변하는 베드로는 예수님은 하느님의 아드님 그리스도이시라고 고백합니다. 베드로의 고백과 함께 우리는 마태복음의 전반부의 절정에 다다릅니다. 마태오복음 15장을 읽습니다.

가 질문과 나눔

1. 마태 15,1-2에서 예루살렘의 최고 종교 지도자들은 제자들을 공격함으로써 예수님을 반대합니다. 예수님은 그들의 비난에 맞서기 위해 어떤 광범위한 조치를 취하십니까?(마태 15,3-20)

2. 예수님은 바리사이들과 율법 학자들에게 어떤 톤으로 답변하셨나요?(마태 15,3-11)

3. 나의 삶이나 교회에서 어떤 종교적인 관행이 외적이고 공허한 형식으로 변할 위험이 있을까요? 있다면 이런 경향을 어떻게 피할 수 있나요?

4. 예수님은 바리사이사람들에게 엄격하셨을 뿐만 아니라, 그의 도움을 구하는 가나안 여인에게도 엄격하셨습니다. 예수님, 여인, 제자들 사이의 상호작용을 어떻게 설명하겠습니까?(마태 15,21-28)

5. 이 여인은 앞 구절의 바리사이사람들과 어떻게 대조되고 있나요?

6. 마태 16,1-20을 읽어봅니다. 예수님께서 병자를 고치시고 사천 명을 먹이신 후에 종교 지도자들이 하늘에서 표징을 보여 달라고 요청합니다.(마태 16,1) 예수님께서 그들을 거부하신 이유는 무엇이라고 생각하십니까?(마태 16,2-4)

7. 마태 16,5-12에서 제자들은 예수님의 누룩에 대한 암시를 오해합니다. 그들의 오해는 믿음의 부족과 어떻게 관련이 있을까요?

8. 마태 16,13-20에서 영적인 통찰력에 주목할 만한 도약이 있는데, 단순한 비유적 표현조차 이해하지 못했던 제자들이 갑자기 베드로를 통해 예수님을 그리스도, 하느님의 아들이라고 선포했기 때문입니다.(마태 16,13-17) 이 갑작스러운 변화를 어떻게 설명할 수 있습니까?

9. 예수님은 베드로에게 어떤 톤으로 대답하셨나요?(마태 16,17-20)

10. 베드로가 예수님을 그리스도, 하느님의 아들로 고백하였습니다. 이것이 어떻게 다른 사람들에게 천국의 문을 열어줄 수 있을까요?(마태 16,18-20) 베드로에게 한 예수님의 질문은 인류 전체가 언젠가는 대답해야 할 질문입니다. 예수님이 누구라고 생각하나요? 그리고 왜 그렇게 생각하나요?

기도하기

예수님께서 당신을 통해 다른 사람들에게 영적인 통찰력을 제공해 달라고 기도합니다.

🏛 실천하기

마태 1,1-16,20을 복습합니다. 예수님의 율법, 능력, 성격, 사명에 대해 배운 것을 요약합니다. 그런 다음 예수님의 제자가 되는 것의 어려움에 대해 배운 것을 요약해 보세요.

나 말씀묵상

• **큰 믿음 (마태 15,21-28)** "아, 여인아! 네 믿음이 참으로 크구나."(마태 15,28): 힘은 실제 행동을 통해 그 크기를 가늠할 수 있다. 무거운 것을 들어 올리는 능력은 육체적인 힘을 보여주고, 어려운 문제를 해결하는 능력은 지적 능력을 증명한다. 그렇다면 믿음의 힘은 어떻게 알 수 있을까? 그것을 알아차리는 사람에 의해서일까?

좋은 영성생활을 위한 원리들과 규칙들에서 탄퀘리(Tanquerey 1854-1932)수덕신학과 신비신학에 대한 책을 썼다. 프란치스코 교황님은 2018년 12월 교황청관료 고위성직자들에게 탄퀘리의 책을 통해 "우리 각자의 개혁과 교회의 개혁을 위해 유익할 것입니다. 여러분을 위해서입니다."라고 권하셨다.

탄쿼리는 믿음의 6가지 효과적인 원리들을 열거한다.
1. 신앙은 우리를 하느님과 일치하게 한다.
2. 가치 있는 행동으로 인도한다.
3. 위로의 샘물이다.
4. 원의에 힘을 실어준다.
5. 지성을 비추고
6. 미래를 하느님 시선으로 바라보도록 한다.

하지만 이런 효과들은 모두 오직 한 가지 안에서 종합된다. 믿는 자를 위해, 모든 생각들과 감각들이 하느님 안에서 하느님과 함께 존재한다. 믿는 자는 조금은 달구어진 뜨거운 철과 같다. 철은 식는다. 하지만 불에 다시 달구면 빛을 내고, 불처럼 데게 한다. 그처럼 인간의 정신도 그렇다. 단순한 사람이 만일 믿는 자라면, 미래를 바라본다. 현명하다면, 인생의 여정에서 확신과 함께 진행한다. 그리고 그는 자신의 결정을 제시하기 위해 어떤 논의나 논제 그리고 어떤 이유가 필요하지 않다. 베르펠(T. Werfel)은 벨라뎃다에 관한 그의 찬가에서 저술하기를, 하느님을 믿는 자는 논의가 필요하지 않다. 하지만 믿지 않는 자는 어떤 논의도 그를 돕지 않을 것이다.

• **빵을 많게 한 기적(마태 15,29-37)** "저 군중이 가엾구나…"(마태 15,32) "빵 일곱 개와 물고기들을 손에 들고 감사를 드리신 다음 떼어 제자들에게 주시니,"(마태 15,36): 백성은 늘 먹는 것을 생각한다. 그래서인지 이웃사랑을 위한 국제조직들이 이루는 협력이 바로 예수께서 느낀 백성에 대한 연민의 상태를 힘 있게 발견한 것이며, 복음의 예수께서 현대 그리스도인들에게 요구하고 있는 것 같다.

그런데 연민을 느끼고 살아가는 자에게 각자의 한계와 무능이 발견된다. 하지만 단순하게 각자 소유하는 것 가운데 어떤 작은 것을 나누어줄 때 기적들이 일어난다. 예를 들어서 착한 의지를 지닌 모든 사람들이 자기 것을 조금씩 나눌 때, 다른 이들 역시 작은 이들과 조금 나누고 함께 할 수 있는, 연대의 큰 카테고리가 되는 것이다.

문둥병의 사도라고 불리는 프랑스 시인 폴레로는 하느님께서 가난한 자들에게 큰 선물을 주셨다고 말하였다. 큰 선물이란 가난한 자를 돕고자 하는 다른 가난한 자들의 존재이다. 가난한 자들의 선물이라 하는 것에서 특별한 힘과 메시지를 가지고 있다. 세상에서 나타나는 창조적인 힘으로서의 하느님의 은총과 인간적인 일치의 감각이 사람들 사이에서 자라나는 것이다. 그 사람들의 모임이 교회인 것이다. "사람들은 모두 배불리 먹었다. 그리고 남은 조각을 모았더니 일곱 바구니에 가득 찼다."(마태 15,37)

- **세계 한센병의 날과 폴레로:** 프랑스 출신의 폴레로(Raoul Follereau, 1903-1977)는 17세에 사랑의 책(The book of love)이라는 자신의 첫 저서를 발행했다. 전공은 철학과 법이었으나 이 때부터 작가와 시인, 언론인으로서의 생애를 시작했다. 22세에는 평생을 함께 한 아내와 결혼하였다. 폴레로는 1936년에 아르헨티나 신문사의 요청으로 북아프리카 사하라사막 지역을 방문할 기회를 가졌다. 성자인 푸코(Charles de Foucauld, 1858-1916)의 사망 20주년을 기념하기 위해 푸코의 행적을 추적하기 위한 것이었다. 이 여행에서 그는 한센병 환자를 처음 만나게 되었고, 이들의 비인간적인 모습을 접한 경험은 그에게 평생 한센병 환자들을 위해 헌신해야겠다는 자극을 주었다.

이 때부터 그는 한센병 환자들이 인간다운 삶을 살 수 있도록 여론을 환기시키는 일에 혼신의 힘을 기울였다. 그는 1942년에 기금을 모아서 아이보리코스트의 아드조페에 한센병 환자들을 위한 센터를 창설하였다. 그는 환자들을 인도적으로 대우해 주어야 한다는 생각으로 환자들을 끌어안고 그들의 친구 역할을 해주었다. 그의 호소력 강한 글과 행동은 한센병에 대한 사회의 태도에 충격을 줄 정도로 강한 것이었다. 1946년에는 역시 한센병 환자들을 도와주는 것을 목적으로 단체(Order of Charity)를 조직했고, 후에 자신의 이름을 딴 "라울 폴레로 재단"이 되었다. 1947년에는 하루 동안 이기주의에 대항하는 파업을 하자는 운동을 했고, 1949년에는 『원자폭탄 혹은 자비(Atomic Bomb or Charity)』를 15개 국어로 출판하여 "서로 사랑하지 않으면 사라져 버려라."는 캠페인을 전개하기도 했다. 1954년에 그는 세계 한센병의 날(world leprosy day)을 제정했고, 지금까지도 매년 1월 마지막 일요일에 이 날을 기념하는 행사를 가지는 나라가 많이 있다. 같은 해에 미국과 소련 대통령에게 한센병 환자 치료비를 마련하기 위해 폭탄 한 개 제조에 해당하는 비용을 기부하라는 편지를 보내기도 했다. 한센병 환자를 격리시키는 법에 대항하여 여러 가지 운동을 전개한 그는 1970년에 『The Book of Love』를 발행했으며 이 책은 35개국에서 1천만부나 판매되었다. 평생을 한센병 환자를 위해 살아 온 그는 1977년 파리에서 세상을 떠났다. 폴레로는 비록 프랑스인이었지만 유럽 여러 나라에는 그의 이름을 딴 재단이나 협회를 설립하여 그의 업적을 기리는 것은 물론 그가 생전에 한 운동을 지금도 전개하고 있다.

- **성 베드로와 성 바오로 사도 대축일(마태 16,13-19) 베드로의 고백 "스승님은 살아 계신 하느님의 아드님, 그리스도이십니다."(마태 16,16):** 하느님을 찾는 사람은 이상을 찾는 사람이다. 그 이상은 매우 높고 크다. 이렇듯 하느님은 인간 위에 있는 저 편에 계신

다. 성경에서도 하느님은 인간의 접근이 불가능한 대상으로서의 존재자체로 계신다. 그분은 모든 개념과 인간의 사고를 뛰어넘어 계신다. 어떤 이미지로도 그분을 만들거나 표현할 수 없다. 이름도 부를 수 없고 계시되지도 않는다. 하지만 하느님의 그 모습을 닮은 자가 바로 인간, 나 자신이다.

그런데 그러한 하느님이 오직 한 가지를 하신다. 시나이 산과 인간들 사이로 내려오신다. 계약의 궤, 예루살렘 성전, 예언자들 안에, 하느님 사람들의 능력 안으로 내려오신다. 이름도 부를 수 없고 바라볼 수도 없는 분이 사람의 모습으로 오신다. 얼마나 감동을 넘어서는 반전인가? 그래서 베드로는 "너희는 나를 누구라고 하느냐?"(마태 16,15)라는 예수님의 정체를 묻는 말씀에 "스승님은 살아 계신 하느님의 아드님 그리스도이십니다."(마태 16,16)라고 대답하는데, 그 뜻이 바로 그런 것이다. 그리스도교는 '하느님과 인간이 서로 하나가 되었다.'는 신앙선언을 고백하며 살아가는 종교이다. 그 하나 되는 모범을 살아가신 분이 바로 메시아 그리스도이시고 그분은 하늘과 땅을 잇는 다리이시다. 그분이 나를 더 이상 종이 아니라 벗이라고 부르셨다.

- **"나는 너에게 하늘 나라의 열쇠를 주겠다."(마태 16,19):** 내가 자주 지나다니며 공부를 하였던 로마의 성 베드로 대성당의 둥

근 돔 아래 청동으로 된 네 개의 기둥이 있다. 그 기둥 아래에 교황님이 주례하는 제단이 있고, 바로 위 둥근 원모양의 대성당 돔(cupola) 안쪽으로 다음과 같은 성경 구절이 돌아가면서 쓰여 있다. "나는 너에게 하늘 나라의 열쇠를 주겠다."(마태 16,19) 대성당 중앙 제대, 위쪽 돔 천장의 안쪽에 적혀있는 이 성경구절은 베드로에게 하신 예수님의 말씀인데, 바로 이 말씀이 있는 곳에서 교회의 힘, 교황의 힘, 주교들의 힘이 선언된다.

"열쇠를 주겠다."는 이 선언은 "책임과 신뢰를 준다."는 의미를 담고 있다. 우리도 열쇠, 특히 집 열쇠는 아무에게나 주지 않는다. 그리스도께서 베드로에게 하늘 나라의 열쇠를 주신 것이다. 프랑스 어느 사상가의 금언이 있다. 우리에게 하느님을 온전하게 믿기란 어려움이 있다. 그러나 하느님은 인간에게 끊임없는 믿음을 주어야 하는 더욱 큰 어려움을 가지고 있다.

돈보스코 성인의 예방교육 체크하기

✓ 자녀들을 알아주기:

✓ 자녀들을 믿어주기:

✓ 자녀들을 사랑하기:

2부

왕의 거절과 부활.

마태 16,21-28,20

12. 왕의 활동
(마태 16,21-17,27)

> 좋은 리더십의 규칙 중 하나는 "놀라움이 없는 것" 입니다. 놀랄움은 당혹스러울 수 있지만, 놀라움 없는 심리상태는 단조로움과 하기 싫은 고된 일의 방식이 될 수 있습니다. 이 놀라움이 없는 심리 상태는 안정감을 제공하지만, 동시에 새로운 아이디어와 변화를 통해 성장할 수 있는 기회를 제공해야 합니다. 따라서 좋은 리더십은 계획되지 않은 놀라움을 제거하려는 것입니다.

• **그룹 나눔** 기분 좋은 놀라움과 기분 나쁜 놀라움 사이에는 상당한 차이가 있습니다. 기억할 수 있는 것을 각각 하나씩 나눠 봅니다. 예수님을 믿는 것이 어떻게 나를 놀라게 했습니까?

• **개인 성찰** 이제 제자들은 예수님과 한동안 함께 했으며, 예수님께서는 그분 나라의 참된 본질을 알리기 위해 그들을 준비시켜야만 합니다. 처음에 제자들은 예수님께서 그분의 사명에 대한 충격적인 대가와 제자들에 대한 요구사항을 밝히자 매우 놀랍니다. 마태 16,21-17,13을 읽습니다.

가 질문과 나눔

1. 제자들이 받은 놀라움은 무엇들이었습니까?

2. 베드로와 예수님은 예수님의 말씀이 이스라엘의 적을 물리치는 정복메시아라는 유대인들의 기대에 맞지 않기 때문에 서로 엇갈리는 것처럼 보입니다. 구체적으로 어떤 점에서 다른가요?(마태 16,21-23)

3. 베드로에 대한 예수님의 반응은 매우 혹독합니다. 왜 주님은 베드로에게 사탄이라고 하십니까?

4. 예수님께서는 그분을 따르는데 드는 궁극적인 대가를 밝히십니다.(마태 16,24-28) 베드로가 로마에서 죽임을 당하면서 그의 생애 마지막에 실제로 지불한 대가입니다. 예수님께서는 베드로와 제자들을 처음 불렀을 때, 그들에게 대가에 관해서 왜 이야기하지 않으셨습니까?

5. 제자됨의 대가는 예수님의 리더십에 대한 사고방식에 어떻게 영향을 줍니까?

제자됨의 대가는 그리스도인들의 믿음에 대한 사고방식에 어떻게 영향을 줍니까?

6. 예수님께서는 제자됨의 대가를 드러내시면서, 혜택에 대해서도 말씀하십니다. 거룩한 변모는 어떻게 하늘 나라의 임박한 보상에 대한 예수님 약속의 부분적 성취가 될 수 있습니까?(마태 16,28-17,9)

7. 제자들은 예수님의 거룩한 변모, 모세와 엘리야와의 대화, 하늘로부터의 음성을 통해 무엇을 배웁니까?(마태 17,1-8)

8. 거룩한 변모의 경험은 예수님의 임박한 죽음에 대한 혼란을 극복하는데 어떻게 도움을 줍니까?

9. 엘리야를 산에서 방금 본 제자들은 말라키가 구약에서 쓴 앞으로의 사목(마태 17,10)에 대해 어리둥절해 합니다. 어떤 의미에서 엘리야의 사목은 세례자 요한에 의해 성취됩니까?(마태 17,11-13)

10. 세례자 요한의 사목은 어떻게 예수님의 사목을 위한 준비이자 예시였습니까?

11. 제자들의 좌절감의 표출은 계속됩니다. 마태 17,14-27을 계속 읽습니다. 제자들의 영적 무력함을 마주하시는 예수님에 대한 나의 인상을 설명합니다.

12. 무력함의 결과로 제자들은 신앙의 본질에 대해 더 많이 배우게 됩니다. 예수님의 가르침으로부터 그들은 어떤 메시지를 얻습니까?

13. 우리가 항상 하늘 나라의 관점으로 삶을 이해할 수 있는 것이 아니므로 예수님을 따르는 것은 혼란스럽습니다. 마태 16,21-17,27이 어떻게 나의 사고의 방향을 바꾸는데 도움이 됩니까?

기도하기

혼란과 방향감각의 상실에도 불구하고 따를 수 있는 용기를 주시기를 주님께 청합니다.

실천하기

마태오복음의 전반부에서 우리는 예수님과 그분의 나라를 소개 받았습니다. 후반부에서는 예수님의 일이 가르침과 치유를 훨씬 뛰어 넘었다는 것을 보게 될 것입니다. 값비싼 대가를 치르면서 그분은 어둠의 힘에 맞서고 고통을 통해 전능한 승리자와 구원자가 되십니다. 다음의 질문들은 책의 나머지 부분에 대한 개요를 제공합니다.

1. 마태 16,21-17,21을 간략히 훑어봅니다. 이 부분에서 예수님 사명의 고통과 영광이 어떻게 보여 집니까?

2. 마태오 18-20장은 많은 점에서 산상수훈과 비슷합니다. 하늘 나라에서 위대해질 수 있는 방법들이 무엇인지 찾으면서 빠르게 읽어 봅니다.

3. 마태오 21-22장에서 예수님께서 이스라엘의 수도와 성전으로 입성하실 때 어떻게 그분의 왕권을 보여 주셨는지 설명합니다.

4. 예수님께서는 23과에서 계속해서 그분의 왕권을 보여주십니다. 예수님께서 종교 지도자들을 심판하시는 이유들에 대해 무엇을 발견할 수 있습니까?

5. 예수님께서는 하늘 나라의 미래와 마지막 날의 도래함을 제자들이 기대하기를 원하십니다. 마태오 24장과 25장에서 그분은 어떻게 기대감을 조성합니까?

6. 예수님의 지상생활에서의 마지막 사건은 26장과 27장에서 절정에 달합니다. 이 사건들을 보면서 어떤 인상을 받았습니까?

7. 궁극의 승리! 28장에서 예수님은 고통과 대립과 죽음을 이겨 내십니다. 제자들의 입장이 되어 봅니다. 어떤 기분이 들겠습니까?

8. 마태오의 주제 발언은 마지막 장의 마지막 세 구절에서 찾을 수 있습니다. 마태 28,18-20을 읽습니다. 주제가 무엇입니까?

🔷 말씀묵상

• **제 십자가를 져라:** 예수님께서는 제자들과 새로운 관계를 시작하신다. 더 이상 비유를 말하지 않으신다. 그분의 길은 고통 받는 종, 이사야의 말씀에 의해 상징되고 있다.(이사 53장) 예수님께서는 점차 고통 받는 사람의 아들로 계시되기 시작한다. 그리고 제자들과 사람들에게 말씀하신다. "누구든지 내 뒤를 따라오려면, 자신을 버리고 제 십자가를 지고 나를 따라야 한다."(마태 16,24) 마태오복음은 이 말씀을 제자들에게 하시고, 루카복음은 사람들에게 말씀하신다.

십자가의 논리를 받아들이는 자가 얼마나 되느냐에 따라 하느님의 나라는 우리들 안에서 볼 수 있다. 분노와 폭력으로 지배된 세상에서 하느님 계획은, 선물로 부여된 삶과 사랑을 위해 고통 받는 순교를 통해서 신비롭게 실현된다.(마태 16,21 참조) 그러나 제자들은 수난에 대한 선포를 알아듣지 못한다.

• **누구든지 내 뒤를 따라오려면, 자신을 버리고(마태 16,24):** 우리는 누군가를 버린다는 의미를 잘 안다. 베드로 사도는 예수님의 수난 시기에 그를 버렸다. 곧 베드로는 예수님을 알지 못한다고 하며 세 번이나 예수님을 버렸다. 과도한 자기 집중, 자기 관심, 곧 자기애적인 삶은 과민하고 소심하며 오히려 유혹에 넘어지기 쉬운 사람이다. 이런 종류의 병을 치료하는 약은 자신을 버리는 것이다. 곧 자신을 잊어버리고, 자신을 치료하지 않으며, 그리스도와 이웃을 생각하는 것이다. 아픈 아들이 세상을 떠날 때 엄마는 자신이 가지고 있는 지병을 모두 잊어버린다. 이럴 때 생각지도 않던 지병이 치료가 되는 놀라운 일이 벌어진다.

• **제 십자가를 지고 나를 따라야 한다.(마태 16,24):** 그리스도교 사랑과 헌신의 절정은 십자가이다. 하지만 십자가는 인간이 다른 사람을 파괴하는 최고의 폭력이냐. 폭력은 인간을 거룩하게 할 수 없다. 자유가 성덕을 존재케 한다. 그리스도는 십자가 위에 못을 박아라! 하고 말하지 않으셨다. 이것은 오히려 빌라도의 말이다. 예수님은 "제 십자가를 져라"고 말했다. 예수님 스스로 자유롭게 십자가를 지셨다. 그리스도께서 지신 이 십자가의 자유가 빌라도가 벌인 불의한 재판과 폭력을 드러내고 있다.

- **정녕 자기 목숨을 구하려는 사람은 목숨을 잃을 것이고(마태 16,25)(마태 16,21-27):**
    1. "율법 학자들은 어찌하여 엘리야가 먼저 와야 한다고 말합니까?"(마태 17,10)
    2. "과연 엘리야가 와서 모든 것을 바로 잡을 것이다." (마태 17,11)
    3. "엘리야는 이미 왔지만, 사람들은 그를 알아보지 못하고 제멋대로 다루었다. 그처럼 사람의 아들도 그들에게 고난을 받을 것이다."(마태 17,12)

1. 엘리야, 요한은 예언자들 중의 예언자이다. 예수님은 설명한다. 세례자 요한이 새 엘리야이다. 곧 예수님의 오심은 그 예언자들이 선포한 사실에서 드러난다. 우리도 이 시대의 예언자이다. 우리들은 먼저 그리스도를 만났다. 우리들은 이제 하느님의 이름으로 말하는 사람이다.

2. 과연 엘리야가 와서 모든 것을 바로 잡을 것이다. 이스라엘 백성은 예언자의 도래를 믿어왔다. 그들에게서 새로움 곧 변화의 큰 힘을 부여 받았다. 구약의 마지막 예언자 세례자 요한도 변화 곧 쇄신, 혁신을 선포하였다. 예언자들은 쇄신과 혁신 곧 새로움의

아이콘이다. 성경에서 새로움이란 무엇일까? 하느님과 인간 안에서 새로움이 발견된다. 하지만 사람들은 그들의 삶을 바꾸지 않았고, 변화는 그저 표면적이다. 예언자들은 그리스도의 오심을 준비하는 자들이다. 하지만 그분과 인격적인 만남이 매우 중요하다.

3. 엘리야는 이미 왔지만, 사람들은 그를 알아보지 못하고 제멋대로 다루었다. 그처럼 사람의 아들도 그들에게 고난을 받을 것이다. 그리스도교 신앙생활은 단지 가르침 자체로 완결되지 않는다. 노래를 잘하는 사람은 박수와 환호를 받는다. 하지만 그리스도를 따르기로 선택한 자들은 성공과 환대를 생각할 수 없다. 아니 오히려 무수히 많은 이들로부터 반대를 받는다. 그리스도를 따르는 자들과 싸우는 자들이 너무 많다.

제자들이 예수님께, "율법 학자들은 어찌하여 엘리야가 먼저 와야 한다고 말합니까?" 하고 물었다. 그러자 예수님께서 대답하셨다. "과연 엘리야가 와서 모든 것을 바로 잡을 것이다. 내가 너희에게 말한다. 엘리야는 이미 왔지만, 사람들은 그를 알아보지 못하고 제멋대로 다루었다. 그처럼 사람의 아들도 그들에게 고난을 받을 것이다." 그제야 제자들은 그것이 세례자 요한을 두고 하신 말씀인 줄을 깨달았다.(마태 17,10-13)

4세기의 카파도키아 교부 바실리오 성인은 이 문제에 대해 다음과 같이 교육에 대한 말씀을 성찰하셨다. 그 당시 교육은 수도원 중심으로 학교가 운영되었고, 영성생활을 통해서 신앙을 든든히 하고자 젊은이들을 받아 들였다. 성 바실리오는 묻는다. 그들이 성공을 하기 위해 무엇을 바라는가? 우리가 이 젊은이들에게 참으로 줄 수 있는 것은 무엇일까? 오늘 우리에게도 같은 질문해야 한다.

바실리오 성인은 3가지를 말씀하신다.
1. 삶의 좋은 원리들을 가르치는 것
2. 좋은 모범(본보기)을 주는 것
3. 좋은 품행(말투, 행동)과 기도에 습관을 기르는 것.

하지만 이 모든 것을 실행하기 위한 나머지 중요한 것은 젊은이들이 선택하는 자유로운 의지에 달려 있다는 것이다. 만일 좋은 것을 선택하려 한다면, 벌써 무엇을 어떻게 할 것인가를 즉시 알 수 있다.(습관)

하지만 좋은 선택을 거절한다면, 어떤 좋은 교육도 그것을 실행하고, 또 그 선을 강요할 수 없을 것이다. 예언자들은 그리스도께서 오심을 준비하는 자들이다. 하지만 그분과 인격적인 만남은 총체적으로 우리 스스로의 자유로움으로 남아 있다. 엘리야는 이미 왔지만, 사람들은 그를 알아보지 못하고 제멋대로 다루었다. 그처럼 사람의 아들도 그들에게 고난을 받을 것이다. 바오로 사도께서 말씀하신다. 구약은 그 특징이 교육적이지만, 그리스도와 함께 읽고 가르침을 받아야 한다고 하신다.(갈라 3,24 참조) 오늘날에도 젊은이들을 위한 신앙 봉사자와 지도자는 교육자들이다. 하지만 일반교육과 신앙교육에는 큰 차이가 하나 있다. 그것은 이러한 교육의 내용인 가르침과 노래, 그림, 시와 같은 학습은 탈렌트와 관련이 있는 것이다.

• **성전 세를 거두는 이들이 베드로에게 다가와 "여러분의 스승님은 성전 세를 내지 않으십니까?" 하고 물었다. 베드로가 "내십니다."(마태 17,24-25):** 우리가 국가에 내는 세금은 일반적으로 금전화폐로 이루어진다. 하지만 그리스도인들은 그것을 더욱 넓게 바라볼 필요가 있다. 사회를 돕는 금전화폐뿐만이 아니라 특히 언행일치 그리고 좋은 생각들이 바로 그것들이다. 참으로 세상을 아름답게 살아가는 것이란 차분한 공동체 안에서 발견될 수 있다. 공동생활 곧 사회생활은 위로적인 성격을 띠어야 할 것이다. 특별히 어려움 중에 빠져있는 자들을 돕고 존중하며 보호되어야 하는 것을 느낄 때 더욱 그렇다. 사회 분위기가 슬플 때, 예를 들어 세월호의 아픔, 특히 오늘날 강대국 사이에서 경제 전쟁이라는 분위기 안에서 아플 때, 서로 경청하고 도우며 다른 이들을 기쁘게 하는 자들 역시 사회에 좋은 일(세금)을 내는 것이 아닐까?

좋은 생각, 아름다운 영혼들이 천천히 사회, 성당, 공동생활을 발전하게 한다. 예를 들어 작은 제스처들 곧 작은 미소들, 작은 생각들, 부드럽고 젠틀한 손짓들… 잔디가 아름답고 풍요로우려면 소소한 물주기와 가꾸기를 위한 시간이 필요하듯이, 좋고 아름다운 공동생활을 위해서도 그런 시간이 필요하다. 지속적인 노력만이 이웃을 향한 좋은 배려를 보존하고 창조해 낼 수 있을 것이다. 그럴 때 그 작은 것 자체가 큰 선물로 이미 다가온 것이다. 사회를 위한 성덕생활은 그리스도인들에게 매우 중요하다. 종교공동체뿐 아니라 세상 속에서도 함께 살아가는 것이기 때문이다. 그 성덕생활이란 그리스도의 빛을 종교를 위한 공동생활만이 아니라 하느님의 세상에 발산하는 것일 테니까…

돈보스코 성인의 예방교육 체크하기

✓ 자녀들을 알아주기:

✓ 자녀들을 믿어주기:

✓ 자녀들을 사랑하기:

13. 하늘 나라에서 가장 큰 사람
(마태 18장)

> 어린이들에게 줄을 서라고 하면 그들은 급히 줄을 서면서 "내가 먼저!" 라고 말합니다. 어른들도 좀 더 미묘하지만 삶에서 첫째가 되기 위한 경쟁을 계속하게 됩니다. 모든 문화와 사회에는 명예와 사회적 지위의 위계가 있으며, 많은 사람들이 높은 자리를 차지하기 위해 열심히 일합니다.

• **그룹 나눔** 높은 지위에 있는 사람들은 다른 사람들과 어떤 면에서 다르게 대우 받습니까? 우리 사회에서 첫째라고 결정하기 위해 사용되는 기준은 무엇입니까?

• **개인 성찰** 우리는 매일 이웃, 직장, 성당 등에서 더 높은 자리에 오르라는 끊임없는 압력을 느낍니다. 성공에 대한 욕망과 하늘 나라의 가치 사이에서 갈등할 때, 주님께서는 어떤 도움을 주실까요?

▌제자들도 하늘 나라에서 가장 존경받는 사람이 되는 비결을 알고 싶어 했습니다. 예수님은 그들의 질문을 진지하게 받아들이시지만 서열과 사회적 지위에 대해 다른 방법을 제시하시는데, 이는 우리 사회가 추구하는 성공과는 전혀 다른 가치관을 보여 줍니다. 마태오 18장을 읽습니다.

㉮ 질문과 나눔

1. 제자들은 하늘 나라에서 누가 가장 큰 사람인지 알고 싶어 합니다.(마태 18,1) 예수님은 어린아이를 예로 들며 그들의 질문에 어떤 답을 주셨을까요?

2. 어른들의 눈으로 볼 때 어린이들의 지위는 낮습니다. 친구들이나 직장 동료들이 어린이들을 무시하거나 가볍게 여기는 태도를 보일 때, 나는 어떤 기분이 듭니까?

3. '작은 이들'은 스스로 겸손하게 되어(어린이들처럼 되는) 예수님을 믿는 사람들입니다. 예수님을 믿는 작은 이를 죄짓게 하는 이들에 대한 예수님의 태도를 어떻게 설명하겠습니까?(마태 18,6-7)

4. 예수님께서는 우리 삶에서 죄를 다루는 것의 중요성을 생생하게 묘사해 주십니다.(마태 18,8-9) 그분의 가르침은 우리가 일상생활에서 죄를 짓는 상황에 직면했을 때, 윤리적 판단 기준을 어떻게 변화시킬 수 있습니까?

5. 잃어버린 한 마리 양을 찾아 나서시는 예수님을 통해 보여지는 주님의 특성을 설명해 봅니다.(마태 18,10-14)

6. 하늘 나라의 위대함은 용서와 자비의 삶을 사는데 달려 있습니다. 예수님은 우리에게 죄를 지은 사람을 대하는데 있어서 어떤 지침을 주십니까?(마태 18,15-20)

예수님이 언급하신 것을 실제 행하는데 있어서 어떤 어려움이 있습니까?

7. 누군가를 한번 용서했다고 해서 그 사람이 다시 우리에게 그러지 않는다고 보장할 수 없습니다. 매정한 종의 비유는 우리가 어떻게 계속 용서할 수 있도록 도와줍니까?(마태 18,21-35)

8. 마태오 18장을 되돌아보고 예수님을 믿는 사람들의 위대함과 가치를 보여 주시는 방법을 요약해 봅니다.

9. 이 구절은 세상의 위대함의 개념에 어떻게 도전합니까?

10. 예수님께서 '작은 이들'에 부여하시는 가치는 우리 자신과 다른 믿는 이들을 보는 방식에 어떻게 영향을 미칠 수 있을까요?

기도하기

그분의 눈길과 아버지의 보살핌 안에서 홀로 만족함을 발견할 수 있도록 도와주시기를 청합니다.

실천하기

내 삶의 과정을 통해서 상처를 준 사람들의 목록을 작성합니다. 이번 주에 매일 목록을 가지고 기도하고 단계적으로 그들을 용서합니다. 그들이 내게 준 영향에 대해 그들과 이야기 나눠야 할 필요가 있는지 생각해 봅니다.

내가 상처 준 사람들의 목록을 작성합니다. 일주일동안 목록을 가지고 기도합니다. 나를 용서해 달라고 다가갈 필요가 있는 사람이 있는지 생각해 봅니다.

나 말씀묵상

• **겸손 (마태 18,1-5.10.12-14). 누구든지 이 어린이처럼 자신을 낮추는 이가...(마태 18,4):** 그리스 교부들은 apatia(무감각)에 대해 말을 하곤 하였다. 오늘날 apatia(무감각)은 주도권 없는 수동적인 사람에 대해 부정적인 의미를 주고 있다. 하지만 4세기에 오리게네스는 어린 아기가 바로 무감각(apatia)의 표본이라고 말한다. 이 점에서 어린이는 어떤 지향은 없어 보인다. 그런데 무감각(apatia)이란 오히려 온화함과 온순함의 다른 모양으로 분노를 단념 시키는 능력이고, 복수하고자 하는 원의들을 잊게 하는 것이며, 우울, 비애, 슬픔, 시기 질투를 이겨내기를 뜻한다.

하지만 진실로 말하기를 어린이는 이 모든 것의 완전한 능력자가 아니다. 더욱이 어린이들은 모든 충동들의 전형이다. 곧 울고, 소리치는 것에 즉시 반응한다. 하지만 아기의 그런 감정들은 아주 짧게 지나간다. 그래서 금언에서는 말한다. 아기는 자기 주머니 속에 웃음과 울음이 들어있다고... 자! 이런 어린이들의 감각들이 참으로 apatia(무감각)이다. 우리 어른들이 어린이에게 배워야 하는 감각들인지도 모른다. 우리들은 한편 화가 나고 슬프거나 기쁘면 그 감정이 어린이들보다 오래 간다. 이에 대해 오리게네스는 말한다. 무감각은 열정을 즉시 밀어내는 능력이다. 한 마디로 모든 불은 순간에 타오른다. 다만 인식과 의지와 함께 무감각은 위대한 훈련으로 일어나게 한다.

로욜라의 성 이냐시오는 어려서부터 매우 급한 성격에서 화, 분노가 일어났다고 한다. 그런데 "누구든지 이 어린이처럼 자신을 낮추는 이가...(마태 18,4)"라는 어린이처럼 되는 수련의 위대함을 통해 전적으로 냉정함, 무감각의 영적가치를 맛본 듯 보였다. 무엇인가 짧은 시간에 일어나곤 하는 분노와 무엇이 나를 흥분하게 할 때, 우리 억시 어린이와 같은 무감각의 훈련과 함께 하느님의 도움으로 평화와 안정감을 되찾을 수 있다.

- **어린이 하나를 불러 그들 가운데에 세우시고 이르셨다. "내가 진실로 너희에게 말한다. 너희가 회개하여 어린이처럼 되지 않으면, 결코 하늘 나라에 들어가지 못한다. 그러므로 누구든지 이 어린이처럼 자신을 낮추는 이가 하늘 나라에서 가장 큰 사람이다."(마태 18,2-4):**

복음은 어린이와 교회의 모습을 비교해서 이해할 수 있다. 예수께서는 교회가 어린이와 같은 모습이 되기를 초대하시는 듯하다. 이는 단지 열두 제자에게만이 아니라 교회의 모든 가족들에게 말씀하신다고 믿는다. "너희는 이 작은 이들 가운데 하나라도 업신여기지 않도록 주의하여라. 내가 너희에게 말한다. 하늘에서 그들의 천사들이 하늘에 계신 내 아버지의 얼굴을 늘 보고 있다."(마태 18,10) 천사들은 하늘에 계신 아버지의 얼굴을 항상 바라보고 있는데, 그 보잘 것 없는 사람들의 천사들에 대한 언급은 무엇일까? 작은 것들, 보잘 것 없는 이에 대한 가치를 결정적으로 다시 한 번 분명하게 강조한 것이다. 우리가 생각해보아야 할 점은 작은 것들, 가치 없는 것들에 대해 우리는 어떻게 행동하는가? 특히 보잘 것 없는 자에 대해서는 교회가 어떻게 하고 있을까? 환자, 노약자, 과부, 어린이…. 이제 우리가 그들의 천사가 되어야 하지 않을까?

• **맑고 따뜻하게 성탄시기를(마태 18,12-14) "길을 잃지 않은 아흔 아홉 마리보다 그 한 마리를 두고 더 기뻐한다."(마태 18,13)**: 성경에서 예수님은 막달라 여자 마리아, 마태오, 자캐오의 회개로 기뻐하신다. 기쁨이란 무엇일까? 많은 노력을 기울인 다음, 그 목적이 이루어질 때 경험된 감정이 기쁨인 듯싶다. 그래서인지 그

리스도께서 얻는 기쁨의 목적이란 세상의 구원에 있고, 잃어버린 사람의 회개에 있다. 요한 금구 성인께서 말씀하신다. "적어도 한 영혼을 구원하는 경험을 하라. 곧 내 주위에 있는 자들 가운데 적어도 잃어버린 사람이 옳은 길 위로 걸어가도록 인도하라. 그리고 참 기쁨이 무엇인지를 알아차려라!"

- **善者善之, 不善者亦善之 得善也 선자선지, 불선자역선지 득선야(노자 도덕경 49장):** 선한자에게 선하고, 불선한 자에게도 선하게 하면, 모든 사람이 선하게 될 것이다. 이를 위해 성찰, 곧 눈을 뜨는 반성이 큰 도움이 될 것이다. 성찰이란 무엇일까? 나를 이탈해서 나를 바라보는 능력이 반성이다.

- **형제적 교정(마태 18,15-20). "네 형제가 너에게 죄를 짓거든"(마태 18,15):** 고대 수도회 문헌에서는 그리스도교적 사랑의 행동으로서 종종 형제적 권고에 대해 말한다. 일반 사회에서 사랑은 특별히 물질적인 도움을 주는 것으로 나타나는 경향이 있다. 그런데 고대 수도원에서는 방문객들을 위해 침대가 있고, 위생적으로 안전한 음식이 준비되어 있는데, 이런 사랑은 특별히 영적인 의미를 지니고 있음을 알 수 있다. 환대가 바로 영적인 사랑인 듯싶다. 다른 한편으로는 각자의 과실을 교정하고 밝히도록 서로

도움을 주는 것도 이웃사랑의 마음이 선행되어야 한다는 것이다. 수도생활의 고대규칙에서 다음과 같은 항목을 읽을 수 있다. 만일 외출하여 길을 가려면, 말에게 채찍을 해야 한다. 이처럼 정도에서 벗어난 길을 가는 비난 받고 있는 형제들에게는 바른 길로 돌아오도록 할 필요가 있다는 것이다. 하지만 수도원과 가정에서 또는 친구들 사이에서 진정한 형제적 사랑의 관계가 존재한다면, 기록된 서류 규칙은 필요가 없다. 곧 그들이 앞으로 정진해 나아가지 못하는 무엇인가를 발견하도록 스스로 주목하게 할 필요가 있다.

그래서 형제적 교정의 방법은 우리가 그 문제를 해결해 주는 충고나 조언보다는, 오히려 그 동료와 언쟁하지 않고, 논쟁의 원인이 되는 것을 피하며, 심지어 그를 공격하지 않고, 상처를 주지 않는 것이 훨씬 중요하다. 또한 심술궂은 것을 하지 않는 것은 어떤 해결책을 위한 조언보다 매우 중요하다. 형제적인 교정은 어떠한 질책과 비난이 아니라 사랑으로 그 변화가 일어나야 한다. 만일 그것을 할 수 있는 길을 알게 되면, 분노 없는 평화 안에서 환대를 받게 될 것이다. 하지만 적절한 기다림의 시간이 보약인 듯싶다.

- **"몇 번이나 용서해 주어야 합니까?"(마태 18,21):** 인간의 원초적인 감정들 가운데 하나는 정의감이다. 옛날에 법정이 없을 때 정의는 피로써 증거 되곤 하였다. 원수가 가족들을 죽이면, 당한 가족의 살아남은 자들은 그 피를 복수하려는 의무감을 가지고 있어 언젠가는 되갚으리라는 감정을 품고 살아간다. 더욱이 보복과 복수는 가족이나 공동체의 우두머리들이 가지는 의무이자 특권이었다. 히브리인들, 유목민들은 피의 복수를 보통으로 생각하며 살아갔다.

"그러나 다른 해가 뒤따르게 되면, 목숨은 목숨으로 갚아야 하고, 눈은 눈으로, 이는 이로, 손은 손으로, 발은 발로…"(탈출 21,23-24) "동족에게 상해를 입힌 사람은 자기가 한 대로 되받아야 한다."(레위 24,19) 그러나 보복과 복수에 대한 제한이 있었다. 이스라엘의 모든 가족, 부족의 우두머리는 바로 하느님이시다. 그들은 하느님께 보복의 권리를 맡겼다. "그들의 발이 비틀거릴 때 복수와 보복은 내가 할 일, 멸망의 날이 가까웠고 그들의 재난이 재빨리 다가온다."(신명 32,35) 결국 복수와 보복은 하느님에게 맡겨둘 필요가 있었다. 악을 악으로 갚는 정의의 원리를 이겨내기 위한 첫걸음은 하느님의 정의를 신뢰하며 그분께 심판을 맡겨 두는 것이다.

- **용서(마태 18,21-19,1) "일곱 번까지"(마태 18,21):** 하느님께 보복을 맡기는 자는 적의 징벌을 보기를 원할 수 있다. 예레미야도 바로 하느님의 복수를 기다렸다. "그러나 정의롭게 판단하시고 마음과 속을 떠보시는 만군의 주님 당신께서 제 송사를 맡겨 드렸으니 당신께서 저를 복수하시는 것을 보게 해 주소서."(예레 11,20) "의로운 이를 시험하시고 마음과 속을 꿰뚫어 보시는 만군의 주님 당신께 제 송사를 맡겨 드렸으니 당신께서 저들에게 복수하시는 것을 보게 해 주소서."(예레 20,12) 고대 희랍인들은 복수의 신성을 믿어 왔다. 인과응보, 복수의 여신 Nemesis는 어디서든지 잘못을 범하는 자들에게 보복을 하였으니 이는 모든 비극의 주제가 되었다. 돈을 훔치고, 우리의 명성에 손해를 끼치고, 죄를 진자들이 과연 고통을 받고 있는가? 오히려 당한 사람들이 고통을 받고 있는 현실을 어떻게 용서라는 차원으로 받아들여야 할까? 과연 용서하면서 우리도 고통스러울까? 그러나 우리가 용서하지 않을 때 더욱 고통을 체험할 수 있다. 용서란 무엇인가? 마치 하느님께서 행하신 것처럼 우리가 행동하는 것이다.

- **"일곱 번이 아니라 일흔일곱 번까지라도"(마태 18,22):** 러시아의 대문호 톨스토이는 악을 악으로 갚지 않는 복음의 권고를 열렬히 전파하였다. 그의 작품들 속에는 저지른 악으로부터 용서를 받

는 자들이 선으로 돌아서는 회개의 주제를 다루고 있다. 많은 이들이 용서를 할 수 없는 이유로 다음과 같은 금언을 말하고 있다. "모든 악을 저지르는 자가 있고, 그 악을 방치하여 내버려두는 자가 있다. 그러므로 우리가 어떻게 항상 용서를 할 수 있겠는가?"

용서한다는 것은 이웃에게 선을 원하는 것을 의미한다. 그러나 복음이 강조하고 있는 또 다른 용서의 의미는 용서받는 자에게 우리가 선을 행하는 것이라기보다, 용서하는 자가 하느님으로부터 축복을 끌어내는 것이다. 하느님은 우리가 다른 이를 용서할 준비가 되었느냐에 따라 용서를 해주실 것이다.

- **하느님께 드리는 결산보고(마태 18,21-35). "하늘 나라는 자기 종들과 셈을 하려는 어떤 임금에게 비길 수 있다."(마태 18,23) "너희가 저마다 자기 형제를 마음으로부터 용서하지 않으면, 하늘의 내 아버지께서도 너희에게 그와 같이 하실 것이다."(마태 18,35):** 근동지방에서 왕의 힘은 신화적인 기원을 가지고 있다. 왕은 그 기능이 신적인 것으로서 왕들은 신적 영광을 요청 받고 있다. 이집트인들은 신 Horus가 파라오로 인화(人化)되었고, 바빌론에서 신 Marduk은 우주의 창조자인데 바빌론 왕은 모든 땅의 주인으로 믿어 왔다. 그래서 땅은 왕에게 오직 신탁과 신뢰 안에서 주어져야 했다. 그런데 성서는 이러한 유사한 신념과 견해들을 수락하

지 않는다. 다시 말해서 이스라엘의 유일하고 진정한 왕은 하느님 자신이다. 다윗왕, 솔로몬왕 그 밖의 다른 왕들은 하느님의 대리자들이다. 따라서 다윗 왕 스스로도 자신을 종이라고 부르고 있다.

오늘날은 어떠한가? 오늘은 더 이상 절대권력 개념이 존재하지 않는다. 왕정체제는 실제로 사라졌으며, 모든 것이 그들의 것임을 상상할 수 없다. 그 대신 왕과 종의 이미지는 각자에게 주어진 역할과 책임을 다하여 살아가는 것을 시사하고 있다. 스카웃을 창시한 Baden Powell은 젊은이 교육에서 이러한 책임을 살아가는 중요성을 인식하여 실천적 훈련을 만들어 보였다.

• **"임금이 셈을 하기 시작하자 만 탈렌트를 빚진 사람 하나가 끌려왔다."(마태 18,24):** 복음에서 종은 부정적인 의미로 읽혀지지 말아야 한다. 복음서에서 주종관계는 고정된 신원관계가 아니라 유기적인 관계로 이해되어야 한다. 하느님 앞에서는 왕 다윗도 종이듯이 다윗 임금 앞에서 신하는 또한 종인 것이다. 도시의 통치자, 집권자들은 그 시대 왕 앞에서 종들로 존재한다. 그 종이 왕에게 일만 달렌트의 거액을 빚졌다. 곧 무슨 일인지는 모르나 왕과의 관계에서 발생한 부족액이 엄청난 금액이다. 손실된 금액뿐 아니라 그 적자를 어떻게 갚아야 하는가? 그 종은 이렇게 매우 어려운 처지에 있다.

오늘날도 정치권력 주변에서 종종 발생하는 일들이다. 언론 방송에서 보도되는 내용의 적지 않은 부분이 정치, 경제, 사회적 부패를 담아내고 있다. 사과박스에 현금을 넣어서 정치자금으로 유용하는 것처럼, 아마 복음서의 종도 필시 어떤 부패 스캔들에서 고통 중에 있지만 임금은 그에게 요즘 말로 사면 복권을 해준 셈이다. 이는 하느님과 임금 앞에서 우리 모두는 부패 증후군에 걸려있다는 고발이다. 하느님께 받은 선물들을 선의의 목적으로 보증하고 사용할 수 있는가? 모두에게 그런 바람과 기도가 유용한가? 예수님은 심판자가 아니라 구세주로서의 왕으로 세상에 오신 것이다.

- **"이 악한 종아, 네가 청하기에 나는 너에게 빚을 다 탕감해 주었다....너도 네 동료에게 자비를 베풀었어야 하지 않느냐?"(마태 18,32-33):** 사람들은 친구를 사귈 때 또 친구가 되기 위해서는 서로 유사하거나 공통된 분야에 관심을 가질 필요가 있다. 우리도 하느님의 친구가 되기 위해서 역시 그분과 비슷하게 되도록 힘껏 노력을 해야 한다. 성 니사의 그레고리오에 따르면 하느님과 최고로 효과적으로 닮은 모습은 바로 '자비로운 것'이다. 연민(compassio)의 마음을 지닌 자는 바로 자비(misericordia)를 살아가는 자이다. 이웃에게 자비를 베풀고 시간을 함께 나누며 슬퍼

하는 자는 하느님을 닮은 자이다. 내게 가까이 있는 사람, 나와 같이 있는 자에게 자비를 느낀다. 그렇지 않고 악한 종처럼 슬퍼하는 자에게 고통을 준다면 과연 그는 하느님의 자비를 살고 있는가? 자비는 그리스도 신비체의 핵심징표이다. 주님께서는 구원을 보증하고 죄인들을 용서하셨다.

> **돈보스코 성인의 예방교육 체크하기**
>
> ✓ 자녀들을 알아주기:
>
> ✓ 자녀들을 믿어주기:
>
> ✓ 자녀들을 사랑하기:

14. 하늘 나라에서의 삶
(마태 19-20장)

> 나에게는 무엇이 가장 중요합니까? 무엇이 나를 중요하다고 느끼게 만듭니까? 돈? 성공? 인정? 좀 더 깊이 파보면 자신만의 방식으로 살기 위해 "첫째"가 되고자 하는 욕망을 발견할 것입니다. 하늘 나라는 "거꾸로 된 왕국"으로 불립니다. 우리 자신을 첫째로 놓는 본능적인 반응은 우리가 모든 것을 거꾸로 놓는 것을 의미하는 것과 같습니다. 예수님께서 우리에게 주신 선물은 우리를 새로운 방향으로 돌리시는 것입니다.

• **그룹 나눔** '성공하는 사람들의 7가지 습관'에서 스티브 코비는 사람들이 어떤 가치관에 따라 사는지 볼 수 있는 작업을 제공합니다. 내가 죽을 때 사람들이 나에 대해 말하기를 바라는 것을 요약해 써보는 것입니다. 지금 대략적인 초안을 작성합니다. (이 작업에 정말 진지하게 참여하게 된다면 몇 주 동안 작업에 시간을 할애

할 수도 있습니다.) 나는 사람들이 나에 대해 뭐라고 말하면 좋겠습니까? 각자 요약한 것을 나누는 시간을 가져 봅니다.

• **개인 성찰**   나에게 성공은 무엇입니까?

| 예수님은 제자들을 계속 혼돈스럽게 하십니다. 그분의 기준은 불가능할 정도로 높아 보이고, 제자들의 충성에 대한 그분의 기대를 따르기는 쉽지 않은 결정입니다. 그들은 어떻게 하늘 나라의 백성이 된다는 것의 뜻을 알아낼 수 있었을까요? 마태오 19장을 읽습니다.

가 질문과 나눔

1. 예수님의 결혼과 이혼에 대한 가르침을 설명합니다.(마태 19,1-12) 제자들은 왜 그분의 말씀에 그렇게 충격을 받았다고 생각합니까?

2. 예수님의 이혼과 재혼에 대한 가르침은 우리 문화의 가르침과 대조적입니다. 그분의 요점은 무엇입니까?

3. 마태 19,13-15에서 사람들이 아이들을 예수님께 데리고 왔을 때, 제자들은 예수님께서 하늘 나라의 위대함에 대해 가르쳐 주신 것을 충분히 이해하지 못했음을 보여 줍니다. 이것이 왜 그렇게 이해하기 어렵다고 생각합니까?

4. 부는 하느님의 호의의 표시이자 정의로운 삶의 보상으로 여겨졌습니다. 예수님께서는 이 개념에 도전하십니다.(마태 19,16-30) 우리는 계명에 충실한 젊은 청년이 부와 영원한 삶 사이에서 고민하는 것을 관찰함으로써, 하늘 나라에 대해 무엇을 배울 수 있습니까?

5. 예수님도 그분을 따르는 이들에게 일종의 부를 제공하십니다. 나는 이를 어떻게 설명하겠습니까?(마태 19,27-30)

6. 하늘 나라의 부와 세상의 부에는 서로 다른 가치를 추구하며 종종 충돌하기도 하는 긴장관계가 있습니다. 그 긴장감이 내 삶에서 어떻게 표현될 수 있습니까?

7. 마태오 20장을 읽습니다. 나는 이 비유 속에서 어떤 일꾼에 가까울까요? 각각의 상황에 나를 대입해 보며 어떤 감정과 생각이 드는지 나누어 보세요.

8. 선한 포도밭 주인의 비유는 하늘 나라의 은총과 일과 보상에 대해서 우리에게 무엇을 가르쳐줍니까?(마태 20,1-16)

9. 예수님의 가르침 중 어떤 부분이 교회나 다른 형태의 그리스도인 봉사에 적용될 수 있겠습니까?

10. 예수님의 임박한 죽음에 관한 말씀은 그분이 가르치고 있는 하늘 나라의 가치를 어떻게 모델화 합니까?(마태 20,17-19)

11. 야고보와 요한의 어머니조차도 하늘 나라에서 명예와 지위를 얻기 위한 제자들의 투쟁에 가담하십니다. 놀랍게도 예수님은 욕망을 비난하지 않으십니다. 그분은 어떻게 그것을 바꾸십니까?(마태 20,24-28) 우리가 예수님의 가르침과 본보기를 따르는 것이 어려운 이유는 무엇입니까?

11. 예수님과 눈먼 두 사람의 상호작용은 그분이 가르친 가치관을 어떻게 보여 주나요?(마태 20,29-34)

✝ 기도하기

예수님의 방식대로 위대함을 추구하는 소망과 힘을 주시기를 기도합니다.

⛪ 실천하기

마태오 18-20장에서 하늘 나라에서 기대되는 지위, 부, 행동에 관한 예수님의 가르침을 돌아봅니다. 그분의 성격에 대해서 무엇을 보여 줍니까? 마태오 18-20장을 읽고 제자도를 위한 지침목록을 만듭니다.

📖 말씀묵상

- **혼인의 믿음(마태 19,3-12)** "남편이 아내를 버려도 됩니까?"(마태 19,3): 하느님 앞에서 약속한 자는 다른 이들을 버릴 수 없다. 요즘 이혼이 급증하고 있는데, 이런 현상은 갑자기 나타나기 보다는 일어날 것이 일어나는 것이다. 하느님의 제대 앞에서 신랑들은 부자가 된다거나, 그 무엇이 되겠다는 약속을 하는 것이 아니다. 그들은 영원히 신부를 사랑하고, 서로 속해 있음을 주

님 앞에 확인하며 상호행복을 약속한다. 교회도 역시 마찬가지로 서로 간에 헤어지는 상황을 경계해야 하며, 신랑인 주님과 신부인 우리 신앙인 사이의 관계에서도 헤어지지 않는 구체적인 접촉으로 약속을 이행해야 한다. 신뢰로 만난 관계가 신뢰하지 못하는 관계로 변한다는 것은 그 영적인 힘이 하느님으로부터 멀어지기 때문이다. 서로 헤어지고 약속을 지키지 못하는 것은 온전히 영적인 힘의 고갈에서 주님으로부터 멀어지고 있음을 나타낸다.

- **"혼인하지 않는 것이 좋겠습니다."(마태 19,10):** 고대 철학자들은 결혼에 대한 불필요한 독설을 말하기도 하고 많은 이론으로 또한 독신을 반대하기도 했다. 그러나 가족과 혼인은 철학자와 예술가가 되는 것이 아니다. 부인과 자녀를 둔 가장들은 철학적 사유나 어떤 자기 성향의 예술작품을 만드는 것이 아니다. 결혼에 대해 자유분빙한 젊은이들에게 설문을 조사했다. 당신이 가지고 있는 그러한 자유로운 결혼관에 대해 만일 당신의 자녀들도 그와 같은 생각을 한다면 인정하겠는가? 어떤 나라나 민족들 사이에서는 너무나 가난한 나머지 결혼할 수 없는 처지가 적지 않게 발생한다. 티벳의 경우에 많은 젊은이들이 사회적인 이유로 결혼하지 않는다. 우리나라에서도 농촌 젊은이들이 결혼하기가 매우 힘들다. 그래서 동남아시아에서 신부를 모셔 오는 일이

벌써 오래된 일이다. 그러나 그리스도인에게 독신은 자신의 선택 문제가 아니고 특별한 은혜를 받은 자들에게만 이해되고 살아가는 하느님의 부르심인 것이다. 독신은 오직 하늘 나라 때문에 큰 가치를 가지고 있는 것이 분명한 예수님의 가르침이다.

• **"남자는 아버지와 어머니를 떠나"(마태 19,5):** 부모와 자녀, 남편과 부인 사이의 일치는 지극히 자연적이다. 그런데 이러한 관계가 이중적 움직임을 보이고 있다. 자녀들은 부모 사이의 본질적인 일치 안에서 탄생한 것이다. 그러나 이 관계가 시간이 지나면서 약화되곤 한다. 자녀가 성인이 되면 부모를 떠나 새로운 가족의 불꽃을 피우는 것은 어찌 보면 당연한 떠남과 만남의 수레바퀴이다.

결혼이란 반대의 과정이 지속적으로 발생하는 삶이다. 서로 알지 못하면서 만난 두 사람이 지속적으로 서로를 따르고, 선택적이지 않는 끈을 통해 사랑으로 가정을 이룬다. 결국 가정의 모델은 그리스도를 육적으로 잉태할 뿐만 아니라, 영적으로는 신비적인 그리스도의 어머니로서 살아가신 모든 교회와 가정의 어머니 마리아이시다. 떠남과 만남의 중계자, 기도와 영적인 모성인 어머니 마리아는 결혼과 가정의 모델이시다.

• **어린이들을 그냥 놓아두어라. 나에게 오는 것을 막지 마라.(마태 19,14)** "**어린이들을 예수님께 데리고 와서**"(마태 19,13): 소화 데레사에게 어린이는 완덕의 모범이었다. 거룩함에 대한 그녀의 작은 길은 그녀를 따르는 모든 사람에게 삶의 프로그램이 되었다. 자서전에서 이미 '작음'의 소화 영성으로 그녀는 매우 성숙된 삶을 살면서 영성생활에 대해 반성하곤 하였다. 완덕이란 무엇인가? 사랑이다. 위대한 사랑은 큰 거룩함을 이룬다.

그러나 큰 사랑은 반드시 큰 행동으로 표현되는 것은 아니다. 작은 제스처로 큰 애정을 표현할 수 있다. 집 안에서 아기의 밝은 미소는 작지만 집 안 전체에 활력을 품어낸다. 이런 관점에서 소화 데레사는 전 생애 동안 작은 자로 남아있기를 원하였다. 하느님의 작은 딸은 일상의 작은 행동 속에서 그리스도와 이웃을 위헤 그 사랑을 표현한다.

• "**하늘 나라는 이 어린이들과 같은 사람들의 것이다.**"(마태 19,14): 러시아 정교회 신앙에서 가톨릭 교회 신앙으로 개종한 카타리나 도로티 여사(Catherine de Hueck Doherty)는 캐나다 온타리오에 마리아의 집(Madonna House)을 창설하였다. 많은 사람, 신자, 사제들이 마돈나 하우스를 방문하였다. 숲속에 은수자의

집과 경당 그리고 제법 커다란 집을 지었다. 누구에게나 열려있고 누구나 와서 함께 먹을 수 있다. 모든 것이 가능하다. 사람에게 살기 위해서 필요한 것들만 있었다. 누군가가 무엇을 훔치려 한다면 그것은 분명 뭔가 필요하다는 뜻이라고 가타리나는 말하였다. 그런 경우에 그녀가 그것이 필요한 사람에게 선물을 하곤 했다.

마돈나 하우스, 마리아의 집에는 성경과 작은 침대만이 있다. 많은 방문객이 있기 때문이다. 이 작은 골방에서 전 세계로 이 마리아의 집 공동체 운동이 전파되었다. 하느님께 대한 깊은 신뢰와 세상을 향한 순수한 마음이라는 어린아이 같은 단순함이 이 공동체의 성장을 이끌었다. 일부 주교들은 신학적인 문제를 제기하였지만 가타리나는 다음과 같이 말하였다. "어린이들은 어려운 것(신학)을 이해하지 못합니다. 엄마가 일할 때 아기들은 놀고 있습니다. 우리를 위해 하느님의 섭리가 일을 하시기 때문에 우리는 하느님 앞에서 놀면 됩니다."

- **십계명과 완전함. "네가 완전한 사람이 되려거든…"(마태 19,21):** 교회의 교부들은 '완전한 사람이 되라'는 예수님의 권고가 예수님의 모든 친구들에게 향하고 있다고 지지한다. 우리는 주님의 기도를 드린다. 곧 이 기도의 말씀들은 하늘과 땅에서 모

든 완전함을 포함하여 청원하고 있는데, 문제는 어떻게 완전함에 도달하는가이다. 삶은 조금씩 한 발 한 발 오르는 계단처럼 발전하고 성장한다.

그런데 이러한 길을 걸어가며 느끼는 심리적 과정은 모두에게 동일하지 않게 나타난다. 구원의 길에서 어떤 이들은 더 빠르게 진행하기도 한다. 또 다른 어떤 이들은 더욱 천천히 간다. 성 바실리오는 그리스도인들이 걸어가는 삶의 과정과 태도에 있어서 미지근한 방법을 허락하지 않고 있다. 그래서인지 하느님께로 돌아가는 사람은 온전한 회개의 삶을 사는 존재가 되어야 하는 듯싶다. 곧 인간은 그리스도와 일치하여 살기를 바란다는 것으로 이해된다. 모든 복음은 즉시 우리 삶의 규범이 되어야할 듯싶다. 하지만 바실리오 성인의 친구인 나지안조의 그레고리오 성인은 그렇게 성 바실리오처럼 근본적이지 않아 보인다. 곧 삶은 여정이다. 영적인 성장 안에서도 첫 번째는 성덕생활 곧 신비적인 삶을 실천하는 것이다. 곧 주님과 일치하는 깊은 기도생활이 바로 그것이다.

그리고 더욱 나아지려는 지속적인 완전함의 힘은 다른 자를 사랑하는 것이다. "네가 완전한 사람이 되려거든, 가서 너의 재산을 가난한 이들에게 주어라."(마태 19,21) 완전함은 일치의 목적이지만, 그 여정에 참으로 도달하기 위해서는 그 길이 짧기도 또는 길 수도 있다.

• **첫째와 꼴찌.(마태 19,23-30) "부자는 … 어려울 것이다."(마태 19,23):** 모든 존재가 첫 자리를 차지하려는 싸움은 자연적인 듯 하다. 숲 속에서 나무들이 서로 엉키고, 동물들은 영역을 차지하려고 주도권 싸움을 한다. 사람들도 성공을 위해서 경력을 쌓고 더 부자가 되기 위해서 경쟁을 한다. 모든 분야에서 경쟁이 없는 곳이 없다. 그러나 과연 경쟁은 좋은 것일까? 이는 좋은 결말이 어떻게 해석 되느냐에 달려 있다.

고대 수덕생활에서도 수도자들은 다른 이들을 이겨 내도록 그들 제자들을 격려했다. 다만 덕과 선 안에서만 그래야 한다. 하지만 성 안토니오 아빠스는 누군가가 덕의 실천에서 이기는 것을 지지하지 않았다. 그리스도교 덕행실천은 겸손과 분리될 수 없기 때문이다. 사람은 오직 겸허할 때만이 거룩함에 도달할 수 있다.

• **꼴찌와 첫째:** 프랑스 육군 사관생도였던 샤를르 푸코는 큰 목표를 가지고 있었다. 화려한 경력과 가능한 최고 등급의 점수로 진급하여 성공하고 부유해지는 것을 지향하였다. 그러나 그의 회

심이 이루어진 다음, 푸코의 삶의 목표와 방향은 완벽하게 바뀌었다. 애초에 그는 인생의 첫 자리를 향했었지만 이제는 가장 마지막 자리를 찾아가고 있었다. 푸코는 농담처럼 다음과 같이 말하곤 했다. "마지막 자리는 이미 예수님께서 차지하셨기 때문에 나 자신은 제일 마지막에서 두 번째 자리로 만족한다." 그런데 그 자리를 어디에서 발견할 수 있는가? 트라피스트 관상 수도원에서? 시리아 선교사로? 푸코는 아프리카 베두인의 가장 가난한 사람의 삶을 나누기위해 생을 시작했고, 아프리카에서 살해되었다. 예수님처럼… 그는 지성인이었고, 교양이 있었으며, 수도자로서 고요한 곳에서 뭔가 다르게 호흡을 하였다. 그 당시 복음을 전파하는 선교사가 많았다. 복음을 그들의 문화로 토착화하려는 자들도 있었으며, 먼 나라에서 그들보다 생활수준이 좀 낮게 살면서 복음을 전파하는 자들도 있었다.

그러나 푸코는 누구에게도 무엇을 전달하고 나르기를 원하지 않았다. 마치 우리 가운데 하나, 우리처럼 되신 그리스도의 모습으로 그들의 눈앞에서 살았다. 하느님 나라에서 첫 자리들은 우리가 마지막 자리를 생각하는 사람들에 의해 차지하게 될 것을 보여 주기 위해 푸코는 그저 가난한 베두인이 되었다.

• **포도밭의 일꾼들(마태 20,1-16) "자기 포도밭에서 일할 일꾼들"(마태 20,1):** 하느님의 뜻은 이론적인 원리가 아니다. 하느님께서는 자유로운 결정으로 당신의 과제를 누군가에게 구체적으로 맡기신다. 누구도 똑같은 숙제를 받지 않는다. 그러므로 하느님의 모든 부르심, 성소는 아주 특별하며 되풀이될 수도 누구와 비길 수도 없다. 누구도 같은 시간에 받지 않는다. 다시 말해서 하느님은 각자의 노동을 마치도록 다양한 시간을 개별적으로 주신다. 따라서 개별적인 능력들은 서로 아주 다르게 나타난다. 노동의 모양에서도 결과적으로 다르다.

그런데도 사회적인 차이가 존재하는 것은 죄에 의해서 결정된 것이라고 교부들은 말한다. 죄로부터 해방된 사람은 더는 타락한 인성에 얽매이지 않고, 하느님의 형상을 회복하여 성화된 삶을 살아간다. 곧 수도원에서 살아가는 방도를 찾는 것이 정화의 삶이다. 오리게네스까지도 인간이 태어나기 전에 마음과 혼으로부터 범한 죄가 개인의 육체, 지성, 윤리, 사회적 상태를 조건 짓는다고 생각하였다.

• **"공평치 않은 일" "친구여, 내가 당신에게 불의를 저지르는 것이 아니오."(마태 20,13):** 포도밭에서 일을 한 일꾼들의 시간이 차이

가 나는데도 같은 한 데나리온을 지불한 주인의 태도가 과연 불공정 거래일까? 이처럼 공정하지 않은 일(노동)에 대한 반성은 하느님의 섭리, 자연적 본질, 인간존재들 사이에서 있을 수 없는 잘못된 공평의 개념에서 출발하고 있다. 우리는 각자의 부르심에 따라 옳게 움직이고 있음을 받아들여야 한다. 곧 동물, 인간, 사회, 가정에서 작든 크든, 아들이건 딸이건 모두가 소중한 존재들임에 틀림이 없다.

복음에서 주인은 일꾼들과 하루 한 데나리온으로 합의한다. 그런데 주인은 열두 시와 오후 세 시쯤에 와서 일한 일꾼들 그리고 오후 다섯 시쯤부터 일한 이들도 와서 한 데나리온씩 받았다.(마태 20,9 참조) 교부들에 따르면, 여기서 돈 곧 품삯이란 바로 하느님 나라, 영원한 생명을 의미한다. 하느님의 나라, 영원한 생명은 누구에게나 차이가 날 수 없다는 것이 예수님의 생각이다. 일한 시간들의 차이늘을 물공정하다고 보수가 달라질 수 없고, 양보할 수 없으며, 분리될 수 없는 차이가 나지 않는 보수이다. 보수에 차이가 나지 않는 것은 바로 "주님 포도밭에서 일하는 사실 그 자체만이 보수이기 때문이다." 이러한 관점에서 마지막 시간에 일한 자들보다 더 받으려고 아침부터 일한 자들이 요구하는 품삯은 바로 주님의 포도밭에서 하루 종일 이미 받은 내적으로 충만한 축복일 것이다.

복음은 늦게 도착한 자들에게도 역시 믿어주고 존경하도록 권고한다. 그들은 혹시 IMF때 실직했거나, 일 할 능력과 기회가 없던 노인들이었지 않았을까? 하느님은 그들도 역시 사랑하신다. 태만한 과거를 교정할 가능성을 그들에게 부여하고 계신 것이다.

• **백성들의 배반(마태 20,17-28) "보다시피 우리는 예루살렘으로 올라가고 있다."(마태 20,18):** 히브리인들에게 예루살렘은 시온산 위 성전에서 보는 것처럼 하느님에 의해 선택된 도시였다. 준비되고 약속된 메시아가 당신의 나라를 선포하고 시작하실 곳이다.

예수님은 모든 예언을 잘 알고 계신다. 왜 제자들이 예루살렘을 향해 떠나야 하는 지를 말씀하신다. 예루살렘에 '오른다'는 뜻은 높은 곳에 그 도시가 있고 이 도시 예루살렘에서 "나는 하늘과 땅의 모든 권한을 받았다."(마태 28,18)고 선언하시기 때문이다. 시온을 향해 걸어 올라가는 것은 승리의 여정으로서 꼭대기에 오르는 영광을 말하고 있다. "다윗의 자손께 호산나!"(마태 21,9) 하며 환호하는 그곳이다. 그런데 예수님은 그곳에서 힘으로 그 힘을 취하시지 않으신다. 여기에 제자들과 제베대오의 두 아들의 어머니가 힘을 취하는 모습이 판이하게 다르게 나타난다. 예수님은 바로 죽음에 처해지고 가시관을 쓰시며 힘 있는 곳에서 힘없이 사형선고를 받으신다. 이 모든 하느님의 신비는 이해할 수 없다. 분명 이 신비를 알아듣기 위해서는 특별한 빛의 조명이 필요하다.

• **"조롱하고 채찍질하고 나서 십자가에 못 박게 할 것이다."(마태 20,19):** "그러나 나는 우리 주 예수 그리스도의 십자가 외에는 어떠한 것도 자랑하고 싶지 않습니다. 그리스도의 십자가로 말미암아, 내 쪽에서 보면 세상이 십자가에 못 박혔고 세상 쪽에서 보면 내가 십자가에 못 박혔습니다."(갈라 6,14) "망할 자들에게는 십자가에 관한 말씀이 어리석은 것이지만 구원을 받을 우리에게는 하느님의 힘입니다."(1코린 1,18)

그리스도께서는 십자가로 모두에게 버려진 당신의 그 나라를 취하시고 소유하셨다. 믿음이 있는 자는 사람들 앞에서 실패를 두려워하지 않는다. 믿음이 있는 사람은 그리스도의 삶, 그 진리들, 주님의 기도가 믿지 않는 이들 앞에서 조롱과 웃음거리가 된다 하더라도 놀라지 않는다. 이 조롱은 슬픔의 원인을 나타내지만 그 이상의 의미를 담고 있다. 단순한 슬픔이 아니라 웃고 있는 자들의 눈 멈, 곧 그들이 하고 있는 바를 못보고 있는 것에 대한 자비이며 수난과 고통이기 때문이다.

- **"사람의 아들은 수석 사제들과 율법 학자들에게 넘겨질 것이다."(마태 20,18):** 십자가의 신비를 이해하기 위해서 필요한 분은 바로 성령이시다. 우리가 살아가는 매일의 경험에서 성령은 빛으로서 우리의 삶을 비추신다. 샘물처럼 매일 솟아나 우리를 새롭게 하신다. 해, 전등, 등불과 같이…

- **성 야고보 사도 축일 "너희 가운데에서 높은 사람이 되려는 이는 너희를 섬기는 사람이 되어야 한다."(마태 20,26):** 히브리인들에게 빛은 두 가지 곧 외적, 내면으로 조명한다. 하나는 인간의 감각들인 눈빛으로 보는 사실이고, 또 다른 하나는 사물과 사실을 건너 눈빛으로 보이지 않는 것을 바라보는 내면의 영이 밝히는 빛이다. 그리스도를 인식하기 위해서 대사제, 랍비율법학자들은 외부로부터 그 빛을 취하고 있다. 그래서인지 그들은 성경, 예언서, 이스라엘 역사의 징표들이 말하고 있는 영의 빛으로 볼 수 있는 모든 것을 이해하지 못하고 있다. 눈은 있으되 영의 눈이 부족했다. 성경을 영의 빛으로 이해하는 능력이 부족했다. 이 안에 선민의 비극이 존재하고 있다. 그리고 그들은 그리스도를 죽음에로 내몰았다. 그들에게 영적인 눈이 멀어 있었기 때문이다. 모습은 똑같지 않지만 제자들과 특히 제베대오의 두 아들의 어머니 또한 같은 맥락에서 영적인 눈이 막혀 있음을 본다.

• "스승님의 나라에서 저의 이 두 아들이 하나는 스승님의 오른쪽에, 하나는 왼쪽에 앉을 것이라고 말씀해 주십시오."(마태 20,21): 10년 전 살아 계셨던 나의 어머니도 제베대오의 두 아들의 어머니와 똑같은 말씀을 하시려 했다. "아들 신부, 들어봐, 비싼 양주를 하나 사서 주교님께 드려. 우리 아들 본당신부로 가게 해달라고 하고 싶어." 10년 전 그 당시 나는 20여년 이상 사제생활을 하면서 교구청과 신학교에서만 사제 생활하는 것을 보신 나의 어머니께서 오죽했으면 그렇게 하셨을까? 라는 생각이 든다. 해가 중천에 뜬 정오에 길바닥 위에 있는 돈은 누구도 볼 수 있다. 오직 세상의 힘만을 지향하고 추구하는 자는 "가난한 자가 행복하다"고 선언하는 하느님의 나라, 메시아의 나라가 눈에 보이지 않는다.

돈보스코 성인의 예방교육 체크하기

✓ 자녀들을 알아주기:

✓ 자녀들을 믿어주기:

✓ 자녀들을 사랑하기:

15. 왕이 그의 수도에 입성하시다.
(마태 21,1-27)

때때로 누군가는 "나는 절대 종교나 정치에 대해서는 이야기하지 않는다."라고 말할 것입니다. 같은 맥락으로 "종교와 정치는 잘 섞이지 않는다."고 이야기 합니다. 그러한 태도와 자세는 종교와 정치가 만들어 낼 수 있는 과열되고 감정적인 '토론'에서 비롯됩니다.

• **그룹 나눔** 현 정치 이슈에 대한 나의 견해와 나의 직위가 나의 신앙에 어떻게 관련되어 있는 지를 나눠 봅니다.(그때 얼마만큼의 빛과 열이 발생하는지 주목해 봅니다.)

• **개인 성찰** 하느님께서 그분의 힘과 연민을 보여 주시기 위해 공직자들을 통해 일하신다는 것을 아는 것이 나의 기도 생활에 어떻게 영향을 미칩니까?

| 마태오 21장에서 예수님의 인기는 절정에 달합니다. 군중들의 환호 속에서 유대인들의 수도 예루살렘에 입성하시고 유대 민족의 심장부라 할 수 있는 성전 안으로 들어가십니다. 종교 지도자들과의 충돌은 신앙과 확고한 권위가 충돌할 때 어떤 일이 일어나는 지를 보여 줍니다. 마태 21,1-27을 읽습니다.

가 질문과 나눔

1. 예수님께서 예루살렘에 입성하실 때 흥분은 고조되고 감정은 격해집니다. 전율이 느껴지는 분위기를 전달하는 단어나 문구를 찾아 봅니다.

2. 메시아에 관한 예언이 이루어지면서, 군중들의 환호 가운데 나귀를 타고 계신 예수님을 보는 제자들의 기분은 어떠하겠습니까?

3. 군중들은 예수님을 어떻게 다르게 인식했습니까?(마태 21,9-11)

4. 나는 예수님을 위한 군중들의 환영식에 휩쓸린 적이 있습니까? 이는 내게 어떻게 영향을 미쳤습니까?

5. 군중들의 환호를 받으시는 메시아 예수님은 성전으로 들어가시고 주위를 둘러보신 후 성전 정화를 하십니다.(마태 21.12-13) 이 행동은 왜 예수님의 십자가 처형을 초래한 촉매 사건으로 여겨질 수 있겠습니까?

6. 성전에서의 눈먼 이들, 다리 저는 이들, 어린이들 또 종교 지도자들과 예수님의 교류는 어떻게 예수님의 전체 사목(심지어 절정에 이르기까지)의 스냅 사진으로 여겨질 수 있겠습니까?(마태 21,14-17)

7. 마태 21,18-19을 읽습니다. 예수님의 열매 맺지 못하는 무화과나무 저주는 앞선 사건의 상징입니다. 성전에 들어가심(마태 21,12-14)을 되돌아봅니다. 예수님이 찾으시는 열매는 무엇이었습니까?

8. 예수님께서 다음날 성전에 다시 들어가셨을 때, 그분은 자신의 행동에 대한 설명을 요구하는 종교 지도자들을 만나게 됩니다.(마태 21,23-27) 왜 그들과의 대립에서 권위가 중심적인 문제가 됩니까?

9. 종교 지도자들은 기분이 상했고 화가 났습니다. 성전에서 일어난 이 갈등에 근본적으로 영향을 미친 것은 권위에 대한 도전입니다. 나의 권위가 친구, 동료, 직원들 앞에서 의문이 제기될 때 나는 어떻게 반응하는지 생각해 봅니다.

10. 예수 그리스도의 권위가 어떻게 나를 방해하고 도전하게 하며, 혹은 불편하게 합니까?

기도하기

하느님께 예수님의 권위에 복종하는 법을 가르쳐 달라고 청합니다.

실천하기

이것은 안내 명상입니다. 나의 마음을 예수님이 기도의 열매를 찾아 들어가는 성전으로 상상해 봅니다. 그분이 주위를 둘러보실 때, 무엇을 보시고 내게 무슨 말씀을 하십니까? 이 모습에 머무르면서 하느님과의 대화하는 기도의 수단으로 활용해 봅니다. 그분께 내가 더 생산적으로 되기 위해 무엇을 했으면 좋겠는지 물어 봅니다. 비료를 어디서 구할 수 있는지 물어 봅니다. 뽑아야 할 잡초가 어디 있는지 물어 봅니다.

나 말씀묵상

• **포도원에 관한 비유:** 마태 21,33-43은 성경의 창조부터 종말에 이르는 신의 구원계획을 포도원의 비유 하나에 모두 담고 있다. 포도원 밭 임자는 인간을 위해 세상을 창조하시는 신, 곧 그분의 사랑 행위를 드러낸다. 그는 포도밭을 직접 일구어 울타리를 둘러치고 땅을 파고, 탑을 세우며 포도 재배를 위해 애를 쓰고 있다. 그런 다음 밭 임자는 그 밭을 소작인들에게 내주고 멀리 떠났다. 포도 철이 가까워지자 밭 임자는 소작인들에게 자기 몫의 소출을 받아 오라고 명하고 있다. 그러면 소출은 무엇일까? 포도밭이니 당연히 소출은 포도 열매들이다. 포도에서 생산되는 술은 포도주이다. 일상에서 포도주는 누구와 함께 마실까? 당연히 사랑하는 사람이다. 식구나 애인, 가까운 친구들과 마시는 달콤한 음료이다.

포도원의 소출, 곧 포도는 '사랑'을 의미 한다. 땅에서 난 소출, 포도는 하늘에서 커다란 가치를 나타내는 종말론, 곧 완성의 의미를 담고 있다. 라틴말 포도(vina)는 '사랑하다'는 뜻을 가지고 있다. 포도는 사랑이다. 신께서 소작인인 우리에게 요구하는 것은 다른 것이 아니다. 포도, 곧 사랑을 가꾸고 재배하며 키우라는 말씀을 하신다. 가꾸는 사랑, 키우는 사랑을 당신께 소출로 바칠 것을 바라신다. 그런 성숙한 사랑을 요청하신다. 사랑의 열매를 맺지 못한다면 인간을 위해 애써 울타리를 치고 땅을 파, 탑을 세우며 애쓴 밭 임자 곧, 신의 수고와 고생은 허무하지 않을까? 하지만 신은 예수 그리스도를 통하여 그 사랑을 말씀뿐 아니라 그대로 행동에 옮기셨다. 그 사랑은 아들을 세상에 보내어 우리를 살리신 십자가의 아가페이다.

- **예수 성심에서 마음의 의미:** 현대인들은 머리로 생각하며, 의지(원의)로 결정하며, 마음으로 느낀다. 하지만 성경에서 마음은 생각(사고)의 충만함이다. 고대 유다인들은 논리나 이성을 설명하는 말을 가지고 있지 않았다. 고대 현자들은 마음속에서 자신을 돌아보는 성찰과 묵상을 하였다. 마음이 없는 사람은 감각도 없는 사람이며, 지혜롭지도 못한 자이다.

지혜문학의 모든 페이지는 마음의 언어들로 가득 차 있다. 셈족 언어문화에서 모든 것을 잊은 사람은 마음이 텅 빈 자(속이 없는 자)다. 만일 생각이 그의 마음을 더 이상 건드리지 않는다면 그것은 그에게 흥미를 잃게 한 것이고, 물질보다도 의미 없는 존재로 여겨졌다. 사회적으로 큰 영향을 주는 인물에 대해서는 백성들의 마음을 훔쳐간 사람이라고 말했다. 이처럼 성경에서 마음의 용어는 매우 글로벌하며, 인간의 모든 행위를 가르치고 있다. 즉 마음이란? 감정과 느낌들로 시작하고, 자신의 삶을 돌아보는 성찰을 통해서 진보의 과정을 거친다. 그리고 자신의 생각과 표현을 만들어 간다. 결국 각자 마음에서 일어나는 선과 악의 식별을 배우고 거기서 실천적인 행동이 발생한다. 그 행동의 시작은 바로 정화된 마음이었다. 이와 같이 결론적으로 마음은 윤리생활의 뿌리이자 중심이 된다. 고대 유다인들은 주님께 신뢰와 믿음을 두거나 혹은 두지 않거나하는 그런 특징의 삶을 살았다. 주님께 접촉한 사람은 마음이 거룩한 자다. 곧 주님께서 아버지 하느님께 충만한 신뢰를 드렸듯이 우리 마음이 예수성심을 닮게 되길 바란다.

돈보스코 성인의 예방교육 체크하기

✓ 자녀들을 알아주기:

✓ 자녀들을 믿어주기:

✓ 자녀들을 사랑하기:

16. 왕이 반대자를 조용하게 만들다.
(마태 21,28-22,46)

> 대결은 결코 쉽지 않습니다. 하지만 상황이 대결을 요구하는 때가 있습니다. 종교 지도자들은 예수님을 하느님의 메시아로 인정하기를 거부했습니다. 예수님은 그들의 마음이 완악함을 드러내시고 회개로 인도 하고자 하십니다. 그러나 그들은 회개로 반응하지 않고 그를 위해 함정을 꾸며 대응합니다.

• **그룹 나눔** 교회의 두 지도자 사이의 갈등을 역할극으로 표현해 봅니다. 한 지도자는 미사 시간을 오전 10시에서 오전 10시 30분으로 바꾸고 싶어 합니다. 다른 지도자는 변화를 원하지 않습니다. 정면충돌에서 조용한 토론에 이르기까지 다양한 전략을 사용하여 의견 불일치를 해결하도록 돕습니다. 갈등은 그룹의 감정적 분위기에 어떠한 영향을 미칩니까?

• **개인 성찰** 예수 그리스도의 권위는 그의 추종자들이 그에게 복종할 것을 요구합니다. 잠시 시간을 내어 이번 주 계획을 모두 주님의 발 앞에 내려놓으세요. 이렇게 한 다음 그것이 당신의 내면적 성향에 어떤 영향을 미치는 지 주목합니다.

예수님과 종교 지도자들 사이의 갈등은 예수님이 질문을 던지고 비유를 말씀하면서 일어납니다. 마태오복음 21,28-22,46을 읽어 봅니다.

가 질문과 나눔

1. 두 아들의 비유, 포도밭 소작인의 비유, 혼인 잔치의 비유에서 어떤 공통적인 주제를 발견할 수 있을까요?(마태 21,28-22,14)

2. 두 아들의 비유는 수석사제들과 백성의 원로들에 대하여 무엇을 밝혀줄까요?(마태 21,28-32)

3. 나는 수동적으로 저항했던 아들과 공격적으로 저항했던 아들 가운데 어느 아들에게 더 공감합니까?

4. 소작인에 대한 비유는 지도자들을 격노하게 합니다. 그들은 예수님께서 왜 그 비유를 말씀하셨다고 생각할까요?(마태 21,33-46)

5. 혼인 잔치의 비유에서 예수님은 많은 사람이 초대를 받았지만 소수만이 선택되었다는 요점을 설명하셨습니다.(마태 22,1-14) 예수님은 종교 지도자들에게 무엇을 이해시키고자 했다고 생각하십니까?

6. 예수께서 성전을 청소하신 후, 종교 지도자들은 "당신은 무슨 권한으로 이런 일을 하는 것이오?"(마태 21,23)라는 질문으로 그에게 도전했습니다. 마태 21,28-22,14의 세 가지 비유들은 각각 이 질문에 어떻게 답할까요?

7. 마태 22,15-22에서 종교 지도자들은 예수님과 직접 대면하는 것이 그들에게 이롭지 않다는 것을 깨닫고, 논란의 여지가 있는 질문으로 예수님을 함정에 빠뜨리려고 합니다. 예수님은 그들의 함정을 어떻게 피하실까요?

8. 바리사이인들이 세금 문제로 예수님을 함정에 빠뜨릴 수 없으므로, 사두가이인들은 논란이 되는 부활의 주제를 들고 나왔습니다.(마태 22,23-33) 예수님은 이 상황을 어떻게 처리했나요?

9. 예수님을 불신하게 하려는 다음 시도는 율법을 중심으로 전개됩니다. 예수님의 대답은 질문자들에게 어떻게 맞서고 있나요?(마태 22,34-40)

10. 마지막으로 예수님은 바리사이인들에게 딜레마를 제기하여 그들을 침묵하게 합니다.(마태 22,41-46) "그리스도가 다윗의 아들이자 그의 주님이 될 수 있을까?" 왜 이 질문이 그들을 멈추게 할까요?

기도하기

백성을 억압하는 권력으로부터 구출하려는 그의 결심에 대해 하느님께 감사드립니다.

🏛 실천하기

당신의 삶에서 확신이나 긍정을 통해 주님께서 일하신 방식을 담은 짧은 이야기를 한 페이지 정도로 써봅니다.

나 말씀묵상

• **포도원 살인사건.(마태 21,33-43.45-46) "어떤 밭 임자가 '포도원 밭을 일구어'"(마태 21,33):** 시골의 과수원으로 딸을 시집보내지 않는다는 말이 있다. 일하다가 골병들기 때문이다. 농사일이 장난이 아니라는 것을 농사짓는 분들은 잘 알고 있지만, 필자도 시골 본당 신부를 할 때, 교우가 포도원을 해서 본당신자들과 함께 봉사를 갔었는데 정말 손이 많이 가고 해야 할 일이 산더미처럼 많은 것이 특히 포도농사였다. 더구나 근동의 건조한 나라나 극동의 습한 나라에서 포도밭을 일구기란 매우 어려운 일인 것이다.

그런데 어렵고 힘든 일을 하고 있는 포도밭의 농부들과 소작인들이 주인과 그 사람들을 공격하고 죽이고 있다. 포도원 밭에 관한 비유는 이미 구약의 이사야 5,1-7에도 있는 이야기로 매우 강한 이미지를 우리에게 주고 있다. 하느님께서 상징적으로 오늘의 비유를 우리가 살고 있는 세상 현실과 적용하여 말씀하시는데, 그 메시지는 인간을 구원하신다는 것은 참으로 예측할 수 없는 것으로서, 이 모든 일은 하느님 편에서 진정 인내심을 갖고 그 업적을 이루셔야만 한다는 뜻일 게다. 세상의 창조는 성서에서 보면 창조주 하느님의 말씀으로 즉각 그 효과가 이루어졌다. 곧 하느님께서 말씀하시니 그대로 이루어졌다. "하느님께서 말씀하시기를….하시자, 그대로 되었다."(창세 1,9) 생각이 깊은 신학자들은 계속 질문을 던진다. "하느님께서 말씀으로만 세상을 창조하신 것처럼, 세상 구원도 그렇게 하면 안 되겠니?" 물론 그렇게 하실 수 있는 분이시다. 하느님은 전능하시기 때문에…

그러나 창조 때와 같은 모양으로 당신의 압도적인 힘을 인간의 구원을 위해 쓰시기에, 인간 구원이 하느님 사랑의 계시로 즉시 발생한다는 것은 어떤 점에서 하느님 사랑의 본질에서 벗어날 수 있는 것이다. 일상에서도 오랜 만에 만난 친구에게 반가워서 달려갔으나 그 상대 친구가 알아보지 못했을 때, 과연 나의 일방적인 사랑전달이 열리지 않는 상대의 자세를 강제로 열게 할 수는 없는 과정과 유사하다고 본다. 구원은 바로 아들 예수 그리스도의 육화로 그 최고의 사랑을 지속적으로 깨닫고 체험에로 인도하는 기나긴 하느님의 인간에 대한 교육으로 나타난다.

- **"그리고 소작인들에게 내주고 멀리 떠났다."(마태 21,33)**: 이 비유는 이스라엘 백성을 특별하게 선택하는 것을 시사하고 있지만, 요한 금구성인께서는 그 뜻을 확장하지는 않고 있다. 곧 포도밭은 하느님께서 선택한 백성을 위해서만 있는 것이 아니라 모든 세상의 아름다움과 유익함을 드러내고 있는 것이다. 하느님은 완전하게 농사를 짓고 소출을 하도록 소작인들 곧 우리들의 손에 세상을 맡기셨다. 그러므로 사람은 그 소출을 자기 개인재산 소유로 남용할 수 없다는 것을 말씀하신다.

실제로 오늘날 우리사회에서 어려움은 무엇인가? OECD국가에서 한국의 자살률이 최고로 올라가지 않는가? 2006년 자동차 사고로 사망한 약 칠천여 명 보다 스스로 목숨을 끊은 수가 대략 일만 이천 명이라니… 대부분이 경제적 어려움, 재산문제로 인한 고통이 그들을 죽음에로 몰고 가는 소작인들의 반란이리라. 사유재산 양극화, 비신성화, 반종교적 현상, 신앙의 개인소유화, 개인주의를 넘어서는 이기주의, 반목, 불목, 불신, 인터넷 악성댓글 일명 악플…. 이들이 사람들을 죽음으로 몰아가고 있다.

1990년대 초, 연간 3000여명이었던 자살자 수가 2007년에 4배로 뛰었고, 자살률 세계 1위가 되었으니 가히 '자살 왕국'으로 불릴 만하다. 참으로 애통하고 소름끼치는 소식이 아닐 수 없다. 어찌된 일인가? 우리는 잘살게 되었고, 세계가 주목하고 부러워하는 나라가 되었건만, 모순되게도 바로 이 성공 신화가 자살률의 급격한 상승의 원인이라는 점이다.

우리 사회는 지난 40년간 서양 사회가 300여년에 걸쳐 이룩한 근대화를 따라 잡았을 뿐 아니라 고도의 정보, 기술과 지식사회로 앞서 나가면서 기적적인 경제성장과 사회발전을 이루었다. 그러나 이런 초고속성장에 수반하는 사회·문화적 변화는 몇 가지 중대한 문제를 야기하였다.

첫째, 우리의 가치관을 바꾸어 놓았다. 황금만능·향락지상주의, 외형적 가치추구는 삶의 목적과 의미, 개인의 정체성을 찾기 힘들게 만들었다. 둘째, 경쟁과 성취 위주의 삶은 때로 견딜 수 없는 스트레스를 동반하게 되었다. 셋째, 대가족에서 핵가족으로 가족제도의 변화를 꼽을 수 있다. 특히 갈수록 심해지는 가족해체는 가정이 개인에게 주는 정서적 사회적 지지기능을 상실케 하고 있다는 것이다. 넷째, 부모들은 자녀들이 좌절과 고난을 견디어 내는 인내, 의지, 분노조절 능력을 길러 주지 못하고 있다. 심약하고 자기중심적이어서 조그마한 어려움에도 절망하고 포기한다. 다섯

째, 생명에 대한 경외감과 존중감이 약화되었다. 고난이나 불행을 성장의 기회로 수용하는 태도도 애착도 자취를 감추었다. 이러한 우리의 가치관, 태도의 변화는 잘 사는데도 행복지수는 떨어지고 급격한 자살률 증가의 토양이 된 것이다.

'자살 왕국'이란 오명에서 벗어나 '살고 싶은 나라'가 되기 위해서는 자살에 대한 인식 개선 사업이 필요하다. 자살은 결코 문제해결의 방법이 될 수 없다. 또 우울증에 대한 인식도 새롭게 해야 한다. 육체가 아닌 '마음의 감기'로 생각하고 치료받기를 주저하지 말자 는 범국민적 캠페인을 주관해야 하고 각종 대중교육도 필요하다. 정신건강 관련 전문가들의 자살예방에 대한 연수교육과 전문기관간의 연계망을 수립해야 한다. 또한 정부와 협력하여 자살예방법을 추진, 기존 전문시설의 자살예방기능을 강화하고 각 지자체에 자살예방센터를 수립하는 일 등이 절실하다.

한 개인의 자살 시도가 도움을 청하는 절규인 것처럼, 우리나라 자살률의 급등은 우리 사회가 정신건강의 총체적 위기임을 보여주는 '빨간불'이다. 일반 시민과 전문가, 정부가 함께 참여하는 범국민적 자살 예방, 구조 활동이 절실한 시점이다.〈홍강의/서울대 명예교수·의학·한국자살예방협회장〉

고대 로마법은 사람들에게 소유하는 개인재산을 사용하고 활용할 권리를 주었다. 그러나 요한 금구성인께서는 그리스도인들에게는 그것을 제한할 필요를 말씀하셨다. 왜냐하면 우리의 것들은 하느님으로부터 온 것이기 때문에 잘 사용해야 한다는 것이다.

• **"포도 철이 가까워지자 그는 자기 몫의 소출을 받아 오라고 소작인들에게 종들을 보냈다."(마태 21,34):** 이 비유를 어떻게 삶에 새롭게 적용하기 위해 알아들어야 할까? 하느님께서 혹시 무슨 꿍꿍이속이 있으신지 세상과 사람들로부터 필요한 무엇인가를 요구하시는 것인가? 그러나 그것은 분명 아니다. 이 비유의 핵심은 바로 도대체 어떤 열매가 하늘에서도 가치 있고 땅에서도 줄 수 있는가 이다. 그것은 바로 '오직 사랑'이다.

하느님의 창조와 인간구원이 사람을 위한 크나큰 하느님 사랑의 행위라면, 하느님께서는 인간으로부터 다른 어떤 것도 요구하시지 않으신다. 이 사랑은 그저 받아들이고 열매가 없거나 소출 없이 남아 있지 않도록 마음 안에서 성장하도록 돕는다. 사랑으로 실천하는 선한 일은 하느님 사랑의 은혜를 받아들이고 죄를 거절한다. 유럽에서 전해지는 옛말에 포도주는 사랑을 의미한다. 인간을 위해 은총을 주시고 그것을 받는 것은 포도밭을 경작하는 것과 같다. 왜냐하면 포도주를 생산하기 위해서는 노동과 땅의 열매로 가능하기 때문이다. 열매가 사랑이 아니라면, 수고와 노동은 소용이 없다. 하느님의 사랑에 의해 영감 받지 않으면 세상의 포도원에서 우리들의 노동은 공허하고 의미가 없게 된다. 이것이 오늘 주님께서 우리에게 주시는 메시지이다.

• 혼인잔치의 비유(마태 22,1-14) "자기 아들의 혼인잔치" "혼인잔치에 초대받은 이들을 불러오게 하였다."(마태 22,2.3): 초대는 존중과 존경을 표현하고, 우정을 드러내며, 특별한 권한을 나타내는 상징이다. 하느님께서는 우리를 초대하신다. 존재자체로 우리를 항상 초대하시는 그분이 계시다. 혼인잔치의 비유는 사제, 수도자에 해당하는 비유인데, 사제, 수도자로 초대하신 것에는 과제를 맡기시려는 의도와 은혜의 선물을 주시는 뜻이 담겨있다. 모든 부르심은 특별한 은혜가 포함되는데 바로 축제잔치에 초대하는 은혜를 제공하신다.

"하늘 나라는 자기 포도밭에서 일할 일꾼들을 사려고 이른 아침에 집을 나선 밭 임자와 같다."(마태 20,1) 복음에서는 혼인잔치 곧 성당의 축제잔치인 성체성사에 초대할 것을 요구하시는 듯싶다. "하는 일 없는 사람들"은 누구일까? 그들은 특히 가난하고 어려움에 처해있는 이웃들인 텐데 그들을 맡는 것이 사제, 수도자, 봉사자의 과제이다. 또한 그 가난한 자들이 우리에게 은총의 선물이다. 프란치스코 교황은 말씀하신다. 성당의 봉사자들, 특히 사제들에게 양 냄새 나는 목자가 되라고... 하지만 양 냄새보다 돈 냄새, 권위 냄새가 나고 있지 않은지... 깊이 성찰해 본다.

- **"오려고 하지 않았다."(마태 22,3):** 중세부터 영성가들은 사제, 수도자로 부르심을 받은 성소에 대해 받아들여야 하는 의무인지 아닌지에 대해 논쟁이 있어 왔다. 결혼은 자유로운 선택과 동의를 핵심으로 하고 있다. 성소를 느끼면 죄를 지은 사람이라도 수도원에 들어가지 않겠다고 말할 수 없다. 그러나 일반적으로 부르심 받은 성소를 떠나 도망을 하는 자는 불행하다고 말했다.

- **"부르심을 받은 이들은 많지만 선택된 이들은 적다."(마태 22,14):** 혼인잔치 비유는 성체성사에서 전례로 실현된다. 역시 이곳에서도 많은 이가 초대를 거절하고 오지 않는다. 어떤 모양으로든 통교되고 있는 자들이 그 초대를 거절하고 있다. 성체성사에서 우리는 그리스도를 만나고 있다. 그리스도의 무한한 은혜, 전능하시고 영원하신 창조주를 만난다. 초대에 응하는 친교를 통해서만이 성인이 될 수 있다. 인간적인 원의를 가로막는 장애 앞

에서 우리가 서 있는 이유는 하느님의 은혜가 현실적으로 남아 있기 때문이다. 그리스도와의 만남은 사람을 변화시킨다.

이냐시오 로욜라 성인은 세 가지 겸손을 다음과 같이 말한다.
1. 죄를 더 이상 범하지 않기 위해 성체성사를 받는데 충분할 수 있다.
2. 성인들이 되도록 기도를 보다 더 할 것이다.
3. 충만한 은혜와 일치되는데, 하느님의 초대와 부르심에 동의하는 것이다. 일치와 친교의 성체성사는 충만한 효능을 보인다.

돈보스코 성인의 예방교육 체크하기

✓ 자녀들을 알아주기:

✓ 자녀들을 믿어주기:

✓ 자녀들을 사랑하기:

17. 왕은 반역자들을 규탄하다.
(마태 23장)

> 영향력은 강력한 힘입니다. 다른 사람에게 영향을 미치는 사람은 마음을 바꾸고 행동의 방향을 바꿀 수 있습니다. 이스라엘의 종교 지도자들은 영향력을 가지고 있었습니다. 일단 그들이 예수님을 반대하기로 결정하면, 다른 사람들도 그렇게 하도록 온힘을 다했습니다.

• **그룹 나눔** 내게 영향을 미치는 사람들의 명단을 만들어 봅니다. 부모님, 사제 수도자들, 선생님들, 정치 지도자들, 작가들을 생각합니다. 그들이 나의 성격과 행동에 어떤 기여를 했는지 주목합니다. 긍정적인 영향뿐만 아니라 부정적인 영향을 생각해 봅니다. 그리고 나의 삶에 미치는 부정적인 영향을 극복하기 위해서 내가 무엇을 했는지 나누어 봅니다.

• **개인 성찰** 주님은 우리가 가야할 길을 인도하실 뿐만 아니라 (시편 32,8 참조) 가지 말아야 곳에서 멀어지게 하십니다. 이번 주에 해야 할 일들을 목록으로 만들어서 주님께 제출합니다. 그분께 당신의 태도와 행동이 어떠해야 하는지에 대한 지침을 요청합니다.

이스라엘 지도자들은 성경에 대한 지식과 유대인 공동체에서의 지위로 인해 하느님의 나라에 가장 먼저 들어갔어야 했습니다. 그러나 그들이 거절했기 때문에 예수님은 그들을 심판하려고 부르십니다. 마태오 23장을 읽습니다.

가 질문과 나눔

1. 예수님은 율법학자들과 바리사이들을 꾸짖으십니다. 예수님께서 그들에 대해서 하신 말씀과 그들에게 하신 말씀에 대해 어떻게 설명하겠습니까? 또한 예수님께서 왜 예루살렘의 전체 공동체 앞에서 종교 지도자들을 비난하신다고 생각합니까?

2. 예수님께서는 종교 지도자들에 대해 어떤 태도를 가지라고 백성들에게 가르치시며, 그 이유는 무엇입니까?(마태 23,1-4)

3. 제자들의 동기(마태 23,8-12)는 종교 지도자들의 동기(마태 23,5-7)와 어떻게 다릅니까?

4. 예수님께서는 제자들이 스승님, 선생님, 아버지라고 불리는 일이 없도록 하라고 하십니다. 왜 입니까?

5. 예수님의 제자들에게 주신 가르침들은 어떻게 내가 겸손한 태도를 갖도록 격려합니까?

6. 예수님께서는 율법학자들과 바리사이들에게 일곱 가지 불행(심판)을 선포하십니다.(마태 23,13-32) 각각의 요점을 요약해 봅니다.

7. 예수님께서는 내적인 의와 외적인 의를 혼동하는 종교 지도자들을 정죄하였습니다.(마태 23,25-28) 오늘날 우리는 어떤 식으로 그렇게 하려는 경향이 있습니까?

8. 예수님께서는 조상들이 저지른 죄를 반복하고 있는 종교지도자들에게 '이선 보든 세대에서 흘린 의로운 피'에 대해 책임을 지게 된다고 말씀하십니다.(마태 23,33-36) 왜 그들은 그런 끔직한 형을 받았습니까?

9. 예수님을 재판관으로 볼 때 나의 반응은 어떠합니까?

10. 이 압도적인 비난 속에서도 예수님의 부드러운 연민은 어떻게 분명하게 나타납니까?(마태 23,37-39)

11. 오늘날 우리가 신앙을 삶으로 살고자 노력할 때 마태오 23장은 어떤 경고와 희망을 줍니까?

기도하기

누가 가르치든 주님을 아버지, 교사, 주인이라고 응답할 수 있도록 겸손의 영을 달라고 청합니다.

🏛 실천하기

내가 하고 있는 미사참례, 성서 모임, 소공동체 봉사, 전교등의 신앙활동 목록을 작성합니다. 그리고 다른 사람들의 인정을 받기 위해 가장 하고 싶은 일을 생각합니다. 단지 주님을 기쁘게 하기 위해서는 어떤 것이 더 쉬울까요?

🔵 말씀묵상

• **스승은 오직 한 분**(마태 23,1-12). "너희는 스승이라고 불리지 않도록 하여라. 너희의 스승님은 한 분뿐이시고 너희는 모두 형제다."(마태 23,8): 비잔틴의 새로운 신학자 성 시메온은 단순하게 살아가는 수도자이자 영적 스승에 대해 맹목적인 믿음을 두고 있있다. 그 스승은 종종 주교들과 논쟁에 빠지곤 하였는데, 그 때마다 시메온은 도대체 자신이 누구에게 순명을 해야 하는가? 어느 분에게 따라야 하는 우위를 두어야 하는가? 하고 고민을 하였다. 우리도 살아가다 보면, 양쪽의 의견 가운데 지혜로운 선택을 해야 하는 기로에 서게 된다. 장상일까? 바로 위 책임자인가? 사장인가? 바로 상관인가? 시어머니인가? 남편인가? 본당신부인가? 수녀인가?...

"율법학자들과 바리사이들은 모세의 자리에 앉아 있다. 그러니 그들이 너희에게 말하는 것은 다 실행하고 지켜라. 그러나 그들의 행실은 따라하지 마라."(마태 23,2-3) 그 해답은 성경에 있다. 오직 성경이 말하는 곳에서 그 원리를 찾아야 한다. 과연 누가 성령에 따라 살고 있는지? 이것이 관건이다.

교회에서 주교는 성령 안에 살아가는 자로서 하느님 백성의 목자의 전승을 지니고 있다. 주교들이 영에 의해 살아가고 그 영에 따라 살아가고 있는지? 어느 누구도 성령에 따라 살지 않는다면 그들은 영을 취하지 않는 것이기에, 주님의 말씀에 따라 그들의 행실은 따라하지 말아야 한다. 예수님은 그러나 말씀만이 아니라 하느님의 특별한 사랑을 보여 주신다. 하느님께서 당신의 계시, 섭리방향을 변조하는 것을 허락지 않으시는 것처럼 예수님께서는 그 자비와 섭리의 사랑을 살아가신다.

라틴어 Magister스승이라는 말은 보편적인 명칭으로 가르치는 모든 이에게 해당된다. 그러나 히브리인들에게 스승이란 하느님의 법을 설명하는 자들에게 주어진다. 하느님의 뜻을 깊이 있게 알고 있는 자가 오직 그분의 법을 설명할 수 있다. 그렇다면 모든 율법의 의미는 바로 그리스도이시다. "너희의 선생님은 그리스도한 분뿐이시다."(마태 23,10) 그리스도는 바로 아버지의 육화된 말씀이시다. 하느님께서 우리에게 원하시는 것이 그 분 안에 다 있다. 진리를 참으로 찾는 사람은 곧 그리스도를 찾는 이다. 세계적인 러시아 대문호 도스토옙스키는 "나는 진리와 그리스도 가운데 하나를 선택하라면, 나는 그리스도를 선택할 것이다."라는 유명한 말을 남겼다. 진리가 그리스도를 모른다 하더라도, 바로 그리스도께서 그 진리이시고 그것을 알며, 인도하고 은총의 선물과 그 단계에 따라 가르치신다고 고백하였다.

- **"또 이 세상 누구도 아버지라고 부르지 마라. 너희의 아버지는 오직 한 분, 하늘에 계신 그분뿐이시다."(마태 23,9):** 예수님은 우리 기원에 대한 깊은 뜻을 돌아보게 하면서 가족관계를 말씀하신다. 우리는 어느 분야에서 탁월한 사람에게 아버지라는 명칭으로 존경한다. 민족의 아버지, 조국의 아버지, 문학, 예술, 음악, 철학, 사상 등… 희랍사람들은 아버지 역시 신들의 속성을 소유한 자라고 여겼고, 쥬피터(Iuppiter)는 Deus Pater 즉 아버지 하느님에서 기인되었다. 고대 로마인들에게 참 아버지는 땅 위에 있지만 부성의 특성을 지닌 선한 신들에게 아버지 이름이 주어졌다. 예수님은 이러한 사고방식을 뒤집는다. 참, 으뜸 아버지는 바로 하늘에 계신 아버지시다. 땅위에 있는 우리 부모들, 아버지라 불리는

모든 이들은 오직 생명을 주시는 하늘에 계신 아버지의 반영이다. 끝이 없으신 선이시고 우리를 위해 기도해 주시는 하늘에 계신 우리 아버지 그분뿐이시다.

- **우리의 스승은 한 분뿐. "모세의 자리에 앉아 있다."(마태 23,2)**: 어떤 점에서 우리 모두도 선생님이다. 우리는 무엇인가를 다른 이들에게 가르쳐줄 수 있기 때문이다. 누구에게 모르는 길을 가르쳐주기도 한다. 이렇게 다양한 기회에 우리는 서로 도움이라는 가르침을 주곤 한다. 그런데 선생님은 다른 이들을 잘못 인도하도록 가르치지 말아야 한다. 가르치는 것이 가치 있는 일이기 때문이다. 그리스도께서는 보편적인 스승이시다. 말씀을 통해서 창조하셨고 그분은 아버지를 알고 우리를 아버지께 인도해 주신다. 그러므로 주님은 진리이시고 생명이시다. 그런데 아이러니한 것은 예수님께서 수학이나 의학을 가르치시지는 않았지만 수학자, 의학자들에게 지성을 창조하셨다. 그러므로 주님은 그들의 지성으로 구원지평을 넓히시고 구원에 참여하게 하셨다. 그분은 영생을 위한 인식을 계시하신 진리, 길, 생명이시다.

- **"이 세상 누구도 아버지라고 부르지 마라"(마태 23,9)**: 부모도 가르친다. 그러나 선생님과 다른 점은 그저 인식만이 아니라 생명

을 주고 가르친다는 점이다. 그리스도께서 생명을 주시는 선생님이시다. 그러므로 그리스도를 따르는 사제와 수도자에게 그러므로 전통적으로 아버지, 어머니라고 호칭하였다. 예수님께서 하느님을 아빠라고 부르시는 것처럼… 아버지 호칭은 인식뿐 아니라 하느님 생명을 통교해야 하는 기능인데, 사제와 수도자가 그 기억과 기능을 가지고 있는 것이다. 아버지는 하느님 말씀을 믿고, 듣고, 지키는 이들에게 유일한 생명의 원천이다. "하늘에 계신 내 아버지의 뜻을 실행하는 사람이 내 형제요 누이요 어머니다."(마태 12,50)

- **"너희의 선생님은 그리스도 한 분뿐이시다."(마태 23,10)**: 세상에는 여러 단체와 모임이 있다. 그들은 다양한 목적을 가지고 있다. 그들은 고압적인 방법으로 그들의 목표를 달성하고 있다. 그곳에 속해 있는 사들은 회원, 곧 멤버들이다. 그러나 몇 개의 단체들은 멤버가 아니라 가족, 아들과 딸 형제자매라고 호칭을 한다. 바로 교회 공동체와 수도 공동체 안에서 사는 자들은 회원이 아니라 가족이다. 모성의 스승을 살아가는 교회이다. 필자가 안식년을 지냈던 인보성체수도회 수녀님들은 서로서로 '언니'라는 호칭을 부르며 가족으로 살아간다. 왜냐하면 그리스도 한 분을 스승으로 모시고 사는 가족 공동체이기 때문이다.

- **거짓 선생들… "너희가 사람들 앞에서 하늘 나라의 문을 잠가 버리기 때문이다."(마태 23,13):** 신약성경에서 사도들의 으뜸인 성 베드로는 하늘 나라를 열기 위한 열쇠를 받았다.(마태 16,19) 한편 옛 율법, 곧 그 나라의 문을 열어 주어야 했던 바리사이들은 오히려 닫고 있다. 사실 문이라는 말은 예수님의 말씀을 이해하는 열쇠다. 그런데 일반적으로 집이나 사무실에서 문은 닫을 필요가 있다. 그렇지 않으면 그 기능을 다하지 못한다. 하지만 들어가려는 자에게 문은 반드시 열어줄 필요가 있는 것이다. 그래서 종교적인 상징들과 진리들은 사실 문과 유사하다. 그래서인지 비밀과 같은 신비는 감추어지고는 있지만 하느님과 그리스도께 불처럼 점화가 되어 밝게 드러내져야 한다. 바로 그 문이 구약이었다. 곧 구약에서 문의 목표는 그리스도를 받아들이려고 선택된 백성, 곧 선민을 하느님께 인도하는 것이었다.

주님은 말씀하신다. "불행하여라. 너희 위선자 율법학자들과 바리사이들아! 너희가 사람들 앞에서 하늘 나라의 문을 잠가 버리기 때문이다."(마태 23,13) 그러므로 바리사이의 이런 죄는 그리스도와 함께 인격적인 접촉을 발견하고 만나는 것 없이, 더욱이 그분에게 가도록 인도하는 것 없이, 그들 스스로가 만족하여 알게 되는 진리라는 것을 매번 반복하기만 한다. 거짓선생이 아니라면,

하느님께 인도하는데 그들에게 무엇이 필요할까 고민해봐야 할 것이다. 분명 사람들이 거룩한 모상에 봉헌되는 것이 필요하다. 만일 그것들을 여는 자들을 위해 우리가 기도하지 않는다면… 만일 기도로 문이 열리지 않는다면… 신학의 연구, 신앙의 성장이 무엇에 필요할까.

- **심판하지 마라!(마태 7,1-5):** 심판하지 마라! 쉽지 않은 말이다. 현실적으로 모든 인간의 생각은 심판이다. 현실 존재의 행동을 인간이 취하는 순간, 이미 그것을 심판한다. 인간적인 심판들은 옳을 수도 또는 그를 수도 있다. 심오할 수도 표면적일 수도 있다. 하지만 윤리는 모든 성급한 심판을 죄로 여긴다. 이웃의 선으로 돌리지 않는 것을 죄로 여긴다. 하느님만이 오직 인간의 마음을 아신다.(시편 7,10 참조) 그래서 인간들에 대한 최후심판은 하느님께 밑긴다. 주님의 기도에서처럼, 빠라녹스 하지만 이웃을 바르게 심판한다는 것은 그것을 용서하라는 뜻이다. 성경에서 주로 하느님의 심판에 대해 말한다. 히브리인들은 이 심판을 두려워하곤 했다. 더욱이 최고로 빨리 오기를 기도하곤 했다. "저를 심판하소서. 주님"(시편 7,9 참조) 하느님의 심판은 박해자들로 부터 해방되는 것으로 알고 있었다. 신약에서 우리는 하느님께서 모든 심판을 그리스도께 맡기셨다고 읽는다.(요한 5,22 참조) 그리고 그리

스도가 사도들에게 맺고 푸는 권한을 주셨다.(마태 18,18 참조) 교회가 신적 심판의 영으로 하는 것이다. 고해성사의 예이다. 교회는 죄인을 해방하는 목표와 함께 심판의 좌에 앉는다.

- **열정의 위선(마태 23,23-26). "박하와 시라와 소회향은 십일조를 내면서"(마태 23,23):** 예술인들은 서울의 예술의 전당에서 공연을 할 수 있는데, 대중가요 가수들에게는 그 기회가 주어져 있지 않다. 이탈리아 밀라노 오페라 극장 스칼라 지배인이 자랑하고 뽐내고 있는 것은 일급이 아닌 이급명단에 있는 가수들을 부르지 않는 것이었다. 유명하지 않은 예술인들을 소중하지 않게 취급해 버린 것이 아닐지 생각한다. 신학생들이나 수도원의 지청원자들을 양성하는데 있어서도 작은 일상의 의무들을 매우 소중히 할 것을 강조한다. 일상의 작은 것들을 소중하게 여기지 않을 경우 금방 무질서한 환경을 만나게 되기 때문이다. 어머니들의 집안일들이 바로 그렇다고 한다. 치워도 표시가 나지 않고, 치우지 않으면 금방 표시가 난다고 한다. 라틴말로 cura minimorum은 작은 것들을 잘 해야 한다는 뜻이다.

그러나 무질서를 질책하는 자들은 그것을 증오하려는 유혹에 빠지게 되는 위험이 있다. 질서는 좋지만 카리타스 사랑에 반대해 죄를 짓는 경우가 되지 말아야 한다. 질서와 정확성은 완성할 업적의 목적에 맞게 중요한 것이다. 중요한 것이 반드시 본질이 아닐 수도 있기 때문이다. 나름대로 중요하다고 행하는 것들이 본질을 잃어버릴 수 있다. 모세의 율법의 목표는 백성을 그리스도께 인도하는 것인데 바리사이들이 이러한 본질의 관점을 잃어버렸다면 율법의 작은 지킴도 소용이 없는 것이다.

• **"작은 벌레들은 걸러 내면서 낙타는 그냥 삼키는 자들이다."(마태 23,24):** 꼼꼼하고 자세한 것을 보는 사람은 전체 그림을 식별하는데 어려움을 가지고 있다. 심리적인 관점에서 첫째보다 두 번째 것에 너무 가치를 두는 자는 원칙을 잃어버리는 위험을 가질 수 있다. 로욜라의 이냐시오 성인에게 중요한 것은 식별, 선택이었다. 하느님의 보다 나은 영광을 위해 식별하고 선택해야 한다. 원칙과 본질을 실행한 다음에 작은 것들이 수반된다.

• **"먼저 잔 속을 깨끗이 하여라. 그러면 겉도 깨끗해질 것이다."(마태 23,26):** 현자들은 외적인 것이 속임수로 인도한다고 강조한다. 그리스 철학은 내적인 사람과 외적인 사람 사이를 구별하였다. 성경은 인간의 진리가 마음 안에 있는 것이고, 하느님께서 바라보는 것이다. 사람은 모습에 따라 식별한다. 우리는 하느

님의 내적 가치, 비가시적인 모습을 봐야 하는 의무를 하느님의 눈앞에서 실행해야 한다. 어떻게 이 같은 참 가치를 성장시킬 수 있나? 모든 행동 이전에 정신에 지향을 두어야 한다. 그것으로 하느님의 영광을 위해 예수님 마음에 봉헌한다. 하느님을 잊지 않기 위해 K. Rahner 신부님은 보다 공통적인 것으로 통교를 하고, 혹시 식사 시간이라도 작은 것을 포기하고, 보다 영적인 지향을 주도록 제시하였다. 이와 같은 외적인 작은 행동이 내적 가치를 얻게 한다.

- **외적으로 분명한 잘못(마태 23,27-32). "너희는 예언자들을 살해한 자들의 자손임을 스스로 증언한다."(마태 23,31)**: 모든 범죄에는 잘못이 드러나게 마련이다. 곧 세상은 정의를 원하고, 안대를 한 눈으로도 정의가 보인다. 그러나 완벽한 정의를 실현하기는 어렵고 이런 정의는 최소한 잘못을 발견하는데 만족해야 한다. 왜냐하면 그 한 가지의 벌이 다른 모든 것을 보상하기 때문일 것이다. 이성적으로 판단하는 이런 방법이 성경의 생각과 일치하지는 않아 보인다. 죄에 대해 말을 할 때 성경의 저자들은 마치 모든 백성들처럼 늘 복수를 말하면서도. 그 죄에 대해 이해하고 합의하며 적용하고 있다. 단지 한 사람이 범죄를 저질렀더라도, 모든 백성이 함께 정화되어야 한다. 범죄는 백성들 안에 있다. 궁극

적으로 누군가의 안에 있는 것이기에 모두가 벌을 받아야 한다. 오늘날 개인주의적 정신으로는 이런 태도를 이해하지 못할 것이다. 보편적인 죄의 의미를 잃어버린 것이기 때문이다. 그와 대조적으로 도스토옙스키는 말한다. "모두가 모두에 대해서 책임이 있다고 말하는 반면, '악마'는 'divide et impera 분할해서 통치하라'며 악용한다."

> **돈보스코 성인의 예방교육 체크하기**
>
> ✓ 자녀들을 알아주기:
>
> ✓ 자녀들을 믿어주기:
>
> ✓ 자녀들을 사랑하기:

18. 왕의 귀환
(마태 24장)

> 우리는 안전과 안정을 원합니다. 하지만 많은 것들(직업, 수입, 건강, 사랑하는 사람들을 잃는 일)이 우리의 안정된 삶을 위협합니다. 이 위협에 대처할 수 있는 능력은 우리들의 안정의 근원에 달려 있습니다.

• **그룹 나눔** 우리들 모두는 살면서 우리를 불안하게 하는 시간에 직면해 있습니다. 특히 힘들었던 때를 떠올리며 어떻게 극복했는지 나눠 봅니다.

• **개인 성찰** 잠언의 저자는 주님의 이름은 견고한 성탑이며, 의인은 그곳으로 달려가 안전하게 된다고 썼습니다. 마주하는 도전들을 생각하면서, 주님이 강하고 힘 있는 존재로 나를 둘러싸고

계신 것을 상상합니다. 이 과를 시작하기 전에 잠시 그분의 현존의 안전함에 머무르는 시간을 가져 봅니다.

> 마태오 24장은 종말론적인 예언으로 가득합니다. 성전의 파괴와 그리스도의 재림이라는 급격한 변화 속에서 우리는 어떻게 안전을 유지하고 소망을 잃지 않을 수 있을까요? 이는 곧 우리가 안전의 근원을 어디에 두느냐 하는 근본적인 질문과 연결됩니다.

가 질문과 나눔

1. 성전의 크기와 상징성은 이스라엘 사람들에게 안정감을 줍니다. 예수님께서 제자들에게 성전이 무너질 거라고 하실 때(마태 24,1-2), 그들은 어떻게 느꼈습니까?

2. 예수님께서 성전 파괴를 예고하신 후, 제자들은 두 가지 질문을 합니다.(마태 24,1-3) 예수님께서 이 질문들에 대답하시는 방법을 살피면서 마태오 24장을 끝까지 읽습니다.

3. 역사적으로 사람들은 세상 종말의 날짜를 잘못 예측해 왔습니다. 어떤 사건들이 제자들을 속여 마지막 때가 왔다고 생각하게 만들까요?(마태 24,4-8)

4. 종말이 오기 전, 믿는 이들은 어떤 위험에 직면하게 되고, 우리는 어떻게 대처해야 할까요?(마태 24,9-14)

5. 기원전 167년 안티오코스 에피파네스는 예루살렘을 공격하고 성전에 이교 제단을 세웠습니다. 이는 예수님께서 말씀하신 "황폐를 부르는 혐오스러운 것"(마태 24,15)을 예고하는 사건이었습니다. 이 혐오스러운 일의 여파로 무슨 일이 일어납니까?(마태 24,15-22)

6. 기원후 70년 로마 장군 티투스는 예루살렘을 점령하고 성전을 파괴했습니다. 마태 24,15이 이 사건 혹은 그리스도의 재림 직전의 사건을 가리킨다고 생각하십니까, 아니면 둘 다를 가리킨다고 생각하십니까?

7. 우리 중 믿음 때문에 치명적인 위험에 처한 사람은 거의 없습니다. 나는 그리스도를 믿는 믿음으로 인해 어떤 압력을 받고 있습니까?

8. 우리는 어떻게 거짓 그리스도인과 참 그리스도인을 구별할 수 있습니까?(마태 24,23-31)

9. 마태 24,32-41에서는 그리스도의 재림의 시간을 논합니다. 그 시간에 대해 알 수 있는 것은 무엇입니까?

알 수 없는 것은 무엇입니까?

10. 도둑, 충실한 종과 불충실한 종(마태 24,42-51)의 비유는 그리스도의 재림에 비추어 살아가는 것의 중요성을 어떻게 강조합니까?

11. 이 장에서 나에게 인내와 깨어있음에 대해 가르쳐준 것은 무엇입니까?

기도하기

하느님의 말씀과 영으로 그리스도가 주신 자신감과 힘에 감사하고, 그분이 돌아오실 것을 확신해 주신 것에 감사드립니다.

🏛 실천하기

예수님의 귀환에 대한 확신이 나의 선택, 목표, 우선순위, 관계 등 나의 삶에 어떤 의미가 있는지 더 깊이 성찰해 봅니다.

🔵 말씀묵상

- **사람의 아들의 오심(마태 24,37-44):** 마태오가 전하는 종말이란 우리에게 시대의 긴박성이 나타나고 있기에, 지금 우리가 깨어 있어야 한다고 전한다. '때'란 하느님 구원계획의 충만함이 드러나는 시간이다. 그래서인지 마태오가 말하고 있는 종말에 관한 비유들은 '준비하고 깨어 있음'에 대한 의미를 보여주고 있다. 회개와 보속을 하는 공간인 세상에서 준비하고 깨어 있어야 한다. 우물 안에 있는 개구리는 우물 밖의 공간을 알지 못한다. 그저 먹고 마시는 것으로 유익하지 않다. 장가, 시집가는 것도 유익하지 않다. 사람의 아들이 올 때도 그럴 것이다. '늘 깨어 있어야 한다.' 재앙이 노아 때같이 갑자기 온다. 깨어 있되 준비하고 기다려야 한다. 시집가고 장가가는 것은 인간들의 생활이 하느님 없이 사는 것과 깊이 관련된다. 목적 없이 세대가 가고 있는 듯하다. 의미, 미래, 목표를 향하는 목적은 오직 하느님으로부터 온다.

새로운 해를 위한 대림시기 시작에 교회는 우리를 하느님을 기다리며 살아가도록 분명하게 제안하고 있다. "너희는 그것을 알지 못한다." 우리는 또 상상 할 수 있다. '끝'은 신적인 것이다. 말할 수 없는 기쁨과 변모라는 신적인 것이다. 그렇게 시작과 끝, 알파와 오메가가 현실이다. 예수님의 공생활에서 선포되고, 거행되며, 따랐던 '신비' 안에서 사는 그런 현실을 지금 준비하는 순간이다.

• 영적으로 깨어 있어라! 영적인 경계? 어디일까?(마태 24,42-51) "깨어 있어라 너희의 주인이 어느 날에 올지 너희가 모르기 때문이다."(마태 24,42): 탐험가들은 미지의 세계를 도전한다. 팀들은 항상 깨어 있어야 한다. 질서를 유지하면서 언제 위험과 고난이 닥칠지 항상 깨어 있어야 한다. 이 표현은 성경의 표현이기도 하며 군인들이 보초를 설 때 늘 경계해야 하는 자세이기도 하다. 자동차 운전을 할 때에도 깨어 있어야 한다. 언제 자동차가 갑자기 달려들지 모른다. 신호등이 없는 사거리에서는 물론 두 눈을 똑바로 뜨고 조심해야 한다.

하느님의 은총과 성령의 감도가 선물처럼 내려오듯, 불행도 갑자기 우리에게 들이닥친다. 그러면 성경은 우리를 깨어 있으라고 말하면서 놀라게 하는가?

- **"주인은 자기의 모든 재산을 충실하고 슬기로운 종에게 맡길 것이다."**: 종말의 심판 때를 소개하고 있는 듯이 개별적인 사람과 하늘 나라 율법 사이에서 비교를 하고 있다. 하느님 사랑과 이웃 사랑도 하나가 되는 법의 기준을 말하고 있다. "내가 진실로 너희에게 말한다. 너희가 내 형제들인 이 작은 이들 가운데 한 사람에게 해 준 것이 바로 나에게 해 준 것이다."(마태 25,40)는 말씀은 인보 카리타스, 사랑의 정신을 가장 잘 보여 준다. 다른 이들의 구원, 곧 안토니오 성인께서는 사람의 구원은 다른 이들에게 달려 있다고 선언하였다. 곧 우리가 선행하는 것에 의해 사람의 구원은 이루어지는 것으로, 구원은 다른 이들에게 달려 있다고 한다.

- **"동료들을 때리기 시작하고"(마태 24,49)**: 매일 신문과 방송에서 끔찍한 소식을 듣고 본다. 세상이 왜 그런가? 만일 세상이 그렇게 악하다면 우리가 그렇게 하기 때문이다. 다른 자들에게 전가하는 그 책임은 역시 우리에게도 있는 것이다. 모든 악에서 늘 두 가지가 발생한다. 하나는 그것을 대항해 싸우는 자가 있고, 둘째는 보고도 입을 닫는 자가 있다. 우리는 종종 세상의 문제를 먼저 탓하기 쉽지만, 사실 모든 문제의 근원은 우리 자신에게 있다는 것을 깨달아야 한다. 즉, 세상의 폭력은 우리 각자의 마음속에 있는 어둠과 연결되어 있다. 하지만 희망을 잃지 않고, 스스로를

돌아보며 변화를 위한 노력을 할 때, 세상은 더 나아질 수 있다. 그렇게 되기 위해 무엇을 내가 할 수 있나? 폭력이 세상에 줄어들고 사라지기까지 통회하는 삶을 살아야 함을 우리는 안다.

• **죽은 이들을 기억하는 위령의 날. 인생은 죽음에 대항하는 싸움:** 죽음은 죄악이 아니라(신약, 예수 그리스도), 오히려 죄악이란 바로 '죽는 것'(구약)이다. "누가 영원히 살아 죽음을 아니 보겠습니까? 누가 저승의 손에서 자기 영혼을 빼내겠습니까?"(시편 89,49) 죽음은 모든 자연본질 앞에서 인간을 겸손하게 한다. 죽음은 하느님의 최고의 선물에 대항하는 공격이다. 죽음은 싸워야 하는 적, 원수처럼 소개된다. 고대 그리스의 비극에서는 죽음과 함께 싸움이 비극적으로 끝난다.

하지만 성경은 비극을 알지 못하지만 결국 모든 악을 이겨낼 것이라고 약속한다. 하느님께 죽음은 좋은 것이 아니다. "악인도 자기가 저지른 모든 죄를 버리고 돌아서서, 나의 모든 규정을 준수하고 공정과 정의를 실천하면, 죽지 않고 반드시 살 것이다. 그가 저지른 모든 죄악은 더 이상 기억되지 않고, 자기가 실천한 정의 때문에 살 것이다."(에제 18,21-22) 회개하는 자는 하느님이 그를 죽음에서 해방시킨다. 지옥과 죽음의 열쇠를 쥐고 계신 그리스도를 계시한다. "나는 … 살아 있는 자다. 나는 죽었었지만, 보라, 영원무궁토록 살아 있다. 나는 죽음과 저승의 열쇠를 쥐고 있다."(묵시 1,17-18) 그리스도와 함께 만이 이 싸움에서 이길 수 있다. 생명을 건지고 구원될 수 있다.

> **돈보스코 성인의 예방교육 체크하기**
>
> ✓ 자녀들을 알아주기:
>
> ✓ 자녀들을 믿어주기:
>
> ✓ 자녀들을 사랑하기:

19. 왕의 귀환을 위한 준비
(마태 25장)

나는 신학교에 다닐 때 여행을 자주 다니는 가족의 집에서 살았습니다. 그들이 여행하는 동안 나의 책임 중 하나는 식물에 물을 주는 것이었습니다. 그들이 처음 여행했을 때 나는 다소 캐주얼했고, 물을 주기도 했지만 산발적으로만 물을 주었습니다. 그들이 돌아오는 날짜를 며칠 앞두고 나는 식물들이 잘못된 것을 알아차렸습니다. 잎들이 노랗게 되고 시들었습니다. 미친 듯이 하루에 몇 번씩 물을 주고 기도를 했습니다. 다행히도 다시 살아났지만 나는 교훈을 얻었습니다. 그 이후의 모든 여행에서는 좀 더 신중하게 행동했습니다.

• **그룹 나눔** 학교나 직장에서 마감일이 행동 방식에 영향을 미친 때를 설명해 봅니다.

• **개인 성찰** 그리스도의 영적 현존은 그분의 육체적 현존과 같지 않습니다. 그분의 육체적 부재에서 오는 영적 이익은 무엇입니까?

| 예수님께서는 임박한 출발을 위해 제자들을 준비시키고 계십니다. 예수님께서는 자신이 없는 동안 제자들이 행동한 것에 대해 책임을 져야 한다는 사실을 그들이 알기를 원하십니다. 마태오 25장을 읽습니다.

가 질문과 나눔

1. 세 가지 비유(마태 25,1-13.14-30.31-46)를 통해 예수님께서는 우리가 어떻게 살아야 하는지를 알려 주십니다. 우리에게 어떤 준비를 하라고 하십니까?

2. 다섯 명의 처녀들만이 혼인잔치에 들어갈 수 있다(마태 25,1-13)는 것은 가혹해 보입니다. 그러한 '무정한' 비유의 이유는 무엇일까요?

3. 혼인 잔치에 들어가지 못한 처녀들의 태도는 무엇이 잘못되었습니까? 들어갈 수 있었던 처녀들의 태도는 무엇이 옳았습니까?

4. 등잔에 쓸 기름을 준비하는 것을 비유한 것입니다. 그리스도의 재림을 준비하기 위해 필요한 '기름'이 무엇이라고 생각합니까?

5. 한 탈렌트는 엄청난 돈이었습니다. 탈렌트의 비유에 나오는 주인의 성품을 어떻게 묘사하겠습니까?(마태 25,14-30)

6. 주인이 종들의 행위를 판단하는데 사용한 기준은 무엇이었습니까?

7. 세 번째 하인이 자신의 행동을 정당화하기 위해 사용한 논리에는 어떤 결함이 있었습니까?(마태 25,24-25)

8. '충실한 종과 불충실한 종'의 비유에서, 주인이 오랫동안 부재중일 때 충실한 종이 되기 위해서 위험(유혹)과 주도권(스스로 결정하는 것)은 어떤 역할을 합니까?

9. 예수님께서는 사목 초기에 사람들을 불쌍히 여기셨습니다. 왜냐하면 그들이 목자 없는 양과 같았기 때문입니다. 양과 염소의 비유(마태 25,31-46)에서 우리는 목자이신 예수님에 대해 어떤 새로운 통찰력을 얻게 됩니까?

10. 예수님은 인자가 다시 오실 때 모든 민족을 심판하는 모습을 양과 염소를 비유하여 설명합니다. 왕, 양, 염소 및 왕의 형제를 식별해 봅니다.(마태 25,31-46)

11. 왕은 양과 염소를 구별하기 위해 어떤 기준을 사용합니까?

12. 이 세 가지 비유에는 선택됨과 걸러짐이라는 근본적인 주제가 있는데 예수님이 하시고자 하는 말씀은 무엇입니까?

13. 예수님의 가르침은 어떻게 '희망'에 대한 이해를 넓혀줍니까?

🕆 기도하기

주님께 영원한 기대감을 가지고 살 수 있도록 가르쳐 달라고 부탁합니다.

⛪ 실천하기

기대는 영적 성장을 촉진하는 강력한 힘입니다. 매일 아침 '빨리 감기'로 그리스도의 재림에 대한 기대를 설정하고, 그리스도를 볼 것이라는 기대를 갖고 살기로 결심하십시오.

🔵 말씀묵상

- *"기름도…가시고 있었다."*(마태 25,4): 오늘 복음에서 슬기로운 처녀가 등과 함께 준비한 '기름'은 무엇일까? 기름은 생명을 밝히는 영원한 빛의 상징이다. 그렇다면 미련한 처녀가 준비한 기름 없는 등은 무엇일까? 불을 밝힐 수 없는 영원한 어둠 곧 죽음의 상징이다. 그러므로 등 안에 있는 기름은 은총의 상징이다. 기름이 없는 등은 거룩한 은총을 잃는 죽음의 순간을 말한다. "한밤중에 외치는 소리가 났다. '신랑이 온다.'" 기름은 등 안에 담겨

있다. 그러나 등불은 어두울 때에만 빛의 효과를 잘 낸다. 대낮에는 기름이 들어있든 들어있지 않든 그 효과는 똑같다. 곧 기름을 준비한 자와, 준비하지 않은 자는 일상에서 큰 차이 없이 똑같이 생활한다. 그러면 언제 어두워질 것인가? 어둠은 죽음과 함께 온다는 뜻을 말씀은 가르치고 있다. 인간 생명은 많은 순간들에서 밤과 안개가 낀 순간 생명의 길을 잃는다. 이 순간에 누가 은총의 빛을 가졌는지 아닌지를 알 수 있다. 성인들도 어둠 속에서 역시 살아가곤 했다. 그 속에서 하늘이 닫혔던 것처럼 여기는 듯하였다. 리지외의 소화 데레사 성녀도 생을 마치기 전 이런 느낌이 밀려왔다고 한다. 그러나 그녀에게는 그런 어려움 속에서도 확실한 것이 남아 있었는데 그것은 바로 신앙이었다. 위마카리오 영성가는 다음과 같이 말한다. "바람 속에서 켜진 등불은 걸어갈 때 혹시 그 불이 꺼질까봐 불안하다. 그러나 불꽃은 불분명하고 흔들거리지만 꺼지지 않고, 바람이 잠잠해질 때 우리는 결정적으로 우리의 삶에 빛이 나는 확실성을 갖는다." "그러니 깨어 있어라." 신앙은 어둠 속에서 도약하고 일어나는 힘이다. 니싸의 그레고리오 성인은 하느님을 만나기 직전 산위에 있는 모세의 감정을 그렇게 아름답게 기록하고 있다. 모세는 모든 것을 감싸고 있는 완전한 어둠과 안개 속에 있지만, 신앙으로 계속해서 앞으로 나가고, 주님의 든든한 암석 위에 서있을 수 있어서 텅 빈 어둠이 없다는 것으로 알아듣는다. 기름은 영원한 빛의 상징이다. 그러나 기다리는 사람이 없다면 집을 환하게 밝힐 필요가 있을까? 성경은 살아계신 하느님의 뜻이 드러나는 현장이다. 하느님의 생명은 공간과 시간에 매이지 않고 늘 빛으로서 우리에게 다가오신다. 삼위일체 하느님과의 영원한 만남은 접근할 수 없는 빛 속에 있다. 이 생명 안에 접근할 수 있는 자는 누구일까? 예수 그리스도의 오심에 복된 희망을 두는 자들과 기름을 준비하는 자들에게 문은 열려 있는 것이다.

- **열 명 처녀의 비유(마태 25,1-13). "기름도...가지고 있었다."(마태 25,4)**: 기름이 없는 등은 불을 밝힐 수 없다. 죽음의 상징이다. 죽음은 어디서 오는가? 의사들은 의학적 죽음과 현실 죽음을 구별한다. 곧 생명의 기관들이 움직이고는 있지만 그 생명이 의학적으로 유지될 때 과연 삶의 연장인가 죽음의 연장인가? 언제 죽음이 오는지 모른다. 죽음의 과정이 언제 시작되는지도 모른다. 혹자는 죽음은 탄생에서부터 시작하는 것이라고 말한다. 그리스도인들은 의인들의 영원한 생명을 믿고, 죄인들의 영원한 죽음도 믿는다. 이 영원한 죽음이 언제 시작하는가? 영원한 생명은 은총으로 신원화 된다. 등 안에 있는 기름은 그 상징이다. 그러므로 인간은 거룩한 은총을 잃는 순간 죽음이 시작된다. 왜냐하

면 영원한 생명의 선물을 잃었기 때문이다. 이것을 우리는 대죄, 죽음의 죄라고 부른다. 회개하지 않은 죄인이 지상생명을 지속하고 있지만 이것은 불완전하고 불안한 빛이다. 등 안에 남아 있는 마지막 기름 한 방울에서 나오는 빛이다. 몸의 죽음은 내 안에 있는 어둠이 나타나는 것이다. 사람들은 모두 똑 같지 않다. 그들 사이에는 다른 점이 있다. 위마카리오 영성가는 다음과 같이 말한다. "늑대는 늑대요, 염소는 염소이다. 인간은 오직 외적으로 동일하지만 내면에는 염소 또는 늑대로 있기도 하며, 그 안에 생명을 운반하기도 또는 죽음을 나르기도 한다."

• **탈렌트의 비유.(마태 25,14-30) "한 사람에게는 다섯 탈렌트, 다른 사람에게는 두 탈렌트…를 주고"(마태 25,15):** 탈렌트는 고대 화폐이지만 복음의 비유에서는 마치 오늘날처럼 인간 본성이 지닌 재능, 소질, 성향, 덕을 말하고 있다. 사람은 음악, 시, 과학의 재능을 가질 수 있는데, 이는 모두 하느님의 선물이다. 하느님께서는 탈렌트, 은사의 선물들을 각자에게 확실한 어떤 지향과 함께 나누어주신다. 주님께서 주신 재능들의 본능은 하느님의 뜻에 따라, 하느님 섭리의 계획에 따라 발전해야 한다. 그러나 섭리는 기계적인 모양으로 신비 속으로 안내하지 않는다. 세상 사람들은 성공이나 출세를 중요하게 생각하지만, 하느님께서는 잃어버린

재능, 즉 자신에게 주어진 능력을 제대로 활용하지 못하는 것을 더 안타까워하시고 소중하게 여기신다. 십자가 위에서 예수님은 아버지에게 당신의 모든 탈렌트를 봉헌하였다. 그러나 그런 행동으로 주님은 모든 것을 최고의 모양의 열매로 맺으셨다. 우리가 지니고 있는 탈렌트, 본능의 문제는 몸의 건강 문제와 유사하다. 우리는 건강을 유지하려고 방법을 찾고 좋은 일을 위해 그것을 활용하려고 한다. 그러나 하느님의 손으로부터 받은 병도 역시 선물로 받아들여야 한다. 왜냐하면 병도 선을 위해 필요한 몫을 하기 때문이다. 자연 속에 있는 모든 꽃들은 헛되게 시들지 않는다. 사람들의 사회는 본질적 재능, 탈렌트를 숨 막히게 질식시킨다. 그러나 십자가의 신비는 그들의 탈렌트를 발전시킬 수 없는 자들에게 가치를 선물한다. 평범한 탈렌트를 가지고 있지만 하느님의 섭리에 의탁한 사람은 높이 오르게 된다.

- **"그들과 셈을 하게 되었다."(마태 25,19):** 일반적으로 천재적인 소질을 가리키는 용어로 탈렌트가 사용된다. 그러나 탈렌트는 또한 우리에게 맡겨진 책임기능이며 선교이다. 이 선교는 자유로운 선택과 상황을 통해서 분명하게 된다. 그러므로 우리의 선교는 책임과 의무가 우리에게 따른다. 선교는 또한 고용이다. 이탈리아 고용자 일지에는 흥미로운 에피소드가 있다. 이 직원은 자동

차 운전면허증을 증명해 주는 일을 하였다. 불안하고 급한 일이 없는 조용한 일이었다. 어느 날 그의 완만함이 얼마나 좋지 않은지 반성하였다. 어떤 사람이 면허증을 따기 위해 한 주간이 필요한 것을 알았을 때 눈물을 흘렸다. 생계를 위해 열심히 일하는 트럭운전수였는데 면허증이 없어서 한 주간의 일거리와 가족을 부양하기 위한 보수를 잃어버릴 것이기 때문이다. 그 직원은 모든 현실적인 자신의 업무 안에는 다른 사람들의 생명이 있었고, 그의 일거리와 함께 선 또는 악을 행할 수도 있었다. 우리에게 맡겨진 모든 일은 복음이 말하고 있는 탈렌트들 가운데 하나이고, 우리의 책임에 호소하고 있는 말씀이다.

- **"가진 이에게 주어라."(마태 25,28)**: 제2차 바티칸 공의회 기간 동안 누군가 '모든 은총의 중계자' 호칭을 마리아에게 드리자는 제안을 하였다. 대부분 그 발의에 동의하지 않았다. 왜냐하면 같은 진리가 이미 교회의 어머니라는 호칭 속에 포함되어 있기 때문이다. 그밖에 모두가 새로운 칭호의 필요성을 이해할 수 없었다. 그 칭호는 그 대신 특별한 측면을 강조하면서 하느님의 은총의 신비로 우리를 안내하였다. 하느님의 모든 선물들은 개별적이고 반복될 수 없다. 그러나 성령의 업적으로서 은총의 가치는 보편적이다. 은총은 하느님의 생명에 참여하는 것이다. 생명을 받

은 사람은 은총을 전달한다. 왜냐하면 생명은 죽은 선물이 아니기 때문이다. 구약에서 수많은 자손들을 가지는 것이 하느님 축복의 징표였다. 반면 자녀를 갖지 못하는 것은 저주라고 생각했다. 신약은 영적인 모성의 영성을 제시하고 있다. 영적 모성이란 은총이 가득함이다. 이 은총은 세상 모든 곳에 전하게 된다. 은총의 상태를 살아가는 그리스도인들은 세상을 거룩하게 하고 다른 이들에게 이 탈렌트를 통교한다. 가진 이에게 주어지는 뜻은, 은총을 가진 자가 구원될 것이라는 의미이다. 왜냐하면 은총을 가진 자가 다른 사람들을 구원할 것이기 때문이다. 요한 금구성인은 다음과 같이 말씀하셨다. "적어도 영혼을 구원하라."

- **"그러니 깨어 있어라."(마태 25,13):** 돔 헬더 카마라는 미소를 지으며 다음과 같이 말한다. "제가 가난한 이들에게 관심을 가질 때는 사람들은 저를 성인이라고 부릅니다. 제가 사람들을 가난하게 만드는 구조를 비난할 때는 저를 공산주의자라고 부릅니다." 곤경에 처한 사람들을 위로해 주는 것은 칭찬받을 만한 일이다. 그러나 성 요한 바오로 2세께서 말씀하신 '사악한 구조'에 맞서 싸우는 것은 더욱더 칭찬받을 만한 일이다. 이러한 구조들은 피해자들을 낳고 평화를 위협한다. 사악한 구조에 맞서 싸우는 것은 자선의 사회적 측면이다. 경제와 사회질서와 정치계는 정말

냉엄하며 이러한 세계에서 일어나는 다툼은 종종 폭력적이다. 그리스도인들은 이것을 보고 걱정을 한다. 그러나 모든 폭력이 비난을 받을 만한 것은 아니다. 위험에 처한 자녀를 보호하기 위해서 싸우는 부모들은 '폭력적'이지만, 그들의 폭력은 사랑에서 나온 것이다. 그리고 교회는 '방어적' 전쟁을 비난하지 않으며 억압에 맞서 일어나는 사람들을 비난하지 않는다. 증오는 하느님에게서 나오지 않는다.

그리스도인들은 회피자가 되어서는 안 되며 그들의 형제자매들이 합당하고 필요한 투쟁을 할 수 있도록 해주어야 한다. 그들은 사랑으로 그 투쟁을 하며, 그 사랑 안에 주님께서 그들과 함께하신다.

• **최후의 심판(마태 25,31-46). 종말 심판. "사람의 아들이 영광에 싸여 모든 천사와 함께 오면"(마태 25,31):** '사람의 아들이 영광에 싸여 모든 천사와 함께 오면'이라는 말씀은 우리가 기도할 때 항상 마지막에 드리는 영광송과 관련이 있다. "영광이 성부와 성자와 성령께"라는 기도문에서 영광은 히브리말 kabod인데 그 뜻은 '중요하게 생각되는 어떤 것'이다. 영광은 종교적 개념으로 볼 때 오직 하느님의 속성이다. 시편은 이렇게 기도한다. "주님, 저희에게가 아니라, 오직 당신 이름에 영광을 돌리소서."(시편

115,1) 하지만 오늘날 현실에서 사람들은 하느님보다 자신에게 중요한 것들을 더 많이 생각한다. 하지만 그리스도께서 영광 안에 나타나시는 순간 하느님의 영광이 나타나고 모두가 마지막에 알게 될 것이다. 바로 그 때, 그 분 그리스도만이 정말로 중요하다는 것이다. 그 때 믿는 이들에게 주님을 받아들이는 믿음이 공적으로 영광스럽게 된다는 것이다.

- **"모든 민족들이 사람의 아들 앞으로 모일 터인데, 그는 목자가 양과 염소를 가르듯이 그들을 가를 것이다."(마태 25,32):** 신앙인의 지침서라고 할 수 있는 준주성범은 라틴말 원문으로 'Imitatio Christi' 곧 '주님을 따름'이라는 뜻이다. 준주성범은 다음과 같이 유명한 말을 적고 있다. "그리스도를 아는 자가 모든 것을 안다." 그렇다. 믿는 우리들은 마지막 종말 때 그리스도를 온전히 알게 될 것이다. 우리는 모든 민족들, 그리스도의 내적 신비, 우주 안에서 다시 옷을 입게 된다. 거기에 거처하시는 그리스도뿐만 아니라 그분의 모든 것을 담아내고, 또한 모든 이름을 취하는 그리스도뿐만 아니라 모든 이름을 넘어 저 건너편에 그곳에 있는 것을 알게 된다. 사실 모든 염소는 염소고 모든 늑대는 늑대다. 하지만 인간들은 외적으로만 똑같다. 곧 그들의 마음들 안에는 염소 아니면 늑대로 있는 듯하다. 믿는 이들의 참 모습이 선이라는 양 또는

악이라는 염소로 들어나는 종말의 신비는 세기의 마지막 심판 때만이 분명해 질 것이다. 그러면 주님은 그 마지막 심판을 하실 때 어떤 기준으로 하실까. 바로 사랑으로 심판하실 것이다. 사랑을 했는가, 그렇지 않는가가 내 안에 존재했던 염소나 양으로 나타날 것이다.

• **가장 큰 계명(마태 25,34-40). "네 이웃을 너 자신처럼 사랑해야 한다."(마태 19,19):** 사람의 마음은 작다. 그래서일까 모두를 사랑하기가 어렵다. 사랑을 하는 사람들은 사랑을 하면서 다른 사람의 힘을 빼앗아 가기 일쑤다. 그런데 하느님은 모질게 대하는 사람의 마음에도 당신의 사랑을 채워 주시는 위대하신 분이시다. 옛 인디언의 금언처럼, 하느님을 사랑하는 사람은 누구나 온 세상을 잊어버리고, 자기 스스로까지도 잊는다. 하지만 성경은 반대로 하느님의 사랑과 이웃의 사랑을 일치하여 전한다. 이렇게 나뉘지 않는 두 가지 사랑들을 고려하여 같은 사랑이라고 전하고 있다. 그런데 이것이 어떻게 가능할까? 그 사랑이 가능한 첫 번째 근거를 구약은 제시한다. 하느님은 인간을 자기 모습을 닮도록 만드셨다. 그러므로 이웃을 사랑하는 사람은 하느님의 모상을 사랑하는 것이다. 그러므로 사랑하는 자의 향수 곧 그에 대한 그리움을 가진 자가 그의 모습과 초상을 그리며 관상할 필요가 있

다. 신약은 성찰을 더욱 깊이 있게 한다. 하느님은 오직 예수 그리스도의 오직 한 인격 안에서 인간과 하느님이 만나 일치하신다. 이는 역시 모든 사람들을 위한 가치를 제공해준다. 이것들과 함께 그리스도는 신속하게 신원화 된다.

• **"내가 진실로 너희에게 말한다. 너희가 내 형제들인 이 가장 작은 이들 가운데 한 사람에게 해 준 것이 바로 나에게 해준 것이다."(마태 25,40):** 보이지 않는 하느님을 위한 사랑은 우리 인간 세상 안에서 가시적이고 실현 가능하게 이루어지게 되는 것이다. 하느님의 사랑과 인간의 사랑은 유일한 계명 안에 기초가 된다. 이것이 모든 인간의 운명을 결정하는 기본 계명이다. 사랑은 모든 율법과 예언서와 복음과 성사와 교회 생활의 본질이다. 곧 내가 속해 있는 가족, 본당공동체(구역반), 단체(사목회, 성모회, 성가대, 레시오 마리애…) 생활의 본질이 사랑이다. 결국 종말 심판의 기준은 사랑이다.

• **물러서지 말고 대항하라! 악이 아니라 선으로 맞서라.**
①**탈리오법칙("눈은 눈으로, 이는 이로"(마태 5,38)):** 모든 행동에는 물리적인 반응이 나타난다. 똑같은 대응이 나타나거나 또 반대 대응이 나타난다. 사회는 질서를 유지하고 사회를 방어하

기 위해 이 법칙을 취한다. 곧 살인자들을 처형하는 것, 부패로 얻게 된 것들을 압수하는 것, 침략자들을 죽이는 것, 이것들은 질서를 유지하기 위한 인간적인 정의의 몇 가지 원칙들이다. 예수님은 고대 시대부터 이같이 사회가 취해온 자기 방어가 존재해 왔다고 수긍한다. 구약의 히브리 사회는 이 법, 탈리오에 따라 조직되었다. 악을 위한 원시적인 악법을 폐기하는 것 역시 쉽지 않다. 소크라테스는 "악법도 법이다."라고 말하고 세상을 떠났다. 그럼에도 불구하고 오늘날 인간적인 법을 더 제공하고, 불법적인 것을 완화하며, 사형 폐지 등으로 사회문제들의 해법을 찾고자 하는 것도 사실이다. 하지만 정의의 기본적인 원리에 근거해 정의의 근본은 포기될 수 없다. 그리스도께서 가르치신 최상의 정의를 채택하는 것은 복음의 정신(영)을 취하고, 주님의 큰 은총을 받는 것으로만 가능하다. 그럼에도 불구하고 탈리오 법칙을 수용하자면, 탈리오법칙의 구조는 유지하되, 반전을 적용한다. 곧 악에게 악이 아니라 선으로 대항하라는 의미이다. 받아들일 수 있는 선과 같은 척도에서 이웃을 위해 맞서라는 의미이다.

②예수의 사랑, 선의 법칙("누가 네 오른뺨을 치거든, 다른 뺨마저 돌려 대어라."(마태 5,39)): 악에 저항하지 말라는 뜻일까? 오히려 결백하다는 것을 제시하라는 의미일 것이다. 실제로 떨어지는 물

이 바위에 구멍을 내고, 흐르는 물이 막고 있는 둑을 계속해서 친다면 제방은 언젠가는 무너져 버릴 것이다. 그러나 아무리 강한 바람을 동반한 파도가 강대한 바닷물이라 하더라도 모래 위에서는 성난 모습을 멈춘다. 왜냐하면 모래가 공격적인 물을 흡수하기 때문이다. 이같이 악이나 폭력은 부드럽고, 달콤하고 겸허한 자 앞에서 흡수되고 잠자게 된다. 교부들은 겸손에 대해서 다음과 같이 묵상하였다. 폭풍이 불 때 벌판에서 너희가 가장 작고 약하다면 당신을 망가뜨리지 않을 것이다. 그러나 우리가 크고 강하다면 폭풍은 우리를 뿌리째 뽑아버릴 것이다. 그 폭풍 바람에 대항하여 그 강한 바람이 우리를 휘게 하고 넘어뜨릴 것이다. 노인은 이 비유를 자신의 인생에 비유해 설명하였다. 어떤 모양으로든 공격을 멈추고, 분노하지 말며, 저항하지 말라, 그러면 나쁜 말이 입에서 나오지 않을 뿐더러 나쁜 행동도 일어나지 않을 것이다.

③사랑의 법칙:("달라는 자에게 주고 꾸려는 자를 물리치지 마라."(마태 5,42)): 우리가 폭력에 저항을 해야 한다면, 어떻게 청하는 자의 도움을 거절할 수 있을까? 사실, 청원하기란 폭력의 형태를 취한다. 예를 들어, 어머니들은 자녀들의 끊임없는 청원에 대해 인내하고 참으면서 체험한다. 그들의 아이들은 일을 망치고 어머니께 계속 양보하기를 청한다. 어머니들에 의해, 그들의 청원

요구가 해결이 될 때, 폭력의 형태는 끝이 난다. 하느님의 이름으로 청하기 때문에 우리를 속이는 것을 알면서도 우리는 요구하는 자들, 요구하는 모든 걸인들에게 양도해야 할까? 그리스도교 전승은 동냥 곧 재화의 분배를 위해 일반규칙을 정하였다. 재화와 수입에서 모든 이는 자신들에게 필요한 것을 남겨 자기소유로 해야 한다. 잉여분은 필요한 자에게 나눠야 한다. 하지만 구체적으로 그것을 알기란 쉽지 않다. 오늘날 여러 종류의 세금을 많이 내면서 살아가고, 많은 생활경비 등 정말로 소유가 얼마나 필요한지 모르겠다. 그리스도의 이상을 따르면서, 인격적 선택, 얼마나 다양한 건강요소들과 사회적인 위치의 생활 요인들이 있는 것일까? 우리는 구체적으로 나눠야 하는 그만큼의 자선을 규정할 수 있다. 할 수 있는 능력에 따라 나눔을 생활하고 그리고 그것이 규칙으로 남는다. 그러나 그리스도의 목소리를 들을 때, 한 가지 확실한 가르침은 "여기 가장 작은 형제들 가운데 하나에게 이것을 했던 만큼, 나에게 했다."(마태 25,40 참조) 이다.

돈보스코 성인의 예방교육 체크하기

✓ 자녀들을 알아주기:

✓ 자녀들을 믿어주기:

✓ 자녀들을 사랑하기:

20. 왕을 배반하다.
(마태 26장)

> 10월 1일, 이슬비가 내리던 날, 영국의 영향력 있는 개혁가인 휴 래티머와 니콜라스 리들리는 기둥에 묶여 있었고 그들의 발밑에는 나무 가지 묶음이 쌓여 있었습니다. 군중들은 긴장했습니다. 그들이 부인할까요? 처형자가 나무에 횃불을 밀어 넣었을 때, 래티머가 말했습니다. "리들리 주인님, 용기를 잃지 마시고, 남자답게 행동하세요, 오늘 우리는 신의 은총으로 영국에서 새로운 시대를 열 것입니다. 진리의 촛불은 영원히 꺼지지 않을 것이라고 믿습니다."

• **그룹 나눔** 소중한 신앙을 부정하는 것은 신자들이 어떤 방식으로든 직면해야 하는 도전입니다. 다니엘의 세 친구들은 우상을 숭배하기보다 용광로를 마주했습니다. 다니엘의 친구역할을 세 명이 맡는 역할극을 해봅니다. 이 시나리오에서 두 명의 친구들은 한명이 굴복하는 동안 충실하기로 결심합니다. 두 명의 충실한 친

구들이 흔들리는 친구에게 계속 충실할 수 있도록 격려하도록 합니다. 이 역할극을 한 후에 그룹별로 응답내용을 논의 합니다.

• 개인 성찰 어떤 약점들이 당신을 믿음에서 흔들리도록 만드는지 생각해 봅니다. 나의 약점을 주님께 넘겨 드리고, 그 분께 내가 어떻게 해야 하는지 물어 봅니다.

> 마태오 26장에서 우리는 책의 절정으로 나아갑니다. 예수님과 제자들 모두 심각한 시험에 직면합니다. 마태오 26장을 읽습니다.

가 질문과 나눔

1. 마태 26,1-16에서는 어떻게 예수님을 배신하고 그분의 죽음을 위한 무대를 설정합니까?

2. 마태 26,17-35에서 예수님은 제자들과 함께 유월절을 기념합니다. 분위기를 어떻게 설명하겠습니까?

3. 이 구절을 읽으면서, 왜 주님의 만찬에 참여하는 것이 미사의 중심 행위중 하나가 되었는지 생각해 봅니다.

4. 마태오복음의 기록에 비추어 보면, 주님의 만찬은 내 삶에 어떤 혜택과 도전을 가져다줍니까?

5. 마태 26,1-35에서 예고된 베드로의 부인과 떠남 그리고 배신의 사건들이 마태 26,36-75에서 펼쳐집니다. 겟세마니의 암울한 시간 동안 예수님을 어떻게 묘사하겠습니까? (마태 26,36-46)

6. 예수님은 제자들에게 "유혹에 빠지지 않도록 깨어 기도하여라."(마태 26,41)고 하십니다. 다가올 시험에서 믿음, 기도, 두려움은 어떤 관계가 있습니까?

7. 예수님을 배신하는 것은 그분의 제자 중 한 사람의 손에 달려있습니다.(마태 26,47-50) 유다의 역할을 보면서 종교 지도자들이 그를 이용한 이유는 무엇이라고 생각합니까?

8. 최근 십자가에 못 박힌 이야기를 극적으로 묘사한 작품들은 유다를 예수님을 사랑했지만 단지 그를 오해한 실망스럽지만 고귀한 인물로 묘사했습니다. 마태오의 설명에 근거해서, 나는 그 특징의 부여에 대해 어떻게 반응하겠습니까?

9. 체포되는 동안 두 번, 심문하는 동안 한 번, 예수님은 성경의 말씀이 이루어지고 있다고 말씀하십니다.(마태 26,54.56.64) 이것이 그를 둘러싼 여러 집단(즉, 제자들, 군중들, 종교 지도자들)에게 어떤 영향을 미치겠습니까?

10. 내가 예수님이 심문을 받는 법정에 있다고 상상해 봅니다. 처음 재판에서 그분이 침묵을 지킨 이유는 무엇입니까?

11. 대 제사장의 질문에 대답하시기를(마태 26,63-64) 예수님은 당신이 그리스도라고 말씀하십니다.(시편 110,1; 다니 7,13 참조) 예수님의 말씀이 현존하는 사람들에게 미치는 즉각적이고 궁극적인 영향을 설명해 봅니다.(마태 26,65-68)

12. 베드로의 용기 있는 시도는 비겁함으로 바뀝니다.(마태 26,69-75) 그가 주님을 부인하는 데 있어서 두려움과 믿음은 어떤 역할을 합니까?

13. 이장에서 예수님과 제자들은 모두 유혹에 직면했습니다. 예수님의 예와 제자들의 실패가 어떻게 유혹과 시험을 견디도록 우리를 도울 수 있습니까?

기도하기

어려운 상황에서나 두려울 때 믿을 수 있는 용기를 달라고 하느님께 청합니다.

실천하기

내가 과거에 직면했던 도전과 유혹들의 목록을 만듭니다. 아무에게도 보여주지 않습니다. 각각의 '실패'에 주님께 은총을 새롭게 베풀어 달라고 청합니다. 각각의 '승리'에 대해 나의 승리를 가능하도록 힘을 주시고 능력을 주신 하느님께 감사합니다.

나 말씀묵상

- **은돈 서른 닢. "너희 가운데 한 사람이 나를 팔아넘길 것이다."(마태 26,21):** 동유럽 체코라는 나라에는 유다에 대한 전설이 있다. 물론 그것은 외경에서 전해진 것이다. 그 전설에 의하면 유다는 악하고 약은 사람으로 소개되는데, 속임수로 사도들의 공동체 안으로 들어갈 수 있었다고 전한다. 현대의 소설가들은 유다의 드라마를 다양하게 설명하려는 유혹에 빠지곤 한다. 어떤 소설가는 유다가 다른 이들처럼 사도이지만 예수님을 속였으며, 그 이유는 자기식의 믿음으로 예수님을 통해 지상의 모든 것을 해방하리라고 희망하였다는 것이다. 유다는 환상과 환멸이 그 순간에 그에게 들어가 믿음을 버리게 하였고 인간의 세상적인 확신을 팔았으며 속일 수 있는 것만을 찾아 움직였다. 그 환상이란 요한복음은 '사탄이 그에게 들어갔다.'(요한 13,27)고 기록하는데, 바로 돈이었다. 그는 주님과 함께 높은 곳이 아니라 세속의 낮은 곳을 향해 빠르게 걸어가 버렸다. 그는 결국 심연으로 추락한다. 어

쩌면 이러한 유다에 대한 시선이 더 호소력이 있는 듯하다. 하지만 어쨌든 이는 하나의 가정이다. 복음은 단지 죄와 배반에 대해 언급하고 있다. 배반자들은 늘 어디서든지 매우 나쁜 평판을 듣는다. 배반자는 그를 좋아하는 자, 그에게 잘해주는 자를 배반한다. 현실적으로 모든 죄는 배반이다. 우리도 가끔 또는 종종 모든 좋은 것을 주시는 하늘에 계신 아버지께 등을 돌린다.

- **"내가 그분을 여러분에게 넘겨주면 나에게 무엇을 주실 작정입니까?"(마태 26,15)**: 책이 재미없을 때, 읽던 중이라도 그것을 덮어 버린다. 음악이 재미가 없을 때도 우리는 듣기를 포기한다. 한 사람이 우리를 귀찮게 하거나 싫증나게 한다면, 우리는 즉시 자유롭게 그를 떠나간다. 하지만 어떠한 대책을 준비하지 않고 중요한 것을 버릴 수는 없다. 마치 식구들이 가족과 집을 버릴 수는 없는 것과 같다. 그리스도인은 하느님의 가족과 그리스도의 나라에 속한다. 이 관계를 끊으려고 결정할 때, 대책을 세울 무엇인가를 필히 찾아야 한다. 하느님 나라에서 역할을 하는 것은 모든 것 위에 선과 진리를 각인하는 것, 하느님과 인간을 신뢰하는 것을 뜻한다. 죄로 이 모든 것을 버리도록 결정하는 자는 거짓 우상을 위해 제단에 각자의 영혼을 세우는 자기방식의 새로운 가치를 찾는다.

- **"그들은 은돈 서른 닢을 내주었다."(마태 26,15):** 돈은 인간이 발견한 최고 중요한 것 가운데 하나다. 금전교환은 인간들 사이에서 질서를 유지하고 무엇이든 크고 좋게 할 수 있다. 하지만 그리스도인은 영생도 믿는다. 지상의 재화에 대한 과민한 애착은 미래의 삶에 주의를 기울이게 한다. 돈은 이러한 집착을 자극한다. 돈은 웰빙을 가져다준다. 돈으로 오늘 그리고 내일을 위해 많은 것들을 살 수 있다. 그런데 돈은 하느님으로부터 멀어지고, 이기심을 만들며, 주님과 같아지려는 욕망에로 인도한다. 착하게 살며 노동하는 사람 역시 종종 다음과 같이 말한다. "내가 돈을 만질 때, 나에게 항상 무엇인가를 이루게 해달라고 힘을 쓰고 있는 것을 느낀다. 왜냐하면 이 황금이 심판으로 지불되는 참 황금(사랑의 화폐)을 쉽게 잃어버리도록 나를 인도할 수 있기 때문이다."(마태 26,14-25 참조)

돈보스코 성인의 예방교육 체크하기

✓ 자녀들을 알아주기:

✓ 자녀들을 믿어주기:

✓ 자녀들을 사랑하기:

21. 왕의 십자가
(마태 27장)

종종 고통에 대한 우리의 첫 반응은 고통으로부터 도망쳐 나와 우리가 느끼는 것을 부정하는 것이며, 삶이 쉽고, 평탄하고, 편안하기를 바라고 믿는 것입니다. 스콧 펙은 그의 책 '덜 다닌 길'에서 독자들에게 '삶이 어렵다'는 사실을 인정하도록 함으로써 많은 사람들에게 새로운 수준의 개인적 성장을 열어 주었습니다. 스콧 펙은 계속해서 대부분의 정서적 장애는 고통에 대한 비합법적인 회피에서 비롯된다고 말합니다. 예수님께서 "행복하여라, 슬퍼하는 사람들! 그들은 위로를 받을 것이다."(마태 5,4)라고 가르치셨기 때문에 그리스도인들에게는 슬픔을 직면하고 느끼는 것이 이를 극복하는 가장 좋은 방법이라고 말할 수 있습니다.

• **그룹 나눔** 누군가에게 "힘내라"고 말하거나 "꿋꿋이 버텨라"고 말하는 것보다 어떤 구체적인 방법으로 사람의 슬픔을 돕는 것이 더 나은 접근법이 될 수 있을까요? 개인적인 슬픔과 상실의 시기에 다른 사람들로부터 어떻게 용기를 얻거나 낙담했습니까?

• **개인 성찰** 우리 마음 어딘가에는 아직 충분히 마주하지 못한 상실의 고통과 슬픔이 있습니다. 그 고통의 장소를 마주할 용기와 함께 그분께서 위로해 주시기를 청합니다. 그분의 평안한 현존에서 잠시 쉽니다.

마태오 27장에는 예수님의 심판과 집행이 기록되어 있습니다. 빌리도와 종교 지도자들은 하느님의 아들을 비난하고 조롱하고 십자가에 못 박지만, 하느님 자신은 이상하게도 부재하신 것 같습니다. 그러나 보는 눈이 있는 사람들에게는 그분의 존재와 힘은 틀림없이 있습니다. 마태 27,1-26을 읽습니다.

가 질문과 나눔

1. 마태오 27장은 종교 지도자들이 예수를 죽이기로 결심한 것으로 시작됩니다.(마태 27,1) 그들이 형을 집행하기 위해 해야 할 일은 무엇입니까?

2. 예수님은 마태오 27장 전체를 통해 수동적이지만 활동의 중심입니다. 사람들이 그분에게 반응하는 모든 다양한 방법을 찾으면서 이 장을 끝까지 읽습니다.

3. 종교지도자들이 예수를 빌라도에게 넘긴 뒤 유다는 후회를 합니다.(마태 27,1-5) 후회와 회개는 어떻게 다릅니까?

4. 마태 27,11-26에서 예수가 빌라도 앞에 서 있을 때 빌라도는 판결을 내리지 않는 것처럼 보입니다. 예수님은 어떤 죄목으로 처형되어야 합니까?

5. 예수님은 유대인의 종교적 기반과 로마의 법체계와 권력 사이에 놓여 고난을 받으셨습니다. 그렇다면 왜 예수님은 빌라도의 질문 중 일부에만 답하고, 자신을 변호하지 않으셨을까요?

6. 그리스도는 모든 것의 주인이시지만, 우리는 종종 우리의 욕심을 채우기 위해 그분을 이용하려고 합니다. 이는 마치 빌라도가 권력을 유지하기 위해 예수님을 이용한 것과 같습니다. 우리는 어떻게 이러한 유혹을 이겨낼 수 있을까요?

7. 마태 27,27-66을 읽습니다. 예수님이 매 맞으시고 십자가에 매달려 계실 때, 그분은 반복적으로 조롱과 모욕을 당하십니다. 그들은 왜 예수님을 조롱할까요?

8. 죽음이 그분을 삼키기 시작하자 예수님께서는 하느님께 부르짖습니다.(마태 27,45-46) 그분의 울부짖음과 고통 속에 드리워진 그림자는 아버지와 그분의 관계에 대해서 무엇을 말합니까?

9. 백인대장이 예수님의 죽음을 둘러싼 기이한 광경들을 목격하면서 "참으로 이분은 하느님의 아드님이셨다."(마태 27,54) 하고 외칩니다. 마태 27,45~56에 언급된 특이한 사건들은 이 장을 이해하는 데 어떤 단서를 제공합니까?

10. 예수님께서 십자가에 처형당하시고 묻히시는 동안 그분의 추종자들의 역할을 관찰합니다.(마태 27,55-61) 그들이 어떻게 느꼈을 것이라고 생각합니까?

11. 마태오 27장 전체를 다시 훑어봅니다. 예수님의 붙잡히심과 죽으심에 반응하는 각 사람들의 성격은 어떻게 드러납니까?

12. 예수님이 완전히 돌아가신 것을 확실하게 하려는 수석 사제와 바리사이들의 마지막 조치를 관찰합니다.(마태 27,62-66) 무덤을 지키는 것이 어떻게 유다인의 힘과 로마인의 힘을 함께 모으게 합니까?

13. 마태오 27장은 아이러니로 가득 차 있습니다. 사탄의 '승리'는 사실 그분의 패배입니다. 그러나 그리스도의 '패배'는 사실 그분의 승리입니다. 우리는 이러한 역설을 통해 하느님께서 우리 삶에서 일하시는 방식을 어떻게 이해할 수 있을까요?

기도하기

하느님께 구원자를 죽인 세상에서 살아가는 데서 오는 삶의 고통을 마주할 수 있는 믿음을 주시기를 청합니다.

실천하기

매일 나에게 도전하는 사람이나 경험에 대한 나의 반응을 기록하는 일기 또는 목록을 작성합니다. 나의 반응을 살펴보면서 이 목록이 하느님에 대한 나의 믿음과 나의 품성에 대해 무엇을 보여 주는지 스스로에게 질문해 봅니다.

🔵 나 말씀묵상

• **유다의 죽음(마태 27,3-10):** 이 사건은 어떤 복음서에서도 병행하는 구절을 찾아볼 수 없다. 유다는 극단적인 죽음으로 생을 마감했다. 유다는 자살을 했고, '피의 밭'은 사제들이 예수님을 팔아넘기도록 유다에게 주었던 은돈 서른 닢으로 그들이 샀기 때문에 그렇게 이름이 붙여졌다. 베드로는 뉘우치고 하느님과의 올바른 관계를 회복하는 반면에, 유다는 단지 그의 마음을 바꾸었지만 회개로 가까이 가지 못하였다. 유다의 죽음 이야기에서 마태오의 주요한 관심사는 성경의 완성과 수석사제들의 수치스러운 행위를 연결시키는 것이다. 유다라는 인물은 많은 세대를 두고 그리스도인들의 주의를 끌었는데, 그의 운명은 자살에 의한 죽음의 본보기로 보통 간주된다.

• **빌라도 앞에서 예수님의 신문 기록(마태 27,11-26):** 이 기록은 유다의 로마 총독 본시오 빌라도가 십자가형에 의한 예수님의 죽음에 대하여 법적으로 책임이 있었다는 것으로 위장한다. 마태오는 대사제의 집에서 청문회(마태 27,57-66)를 실제적인 신문으로, 또한 빌라도 앞에서 실제적인 신문(마태 27,11-26)을 확증하는 청문회로 제시함에서 마르코복음의 인도를 따랐다.

마태오의 관심의 초점은 유다인 지도자들과 그들의 영향력 하에 있는 군중이었다. 빌라도의 신문에 대한 마태오의 기록은 "온 백성"이 예수님의 처형에 대한 책임을 받아들일 때 그 절정에 이른다. "그 사람의 피에 대한 책임은 우리와 우리 자손들이 질 것이오."(마태 27,25)

- **예수님의 십자가형에 대한 마태오의 기록(마태 27,27-44):** 십자가에 대한 마태오의 기록은 세 가지 장면으로 이루어진다. "유다인들의 임금님"(마태 27,29)으로 예수님을 조롱함(마태 27,27-32), 십자가에 못 박음(마태 27,33-37), 그리고 예수님을 비웃음(마태 27,38-44)이다. 십자가형의 장면(마태 27,33-37)은 아이러니를 계속한다. 예수님이 십자가에 못 박히신 그 죄목, 그의 십자가 위에 붙인 죄목은, 그가 "유다인들의 임금"(마태 27,37)이라는 것이다.

예수님의 죽음에 관한 마태오의 기록도 세 장면으로 전해진다. 십자가 위에서 예수님의 죽음(마태 27,45-50), 그의 죽음을 동반하는 전조들(마태 27,51-54), 목격자로서 여자들(마태 27,55-57)이다. 마태오의 관심은 예수님의 육신적 고통에 있지 않다. 이는 당연한 것으로 여겨지고 또한 예수님의 죽음의 의미를 해석하는 기회로서 도움이 된다. 마태오는 특히 성서적인 구절들과 주제들에

호소함으로 예수님의 죽음을 유다인 전승 안에 기초를 둔다. 그에게 중요한 일은 예수님의 죽음이 성경에 따라서 일어났다는 것을 보여 주는 것이다.

예수님의 묻힘에 대한 마태오의 기록은 두 가지 부분이 있다. 예수님의 시신을 무덤에 안치함(마태 27,57-61)과 무덤 위에 군사들의 보초를 세우는 것이다.(마태 27,62,66) 무덤은 실제로 동굴이었고 매장을 위해 준비되었다. 시신은 벽감 중의 하나 위에 또는 동굴의 옆을 깎아서 만든 '침상 같은' 단 위에 안치했을 것이다.

예수님의 죽음 분위기와 파스카와 안식일의 시간 제약을 감안하면, 예수님의 매장은 매우 서둘러 이루어졌다. 동시에 예수님의 장례에 대하여 특별히 이례적인 것이 아무것도 없었다. 예수님의 장례기록(마태 27,62-66)은 그리스도인들과 그 적대자들 간의 논쟁을 가리켜 준다. 적대자들은 예수님의 제자들이 그의 시신을 훔쳐갔다고 명백하게 주장했다.(마태 28,11-15) 무덤이 비어 있지 않다고 주장하는 사람은 아무도 없었다는 것을 주의해야 한다. 무덤이 비었다는 것은 모두가 일치했다. 문제는 그것이 어떻게 비어있게 되었는지 이다. 마태오는 예수님이 실제로 죽었다는 것과 매장의 장소가 친구들과 적대자들에게 모두 알려졌다는 것과 수석 사제들과 바리사이사람들의 지휘 하에 무덤 위에 경비병이 있었다는 것을 주의 깊게 입증했다. 이렇게 하여 그는 빈 무덤에 대한 그리스도교의 설명을 준비한다. 곧 예수님은 죽은 자들로부터 되살아났다. 예수님의 장례 이야기는 부활을 위한 필요 불가결한 전제다. 주님 부활에 대한 믿음은 단순히 무덤이 비었다는 것을 입증함으로써 입증될 수는 없다.

돈보스코 성인의 예방교육 체크하기

✓ 자녀들을 알아주기:

✓ 자녀들을 믿어주기:

✓ 자녀들을 사랑하기:

22. 왕의 승리
(마태 28장)

> 프랭클린 루즈벨트가 미국이 제2차 세계대전에 참전할 것이라고 발표한 것은 미국의 삶이 크게 바뀔 것이라는 것을 의미했습니다. 마찬가지로 전쟁이 끝나고 승리했다는 소식은 삶이 다시 바뀔 것이라는 것을 의미했습니다. 죽음에서 부활하신 그리스도에 대한 신앙고백은 우리의 삶을 훨씬 더 크게 바꿀만한 사건이었습니다.

• **그룹 나눔** 때로는 삶을 바꾸는 사건(아이의 탄생, 새로운 장소로 이사, 사랑하는 사람의 죽음)의 영향이 스며드는 데는 시간이 걸립니다. 나에게 가장 삶을 바꾼 소식은 무엇이었고, 그것이 자신에게 어떤 영향을 미쳤나요?

• **개인 성찰** 그리스도의 부활은 그리스도께서 항상 주님의 추종자들과 함께 할 수 있다는 것을 의미합니다. 그리스도의 현존을 즐기는데 시간을 보내고 지금 그의 현존 안에서 쉬십시오. 일기나 종이에 주님의 현존이 오늘날 나의 삶에 어떤 차이를 만드는 지에 대해 적어 봅니다.

마태오 28장은 예수님 부활에 초점을 맞춥니다. 천사는 여인들에게 말하고, 여인은 제자들에게 말하고, 제자들은 민족에게 말하고, 경비병들은 종교 지도자들에게 말합니다. 마태오 28장을 읽어 봅니다.

가 질문과 나눔

1. 파스카 사건에 연루된 사람들은 빈 무덤과 예수님의 발현에 대해 어떻게 반응을 보이나요?

2. 여인들의 사명을 생각해보세요.(마태 28,1-10) 그들이 무덤에 처음 다가갔을 때 어떤 마음이었고, 어떤 일을 하게 되었을까요?

3. 여성이나 경비병 모두 부활이나 천사의 출현을 기대하지 않았습니다. 그들이 매우 예민하게 반응한 데에는 어떤 이유가 있을까요?

4. 천사는 부활의 첫 번째 메신저입니다.(마태 28,2-7) 그의 메시지와 행동은 여인들의 걱정과 혼란에 대해 어떻게 말하고 있나요?

5. 예수님께서 사람들에게 처음 알려지기 시작했을 때, 세례자 요한이 그 길을 준비했습니다. 그리고 예수님께서 다시 살아나셨을 때는 천사가 길을 준비합니다. 그런데 왜 사람들은 예수님을 만나고도 예수님이 누구인지 제대로 깨닫지 못했을까요?

6. 군인들의 보고에 대한 유대 지도자들의 반응은 예수님이 거짓 예언자나 사기꾼일지도 모른다는 지도자들의 우려를 어떻게 보여 줍니까?(마태 28,11-15)

7. 지도자들은 사람들이 예수님을 믿지 못하게 하기 위해 제자들이 시체를 훔쳤다고 말합니다. 이것이 왜 말이 되지 않을까요? 오늘날 사람들이 예수님이 부활하신 주님이라는 것을 믿지 못하는 이유는 무엇일까요?

8. 제자들은 갈릴래아로 가서 예수님을 만납니다. 거룩한 변모의 타보르산에서 제자들 세 명의 경험(마태 16,28-17,9)은 예수님이 부활하신 산에서 어떻게 확증되고 확장되나요?

9. 예수께서는 지금 당신의 지상명령 사명을 제자들에게 주셨습니다. 그분께서 제자들과 우리에게 주신 사명을 설명하세요.(마태 28,16-20)

10. 이 사명은 유대인 제자들에게 어떻게 들렸을까요? 우리에게는 어떻게 들리나요?

11. 마태오복음은 예수님이 명한 모든 것을 가르쳐 제자를 삼으라는 명령을 이행하는데 어떤 길잡이가 될 수 있을까요? 마태오복음의 공부를 마치면서 예수님의 제자 되기에 참여하고 주님의 지상 명령을 성취하기 위해서는, 우리가 무엇을 할 수 있을까요?

🕆 기도하기

하느님께서 당신 백성에게 주신 사명에 충실하도록 도와달라고 기도합니다.

⛪ 실천하기

마태오복음은 초기 교회의 첫 번째 제자 양성 매뉴얼이었습니다. 이번 주에 마태오복음을 여러 번 훑어보면서 제자 양성의 많은 요소와 원리를 찾아보세요. 더 나은 제자 되기와 제자를 만드는데 도움이 될 만한 내용을 적어 보세요.

나 말씀묵상

• 첫 번째 발현.(마태 28,8-15) 여자들은... 제자들에게 소식을 전하러 달려갔다.(마태 28, 8): 예수님의 수난, 죽음 그리고 부활 주변에는 여인들이 있었다. 다른 복음은 특히 요한복음은 여인들의 이름을 기록하고 있지만 마태오복음에서는 그저 여자들이라고 말한다. 누굴까? 도대체 어떤 여인들이 예수님의 무덤에 새벽같이 왔고 빈 무덤을 발견하고 두려워하면서도 크게 기뻐하며 서둘

러 무덤을 떠났을까? 확실히 남자들보다 여자들이 생명을 찾아가는 탁월한 능력자임에 틀림없다. 그래서 어떤 여성신학자는 그들을 살리미스트(salimist)라고 부른다. 집안 살림을 하는 자들이 여성이고 아이들과 세상을 살리는 자들이 그들이기 때문이다.

죽은 예수님을 찾아간 여인들은 누구일까? 정확히 모르긴 해도 감이 잡히는 분이 있다. 그 여인은 예수의 어머니 마리아임이 분명하다. 어머니는 죽은 아들을 찾아간 것이다. 어머니 마리아는 잉태, 탄생, 유아기, 공생활 그리고 수난, 십자가죽음 곧 예수님 삶의 중심에 아들과 함께 계셨다.

• **경비병 몇 사람이 도성 안으로 가서, 일어난 일을 모두 수석 사제들에게 알렸다.(마태 28,11):** 아이러니하게도 예수님 부활을 목격한 자들은 여인들 외에 경비병들이다.

경비병 몇 사람이 도성 안으로 가서, 일어난 일을 모두 수석 사제들에게 알렸다. 수석 사제들은 원로들과 함께 모여 의논한 끝에 군사들에게 많은 돈을 주면서 말하였다. '예수의 제자들이 밤중에 와서 우리가 잠든 사이에 시체를 훔쳐 갔다.' 하여라.(마태 28,11-13)

그들은 늘 끼리끼리 모여 모사를 꾸미는데 전문가들이다. 예수님을 십자가형에 처할 때도 서로 토의하며 그렇게 하기로 동의하더니 예수님이 부활한 사실을 서로 침묵을 지키자고 동의를 한다. 그러한 부적절한 동의에 늘 한 몫을 단단히 하는 것이 있다. 유다도 그것으로 동의한 것이다. 바로 돈이다. 히브리 종교지도자들과 로마총독의 권력핵심부들은 그리스도를 거부하였다. 따라서 그들은 그리스도의 부활도 거부한다. 그래서 예수를 죽일 때도, 예수님이 부활한 것을 거부하는데도 모두 동의하는 것이다. 그들은 부활한 예수에 대해 침묵하길 원했다.

그러나 그리스도께서 이기셨고, 그분과 함께 새 시대가 시작하였다. 그분의 메시지가 오늘 새 백성에게 전해졌다. 옛 백성은 그리스도를 거부하였지만 새 백성은 세상에 부활하신 그분을 선포하였다.

- **가서 내 형제들에게 갈릴래아로 가라고 전하여라.(마태 28,10):** 사도들은 예수님을 따르기 위해서 모든 것을 놓고 따랐다. 그분과 2-3년을 함께 지냈다. 이제 지금 그분은 돌아가셨으니 집으로 돌아가는 것 외에는 다른 것이 없다. 각자의 직업으로 돌아감... 갈릴리 호수 어부로 돌아간다. 그런데 예수님께서 그들의 눈앞에 나타나셨다. 새로 시작한 역사가 펼쳐진 것이다. 우리의 신앙생활도 그렇다. 바닥을 칠 때 다시 오르기 시작하는 것이 영성생활이다.

매일, 매일이 새 날이다. 이 같이 늘 다시 시작하는 것은 우리에게 희망과 기쁨을 준다. 내가 앞으로 나아가는 힘을 준다. 3년 전 사도들이 갈릴리 호수에서 모르는 스승을 만났다. 하느님의 파견이라는 혼란을 만났던 곳이다. 지금 다시 주님을 만나고 있다. 처음 뵌 그곳에서 그러나 죽음에서 승리하신 분께서 하느님의 이름으로 모든 세상에 우리를 파견하신다. 우리 역시 매일 일상에서 새로운 만남을 살아간다. 우리를 위해 새로운 시작, 파견, 새 징표, 그 분과 함께...

• **민족들의 복음화를 위한 미사(마태 28,16-20). "너희는 가서 모든 민족들을 제자로 삼아, 아버지와 아들과 성령의 이름으로 세례를 주고, 내가 너희에게 명령한 모든 것을 가르쳐 지키게 하여라. 내가 세상 끝 날까지 언제나 너희와 함께 있겠다."(마태 28,19-20):** 자선을 하는 단계에 대해서 선문가들은 세 가지로 말하고 있다. 자선에 있어서 1단계는 눈물샘을 자극해서 지금 당장 자선을 하도록 하는 방법이고, 2단계는 '김밥할머니 대학에 10억 쾌척'이라는 방법이다. 3단계는 일상생활에서 정기적으로 할 수 있는 후원금 또는 몇 시간의 봉사활동이다. 물론 전교에 있어서도 마찬가지 이다. 제자로 삼아 삼위일체 하느님 이름으로 세례를 주고, 주님께서 명한 모든 것을 가르쳐 지키게 하는 공동체를 이루는

일, 그리고 마지막으로 주님께서 함께 하시는 신비체험, 이 세 가지가 모두 조화를 이루어야 한다. 결국, 세례, 전승, 신비생활로 요약되는 복음화의 내용이 조화를 이뤄야 하는데, 한국에서의 문제는 세례와 공동체 형성의 전승은 외적이며 물량적인 발전을 이룩하고 있는데, 세 번째 가장 중요한 복음화의 핵심인 기도와 축복의 신비생활이 과연 얼마나 이루어지고 있는가를 반성해야 한다. 세례와 교회건설은 세 번째 신비생활을 통해서 가능해야 한다. 그렇지 않을 경우, 예수천당 불신지옥이라는 예수님 방법과 정면 대치되는 예수님 당시의 바리사이나 율법학자들의 선교법과 가깝다고 볼 수 있다. 이는 분명 많은 문제를 일으킬 것이다.

"한국의 미래는 이 국민들 가운데 덕망 있고 현명하며 영적으로 깊이 있는 사람들이 얼마나 함께 하느냐에 달려 있다."[1]고 말씀하신 프란치스코 교황님을 다시 떠올려 본다. 교황님께서는 교회는 기관이지만 교회 자신이 '중심'이 되면 단순히 기능적으로 된다고 말씀하신다. 그러므로 교회는 하느님의 신부이기를 그만두고 행정가로서 끝나고, 교회는 봉사자에서 '감독관'이 되고 만다는 것이다.(남미 주교회의 지도자들에게 한 연설, 2013년 7월 28일) 우리는 서로 감독관이 아니라 함께 관심을 주는 자가 되어 사랑

---

[1] 프란치스코 교황의 대통령과 정부 공직자들과 외교단과 만남_서울, 청와대 충무홀 2014년 8월 14일, 목요일

한다면 더욱 행복하고 기쁨이 넘치는 생활이 될 것이라고 믿는다.

신앙인이 체험하는 고통은 다음과 같다. 배반, 이별, 병, 경제, 슬픔, 상처, 분노이다. 행복하여라, 슬퍼하는 사람들! 그들은 위로를 받을 것이다.(마태 5,4) 행복하여라, 지금 우는 사람들! 너희는 웃게 될 것이다!(루카 6,21) 복되어라, 슬퍼하는 사람. 예수님께서도 고통을 당하셨다. …죽도록 근심에 쌓여 있다.(lupe루페) "내 마음이 너무 괴로워 죽을 지경이다. 너희는 여기에 남아서 나와 함께 깨어 있어라."(마태 26,38)

예수님께서 하느님 나라의 행복을 말씀하시는데 세상의 현실을 보면 고통스럽고 슬픈 현실이 너무도 많다. 그래서 사람들은 하느님에게 원망하고 질문하며 따지고 싶은 마음을 지니고 산다. 전능하신 하느님께서 왜 이렇게 고통을 방치하고 계실까?

하지만 우리가 내게 다가온 그 고통을 잘 알아차리는 것이 중요하다. 곧 고통 그 자체보다 고통의 현실을 제대로 보는 게 매우 중요하다. 고통의 출발점을 정확하게 바라보는 것이 너무나 중요하다. 왜냐하면 그 고통이 혹시 나의 삶의 형태와 습관에서 출발한 것은 아닌가를 바라보아야 하기 때문이다. 나로 인해 시작한 고통을 그저 하느님의 탓으로 돌리는 것은 아닌지, 나의 실수, 나태, 참을 수 없는 생활이 그 출발점은 아니었는지? 그럼에도 불구하고 슬픔과 고통 그 자체가 발생되기도 하는 것을 우리는 안다. 결국 고통에 순응하지 말고, 또 고통에 저항할 것은 해야 한다. 하지만 본질적으로는 고통의 뿌리를 알아차려야 한다. 그래서 그 뿌리를 뽑아야 한다면 뽑고, 기다려야 한다면 기다림이 필요한 것이다. 이러한 모든 것을 인정하는 자에게 하느님은 위로를 약속하신다. 그 고통이 무엇을 의미하는가? 고통으로 아파하기도 하지만 더 중요한 것 고통을 정확하게 바라보는 것이다. 그래서 이겨낼 고통도 있지만 건전한 고통, 스스로 성장하는 고통, 밀어주는 고통, 복된 고통도 있을 수 있기 때문이다. 그런 사람에게 예수님께서는 위로와 행복을 주신다. 하느님께서도 이 세상의 고통을 보시고 슬퍼하신다. 그리고 우리 자신의 고통을 보고 괴로워하신다. 우리도 이런 고통을 통해서 하느님께 가까이 갈 수 있는 길을 만난다.

하지만 고통을 무조건 참거나 회피하지 않고 그것을 똑바로 바라보면서 그 뿌리를 찾아 뽑을 건 뽑고, 견딜 것은 견뎌야 한다. 그것이 참회고 변화인 것이다. 이렇게 참회를 하고 기도할수록 우리는 고통과 슬픔 속에 숨어있는 축복과 희망을 발견할 수 있다.

이 세상 고통은 받을 영광에 비해 아무것도 아니다.(로마 8,18 참조) 갈망기도, 그리움의 기도(시편 41장.26장) 고통1: 마태 26,31-46(믿는 이들에게 당하는 배반. 베드로와 모든 제자가 당신을 모른다고 하다. 겟세마니 기도. 제자들이 잠들어 있다) 고통2: 요한 16,20-22(이별의 슬픔. 너희는 울며 애통해 하겠지만 세상은 기뻐할 것이다.(요한 16,20)) 고통3: 로마 8,18-35(고통, 고난에 대한 희망) 고통 4: 마르 1,32-39(병자를 치유. 전도 여행) 고통5: 필리 3,1-11(참된 의로움) 당신을 축복합니다. 알아라! 믿어라! 사랑하라! 고통을 이겨내는 비밀. 발견하라! 만나라! 만져라! 축복과 희망이 움직이는 신앙인이 되라! 다른 것과 하나가 되라!

> **돈보스코 성인의 예방교육 체크하기**
>
> ✓ 자녀들을 알아주기:
>
> ✓ 자녀들을 믿어주기:
>
> ✓ 자녀들을 사랑하기:

에필로그
개인 및 그룹성경공부 가이드 - 4

• **개인 성경공부**

1. 말씀을 통해서 나에게 전하는 하느님의 뜻을 알도록, 각장을 공부할 때마다 기도로 준비한다.

2. 그룹 나눔과 개인 성찰: 하느님과 각장의 주제를 나와 직면하도록 도와준다.

3. 질문과 나눔은 귀납적으로 유도하는 방법을 사용했으며, 성경이 무엇을 말하고자 하는지 스스로 발견하도록 돕는다.

4. 이 공부는 3가지 모양의 질문을 포함하는데 첫째, 질문을 관찰하면 기본 사실들의 팩트(누가, 무엇을, 언제, 어디서, 어떻게)에 대해 묻는 것을 알 수 있다. 둘째, 질문의 해석은 말씀의 뜻을 탐구하게 하며 셋째, 삶에 적용할 수 있는 질문은 성경 본문의 의미들을 발견하여 그리스도 안에서 성장하도록 돕는다. 이 3가지가 성경에서 보물을 발견하는 열쇠이다.

5. 질문에 대한 생각을 응답공간에 적어본다. 마치 개인노트나 잡지를 만들어 보는 마음으로 차분하게 적어간다. 이러한 글쓰기는 하느님 말씀과 자신에 대한 보다 깊은 이해와 선명함

을 가져다 줄 수 있다.

6. 익숙하지 않은 말들, 이름들, 장소들을 검색해본다.
7. 기도하기: 마음에 와 닿은 것을 실행할 수 있도록 기도하고, 배운 것에 대해 하느님께 감사하도록 안내한다.
8. 실천하기를 매일 점검한다. 특히 상대방이 느낄 수 있는 사랑을 실천하고 체크 한다.
9. 말씀묵상을 통해 영성가들이 추구한 영적 의미를 탐구할 수 있다.

• **그룹 성경공부**

1. 개인 성경공부 가이드를 기초로 한다.
2. 그룹 나눔과 개인 성찰 및 질문과 나눔의 논의에 참여하는 것은 자발적으로 한다.
3. 그룹 멤버들은 논의의 주제를 유지한다.
4. 그룹 멤버들은 해석자 또는 강사의 위치가 아니라 논의에 초점을 맞춘다. 말씀의 한 구절 한 구절에 기본을 두고 응답할 때, 말씀의 특별한 구절에 중점을 두면서 성경을 부분과 전체로 균형 있게 이해할 수 있게 된다.
5. 그룹 멤버들 가운데는 예민한 분들도 있을 수 있다. 그들이 깨닫고 배워 기록한 내용을 순간순간 조심해서 경청한다. 오

히려 그들의 통찰에 놀라기도 할 것이다. 질문들은 다양한 응답으로 나타날 것이다. 정답에 목표를 두는 특별한 질문은 가지고 있지 않으며, 오히려 질문들이 우리를 더욱 철저하게 말씀의 구절들을 탐구하도록 이끈다.

6. 그룹 멤버들 가운데 한 사람이 논의를 주도하지 않도록 조심한다. 각자의 응답을 공정하고 공평하게 경청하고 나누는 기회를 존중한다.

7. 논의하는 말씀들과 그룹 멤버들을 통해서 나를 가르치시는 하느님을 기대하며, 기쁘고 밝은 시간을 함께 하여 맺는 공부의 열매들을 각자가 받는다. 각자가 개인 성경공부 혹은 그룹 성경공부를 통해 말씀을 실천하는 길을 찾는다. 그룹 멤버들은 서로 나눈 어떤 의견도 신뢰한다. 그리고 특별히 허락된 것이 아니라면 논의 된 것을 그룹 밖에서 토론하지 말아야 한다.

8. 그룹 대표봉사자는 강의하지 않는다. 하지만 그룹 멤버들이 배우고 공부한 것을 논의하도록 격려하고 용기를 준다. 대표봉사자는 가이드 기본에 따라서 질문하며, 그밖에 필요한 조언과 제안들을 찾을 수 있다.